BIBLIOTHÈQUE
DES CHEMINS DE FER

DEUXIÈME SÉRIE

HISTOIRE ET VOYAGES

OUVRAGES DU MÊME AUTEUR :

Le Sahara algérien, études statistiques et historiques sur la région au sud des établissements français en Algérie ; par le lieutenant-colonel Daumas, directeur central des affaires arabes.

La Grande Kabylie, études historiques, par M. E. Daumas, colonel de spahis, directeur central des affaires arabes à Alger, et M. Fabar, capitaine d'artillerie.

Le Grand Désert, ou itinéraire d'une caravane du Sahara au pays des nègres (royaume de Haoussa), par le général Daumas, ex-colonel des spahis et ex-directeur central des affaires arabes, et Ausone de Chancel.

Les Chevaux du Sahara, par le général de division Daumas, conseiller d'État, directeur des affaires de l'Algérie au ministère de la guerre.

Imprimerie de Ch. Lahure (ancienne maison Crapelet)
rue de Vaugirard, 9, près de l'Odéon.

MŒURS ET COUTUMES
DE L'ALGÉRIE

TELL — KABYLIE — SAHARA

PAR

LE GÉNÉRAL DAUMAS
Conseiller d'État, Directeur des affaires de l'Algérie

PARIS
LIBRAIRIE DE L. HACHETTE ET Cⁱᵉ
RUE PIERRE-SARRAZIN, N° 14
1853

Les éditeurs de cet ouvrage se réservent le droit de le faire traduire dans toutes les langues.

AVANT-PROPOS.

Appeler l'intérêt sur un pays auquel la France est attachée par les plus nobles et les plus précieux liens, faire connaître un peuple dont les mœurs disparaitront, *peut-être* un jour, au milieu des nôtres, mais en laissant, dans notre mémoire, de vifs et profonds souvenirs, voilà ce que j'ai entrepris. Je ne me flatte pas d'avoir les forces nécessaires pour accomplir cette tâche, à laquelle ne suffirait pas d'ailleurs la vie d'un seul homme; je souhaite seulement que des documents réunis, avec peine, par des interrogations patientes, dans le courant d'une existence active et laborieuse, deviennent, entre des mains plus habiles que les miennes, les matériaux d'un édifice élevé à notre grandeur nationale.

Général E. Daumas

LE TELL

LE TELL.

I.

Des races qui peuplent l'Algérie.

Les habitants de l'Algérie se divisent en deux races distinctes, la race arabe et la race kabyle. L'une et l'autre suivent le culte mahométan ; mais leurs mœurs, la constitution de leur société, aussi bien que leur origine et leur langue, en forment deux grandes divisions distinctes, que nous nous proposons d'examiner dès à présent. Cette étude nous mettra en mesure de mieux nous rendre compte de l'accord qu'on a voulu établir entre les institutions et les coutumes des habitants. Elle aura aussi l'avantage d'offrir la définition de beaucoup de termes que nous emploierons par la suite, et sur le sens desquels il importe d'être fixé préalablement.

La race arabe doit attirer d'abord notre attention, comme étant à la fois la plus nombreuse et celle que les relations plus suivies nous ont permis de mieux connaître dans ses détails.

Il n'existe point de document historique qui nous permette d'apprécier les transformations de la société arabe, avant d'être arrivé à son état actuel. Tout nous porte à croire que tel que nous l'observons aujourd'hui, cet état est voisin de sa forme primitive : ce sont donc les faits actuels que nous nous bornerons à constater.

Une partie de la population arabe s'est fixée dans les villes. Ces musulmans, auxquels nous donnons le nom de *Maures*, sont compris sous la dénomination générique de *Hadar*. Nous ne nous occuperons point de cette faible minorité, qui vit aujourd'hui dans un milieu qui n'est pas exclusivement le sien, et qui n'y a point formé société à part, ayant droit à une administration particulière.

Les Arabes dont nous parlerons ici, sont ceux qui vivent sous la tente ou sous le chaume, et que l'on désigne sous le nom générique de *Hall-El-Badia*. Ils habitent une étendue de pays immense, que la nature a divisé en deux zones très-distinctes. La première comprend un pays fertile en grains et d'une culture facile, qui s'étend entre les hautes chaînes de montagnes et la mer. Les hauts plateaux forment la seconde, qui est pauvre en céréales. Nous disons dès à présent que la première de ces zones est occupée par les Arabes cultivateurs, et la seconde par les Arabes pasteurs ou *Rehhala*. Nous aurons bientôt l'occasion de nous occuper séparément de chacune de ces divisions, et de constater les différences pour la plupart locales, par lesquelles elles se distinguent. On peut déjà, d'après ce qui vient d'être dit, se rendre compte d'une façon générale de la division que nous venons de rappeler et dont la nature du sol a été la cause principale. Il est nécessaire d'examiner maintenant, avant d'aller plus loin, la nature des divisions intérieures dues à des influences morales; d'examiner, en un mot, la société que le caractère arabe et la religion musulmane ont développée en Algérie.

La société arabe repose sur trois caractères généraux, qui se trouvent jusque dans ses plus petites divisions. Ce sont :

1° L'influence de la consanguinité.

2° La forme aristocratique du gouvernement.

3° L'instabilité des centres de population, ou, si l'on veut, la répugnance des Arabes à se fixer d'une façon permanente sur un point donné du sol.

Le premier de ces principes dérive de l'interprétation que les Arabes ont adoptée de la loi de Mohammed. Le second résulte à la fois des préceptes religieux et des habitudes nationales; le troisième de ces principes enfin est étranger à la religion et ne tient absolument qu'au caractère du peuple arabe, à des raisons tirées de la culture et de la nature du pays que ce peuple habite.

Quelle que soit, du reste, dans ces bases de la société, la part qui revient à la croyance ou aux habitudes, leur existence une fois admise, et on ne saurait la nier, l'explication des phénomènes de la vie arabe devient aisée.

C'est ce que nous allons essayer de démontrer, en exposant à la fois la naissance, la formation de la tribu arabe et ses divisions actuelles.

Un coup d'œil jeté sur le *Koran* suffit pour faire comprendre que son esprit est éminemment favorable à l'autorité du père de famille, et qu'il a dû, sinon établir, au moins consacrer les habitudes de la vie patriarcale chez les Arabes. Non-seulement la parenté est plus étendue chez les musulmans que chez nous, puisqu'elle comprend, par exemple, les sœurs et frères de lait, mais elle est encore établie sur des bases plus solides. On comprend, en remontant vers le passé, que, par ces liens de la consanguinité, tous les descendants d'une même famille se trouvaient étroitement unis et soumis à l'autorité d'un seul, par droit naturel. Quelquefois par l'action seule du temps, cette réunion grandissait, se multipliait et formait une petite nation à part. D'autres fois, quand une pareille famille était puissante par ses richesses, ou illustre par ses faits d'armes, la protection qu'elle était en mesure d'accorder à ceux qui voulaient en partager le sort, attirait à elle d'autres familles d'une parenté plus éloignée ou même étrangères, mais qui bientôt par des alliances venaient se rattacher à la famille principale. Ce sont de pareilles agglomérations de familles ou d'individus, formées à des époques reculées sous le nom d'un chef commun, qui, après avoir traversé des siècles, ont formé la tribu arabe. Il ne faut donc point être surpris de trouver chez elle ce qu'ailleurs on ne rencontre que dans les grands États : une histoire nationale vivant dans les traditions, des alliances fixes, des antipathies incessantes, enfin une ligne de politique tracée et une grande intelligence des intérêts généraux.

C'est, comme nous l'avons dit, la réunion de familles qui se croient généralement issues d'une souche commune, qui forme la tribu arabe. Ce qui distingue cette petite société, c'est l'esprit de solidarité et d'union contre les voisins, qui de son berceau a passé à ses derniers descendants, et que, la tradition et l'orgueil, aussi bien que le souvenir des périls éprouvés en commun, tendent encore à fortifier. Comme on le voit, le principe de l'influence de la consanguinité, a non-seulement contribué puissamment à former la tribu, mais c'est encore lui qui l'empêche principalement de se dissoudre.

Ceci paraîtra encore plus vrai, si on considère la forme du gouvernement de ces tribus, que nous examinerons bientôt et où la noblesse joue un si grand rôle. Ainsi toutes les familles nobles d'une tribu se regardent comme unies, plus particulièrement par les liens du sang, alors même qu'à des époques très-reculées elles auraient eu des souches distinctes. Nous aurons bientôt l'occasion de parler en détail de la noblesse chez les Arabes.

Le sort des tribus a été extrêmement variable; quelques-unes sont entièrement éteintes, d'autres sont extrêmement réduites, d'autres encore sont restées puissantes et nombreuses. On peut dire que le nombre des individus formant une tribu, varie de cinq cents à quarante mille; il est, en tout cas, fort inférieur au chiffre de la population, que les terres occupées par la tribu pourraient nourrir. Il n'est point difficile de se rendre compte de cette inégalité de population dans les tribus; leur genre de vie les soumet à mille vicissitudes, et nous avons vu nous-mêmes, en peu d'années, plusieurs exemples de tribus qui, naguère puissantes et nombreuses, sont éteintes aujourd'hui.

Quel que soit du reste le chiffre de la population d'une tribu et son état de fortune, nous le regarderons toujours comme unité politique et administrative. Ce principe entraînera pour nous deux conséquences, dont l'une est relative aux hommes et l'autre au territoire, savoir : La tribu sera administrée par des hommes tirés de son sein, et elle aura, en second lieu, un droit exclusif sur son territoire, sauf les réserves dont il sera question plus tard. C'est cette dernière conséquence admise déjà par le fait, qui constitue aujourd'hui la garantie la plus précieuse de l'ordre public, puisqu'elle nous permet, en tout droit, de rendre la tribu responsable des actes commis sur son territoire en temps de paix, et lorsque les coupables ne se trouvent pas entre les mains de la justice.

Les tribus sont divisées en un plus ou moins grand nombre de fractions, selon leur importance. Les noms donnés à ces différentes fractions sont très-variables en arabe : on les appelle ordinairement *Kasma*, *Farka* ou *Rouabaa*, *Fekhad*, ou *Khoms*, etc. Nous allons examiner ces différentes divisions. A cet effet, nous reconstituerons la tribu en prenant pour point de départ, sa division la plus restreinte, ou, si l'on veut, son premier élément. Nous croyons utile de dire en même temps un mot des chefs de ces fractions, afin de nous rendre compte de la limite à laquelle l'État intervient pour imposer un agent, qui veille aux intérêts généraux.

De même que la tribu est un élément politique et administratif dans le gouvernement, de même le douar est l'élément de famille dans la tribu. Tout chef de famille, propriétaire de terres qui réunit autour de sa tente, celles de ses enfants, de ses proches parents ou alliés, de ses fermiers, forme ainsi un *Douar* (rond de tentes), dont il est le chef naturel, dont il est le représentant ou *Chikh* dans la tribu, et qui porte son nom. L'autorité de ce *Chikh*, comme on le comprend déjà, est indépendante de toute délégation extérieure; ni l'État ni la tribu ne peuvent intervenir dans sa nomination, si on peut appeler ainsi l'acte qui, d'un consentement tacite mais unanime, confère l'autorité à un seul. Les besoins de la vie nomade, aussi bien que les préceptes religieux, expliquent du reste la formation du *Douar* et sa constitution. Le désir de sécurité pour les individus, la garde des richesses et des troupeaux ont porté les hommes d'une même souche, à se réunir, à voyager ensemble, à se soumettre à une autorité non contestée. L'histoire de tous les peuples nomades nous offre des faits analogues.

Divers *Douar* réunis, forment un centre de population qui reçoit le nom de *Farka*, etc. Cette réunion a principalement lieu, lorsque les chefs de *Douar* reconnaissent une parenté entre eux; elle prend souvent un nom propre sous lequel sont désignés tous les individus qui la composent, et agit ordinairement de concert. Les chefs des *Douar* se réunissent en assemblée (*Djemâa*) pour discuter les mesures communes et veiller aux intérêts de leurs familles; ils forment une sorte d'aristocratie qui a ses chefs (*El-Kebar*). Bientôt encore l'homme le plus influent ou le plus illustre parmi ces grands devient d'un commun accord le chef de la *Farka*. En général, le chef d'une *Farka* ne doit son élévation qu'à la confiance générale qu'il inspire.

C'est la réunion de plusieurs *Farka*, en nombre très-variable, qui forme les grandes tribus; les petites tribus, au contraire, ne sont souvent constituées que par la réunion des *Douar*.

La nomination du chef d'une tribu, si faible qu'elle soit, ou du chef d'une *Farka* dans une tribu puissante, n'est plus abandonnée au choix seul des membres de la réunion. L'État intervient ici, nomme ce chef qui reçoit le nom de *Kaïd*, et en fait le représentant de ses intérêts.

Les familles que leur influence autorise à aspirer à l'emploi de *Kaïd* pour l'un de leurs membres, sont parfaitement connues dans les tribus, qui regarderaient comme une humiliation d'être gouvernées par un homme dont l'origine ne serait pas illustre. Ce trait peut donner une idée du caractère essentiellement aristocratique des Arabes.

Après avoir examiné la formation d'une tribu et ses divisions intérieures, il convient d'étudier la manière dont la propriété territoriale y est répartie. Les détails relatifs à la distribution du sol, dont nous allons nous occuper ne sont pas, en général, applicables aux hauts plateaux habités par les Arabes pasteurs. Nous ferons, dans un paragraphe particulier, ressortir les différences qui existent, sous ce rapport, entre eux et les Arabes cultivateurs.

Le territoire occupé par une tribu est nettement délimité et exclusivement partagé entre ses enfants. Nous avons déjà insisté sur ce point important du droit exclusif d'une tribu sur son territoire; la suite nous apprendra la nature des exceptions que souffre ce principe. Contrairement à ce qui a lieu dans la province de Constantine, la tribu est propriétaire du sol qu'elle cultive, au moins en très-grande partie : on peut rencontrer trois catégories parmi les terres, qui sont la propriété réelle de la tribu.

1° Une partie des terres appartient à quelques grandes familles, et ne passe jamais à l'état de propriété commune.

2° Les bois et les terres laissés en friche sont à l'état de propriété commune et utilisés comme tels par les membres de la *Farka* ou de la division de la tribu à laquelle ils appartiennent.

3° Les terres ensemencées d'une *Farka*, sont considérées jusque après la récolte comme sa propriété particulière.

Nous avons dit qu'entre les terres appartenant en toute propriété à la tribu, son territoire en renfermait souvent d'autres, sur lesquelles elle n'avait aucun droit. Ces dernières sont de deux espèces différentes : elles appartiennent ou au gouvernement, ou à des corporations religieuses appelées *Zaouya*, et dont nous ferons connaître la nature.

Les terres du gouvernement sont, en général, bien connues des tribus; elles comprennent la plus grande partie des forêts, et une grande quantité de terres labourables. Elle se sont accrues des biens de la Mecque et Médine, qui, par suite de nouvelles dispositions sont rentrées dans le domaine de l'État. Il est inutile d'examiner en détail les causes qui ont rendu l'État propriétaire d'immeubles aussi considérables; nous dirons seulement que les plus importantes sont les donations, les confiscations et les successions tombées en déshérence.

Enfin une partie du sol appartient à des congrégations religieuses, dont la constitution sera exposée quand nous parlerons de la noblesse militaire et religieuse. Nous nous bornerons à faire remarquer ici que le territoire de ces *Zaouya* forme une circonscription distincte dans la tribu, qui, pendant longtemps, n'a point été soumise au payement des impôts.

Bien que l'étendue du pays occupé par une tribu soit en général hors de rapport avec le nombre de ses habitants, on rencontre cependant des *Douar* qui ne possèdent aucune partie du sol en propre. Les *Douar*, désignés sous le nom de *Ketaâ* (pièce, morceau), ne comptent pas d'une façon fixe, dans telle ou telle division de la tribu. Chaque année ils passent un marché avec un *Farka*, louent sur son territoire la quantité de terres nécessaire à leur subsistance, et se considèrent, pour ce temps, comme membres de la fraction de tribu, avec laquelle ils ont traité. Ces *Douar*, dont la composition est moins fixe que celle des *Douar* de propriétaires, se recrutent dans la classe des fermiers qui, ayant acquis quelque fortune, désirent mener une vie plus indépendante. Ces fermiers mêmes se désignent ordinairement sous le nom de *Khammès* (de *Khoms*, cinquième), parce qu'ils ont droit au cinquième de la récolte, semences prélevées.

Les renseignements que nous venons de donner sur la constitution d'une tribu, seraient fort incomplets, si nous n'y ajoutions point des détails sur les hommes qui la composent et surtout sur ceux qui la commandent et la dirigent. C'est ce que nous allons faire en parlant des différentes classes de la société et de la noblesse chez les Arabes.

Il est bien rare qu'une société puisse subsister longtemps sans faire naître dans son sein des classes distinctes, jouissant de priviléges, soit matériels, soit moraux. Au premier abord, on pourrait être tenté de supposer que, chez un peuple d'un caractère très-indépendant, ces divisions seraient moins tranchées; mais les faits prouvent que, rapportée aux Arabes, cette supposition serait très-inexacte. Chez eux, en effet, cette distinction des classes est profondément gravée dans les esprits, bien que nous ne nous en rendions pas toujours exactement compte. Accoutumés, comme nous le sommes, à discerner, le plus souvent à des signes extérieurs, les classes de notre société les unes des autres, nous sommes portés à regarder comme égaux entre eux, des hommes dont le costume est assez uniforme et dont les relations réciproques nous offrent le spectacle d'une familiarité étrangère à nos mœurs. Les habitudes de la vie de famille et les circonstances où se trouve le pays expliquent cette apparence d'égalité. Quant au fond, ici comme ailleurs, le serviteur n'est point l'égal du maître, l'homme du peuple ne pèse pas dans la balance autant que l'homme que sa position ou sa famille appellent à jouer un rôle principal.

Le peuple arabe a non-seulement ses chefs militaires, mais il a encore ses chefs religieux. Chacun peut juger à sa manière le degré de fidélité et de soumission que les Arabes ont montré pour les hommes influents de l'ordre spirituel ou temporel; mais nul ne saurait révoquer en doute, que ce sont ces chefs qui tiennent le fil de la politique dans les tribus. C'est donc de l'aristocratie militaire et religieuse que nous croyons devoir nous occuper en premier lieu.

Il existe chez eux trois sortes de noblesse :

1° La noblesse d'origine.

2° La noblesse temporelle ou militaire.

3° La noblesse religieuse.

Examinons en quelques lignes ces différents ordres :

1° On appelle noble d'origine (*Chérif*) tout musulman qui peut, au moyen de titres en règle, prouver qu'il descend de *Fathma-Zohra*, fille du prophète et de *Sidi-Ali-Abi-Thaleb*, oncle de ce dernier. On peut dire que c'est *Mohammed* lui-même qui a fondé cette sorte de noblesse, très-considérée chez les Arabes. Il prescrit, en effet, dans plusieurs passages du *Koran*, aux peuples qui ont embrassé sa foi, de témoigner les plus grands égards, aux hommes issus de son sang, en annonçant qu'ils seront les plus fermes soutiens et les purificateurs futurs de la loi musulmane. Les Arabes montrent, en général, une grande déférence pour les *Cheurfa* (pluriel de chérif) et leur donnent le titre de *Sidi* (mon seigneur). Toutefois, comme leur nombre est très-considérable, au point de former des *Farka* particuliers dans certaines tribus, les marques extérieures de respect qu'on leur témoigne, varient avec les lieux. Le *Chérif* est sujet aux lois, mais il a dans les pays musulmans le droit d'invoquer la juridiction de ses pairs. C'est ainsi qu'Abd-el-Kader s'était réservé le droit de les juger lui-même.

Les *Cheurfa* jouissent de prérogatives plutôt morales que matérielles, et leur influence ne doit pas se mesurer sur les honneurs qu'on leur rend.

2° Les membres de la noblesse militaire, chez les Arabes, portent le nom de *Djouad*. Ce sont les descendants des familles anciennes et illustres dans le pays, ou bien encore les rejetons d'une tribu célèbre, les *Koraïche*, dont Mohammed et sa famille faisaient partie. Dans ce dernier cas, ils se désignent par le nom de *Douaouda* et représentent une noblesse supérieure aux *Djouad* ordinaires.

La plus grande partie des *Djouad* tire son origine des *Mehhal*, conquérants venus de l'est à la suite des compagnons du Prophète.

Quoi qu'il en soit, les *Djouad* constituent l'élément militaire dans la société arabe. Ce sont eux qui, accompagnés de leur clientèle, mènent les Arabes au combat. Par le fait, ces derniers sont presque leurs sujets.

L'homme du peuple a beaucoup à souffrir des injustices et des spoliations des *Djouad*; ceux-ci cherchent à faire oublier ces mauvais traitements et à maintenir leur influence, en accordant généreusement l'hospitalité et leur protection à ceux qui la réclament. Du reste, l'habitude qui fait endurer les plus grands maux, a fortement rivé la chaîne qui unit aux *Djouad* l'homme du peuple. Ces *Chikh*, car c'est le nom que les Arabes leur donnent, quels que soient leur âge et leur position, réunissent deux traits saillants du caractère national : l'avidité du gain et un certain amour du faste, quoiqu'au premier abord ces deux penchants semblent opposés.

3° La noblesse religieuse mérite, plus encore que la noblesse militaire, d'être étudiée avec soin, car son influence sur les peuples est encore plus puissante, quoiqu'elle ne soit pas basée sur les mêmes fondements.

Les membres de cette noblesse s'appellent marabouts. Le marabout est l'homme spécialement voué à l'observance des préceptes du *Koran;* c'est lui, qui, aux yeux des Arabes, conserve intacte la foi musulmane; il est l'homme que les prières ont le plus rapproché de la divinité. Aussi ses paroles deviennent des oracles auxquels la superstition ordonne d'obéir et qui règlent à la fois les discussions privées et les questions d'un intérêt général. C'est ainsi que les marabouts ont souvent empêché l'effusion du sang en réconciliant des tribus ennemies; c'est ainsi que leur protection (*Aânnaya*) a souvent suffi pour garantir de toute atteinte les voyageurs ou les caravanes. Bien des fois encore ils ont, le *Koran* en mains, prêché la guerre contre les infidèles. Ces exemples suffisent pour démontrer que leur influence s'étend sur les questions religieuses et politiques ; elle est, d'ailleurs, d'autant mieux assurée, que l'exercice du culte, l'explication des livres saints, la consécration de toutes choses, mettent les marabouts en relation continuelle et intime avec les musulmans. Il faut remonter très-haut dans notre histoire pour retrouver le temps où nos évèques jouaient le rôle de marabouts, et où leur influence spirituelle et temporelle était assez grande pour allumer aussi une guerre sainte, en entraînant les croisés vers la Palestine.

Un des caractères principaux de la noblesse religieuse est, qu'elle est héréditaire comme les précédentes. Les premiers marabouts étaient en général des hommes rigoureux observateurs du *Koran*, qui passaient pour avoir donné des preuves de leur nature supérieure en produisant des miracles. Tels sont *Mouley-Thayeb*, *Mohammed-ben-Aâïssa*, *Hhasnaouy*, *Abd-el-Kader* mort à Baghdad, etc., etc., en l'honneur desquels on retrouve en Algérie une foule de chapelles. C'est ordinairement autour de ces *Zaouyas* (chapelles), que les marabouts réunissent une sorte de *Douar* qui prend le nom de *Zaouya*, précédé du mot *Sidi*. Une partie des terres voisines provenant en général des donations pieuses, est cultivée par les hommes de la *Zaouya* et sert à les nourrir. De larges offrandes, des provisions de toute espèce, sont offertes aux marabouts et à ceux qui, vivant près de lui, étudient la loi; quelquefois même, par suite d'anciennes obligations que la religion prescrit d'observer, les voisins de la *Zaouya* lui payent l'*aachour* ou la dîme; toutefois ce tribut n'a jamais eu de caractère obligatoire devant la justice.

Les *Zaouya* sont commandées par l'homme le plus influent de la famille des marabouts; l'exercice de l'hospitalité envers tous les voyageurs et les étrangers musulmans, est un des premiers devoirs de sa position; les criminels même doivent trouver un abri chez lui : c'est ainsi que quelques chapelles (que nous appelons vulgairement marabouts) sont un asile inviolable aux yeux des Arabes.

Du reste, ces congrégations religieuses sont tellement nombreuses dans quelques tribus, telles que les *Hachem*, par exemple, qu'elles y forment des divisions ou *Farka* particuliers.

Les marabouts ne se livrent ordinairement à aucun travail manuel; ils se vouent dans l'intérieur des *Zaouya* à l'instruction d'un certain nombre d'hommes ou d'enfants, qui leur ont été confiés par les tribus. Ces disciples ou desservants de marabouts prennent le nom de *Tolba* (de *Taleb*,

Lettré). Ces *Tolba* étudient la religion dans le *Koran*, et les diverses branches de connaissances exigées par leur état. Ils ont le droit de consacrer les mariages, de prononcer les divorces, etc., etc., et, à ce titre, ils jouissent d'une certaine considération. Toutefois il arrive rarement, de nos jours, qu'à l'extinction d'une famille de marabouts, un de ces *Tolba* monte d'un degré et devienne marabout à sa place dans la *Zaouya;* le plus souvent ils aspirent à devenir soit maîtres d'école dans les villes, soit assesseurs du Kady, soit même Kady; d'autres fois encore ils ne suivent aucune de ces carrières, et vivent du produit des terres affectées à l'entretien du marabout de leur ordre.

On commettrait une grande erreur en tirant de ce qui précède, la conséquence que tous les *Cheurfa*, *Djouad* ou *Marabout* occupent une position élevée dans la société arabe; on en voit, au contraire, journellement occupés à tous les métiers. Mais, si tous les membres de ces classes ne jouissent point d'une part égale de considération et d'influence, on peut affirmer au moins que la puissance et l'autorité ne se trouvent que chez elles.

Les classes inférieures, celles qui constituent la masse du peuple, n'offrent pas à beaucoup près chez les Arabes, la même variété que chez nous. On ne trouve, en effet, au-dessous de l'aristocratie, que les propriétaires fonciers, les fermiers et domestiques ou manœuvres. Chez les tribus des Arabes pasteurs, où, à de très-rares exceptions près, la propriété ne consiste qu'en troupeaux, cette uniformité est plus grande encore. (Nous devons encore répéter ici que nous faisons abstraction entière des habitants musulmans des villes).

Peut-être serait-il convenable de dire quel est l'état de l'esclavage chez les Arabes ; mais il serait trop long de donner à cet égard des renseignements suffisants. Nous nous bornerons à dire que l'esprit du *Koran* autorise l'esclavage, mais en établissant des dispositions qui paraissent avoir rendu très-tolérable la position des esclaves. Les lois relatives aux relations entre le maître et l'esclave sont conçues dans un but tout paternel, et elles ont pour résultat de faire de l'esclave une partie intégrante de la famille.

La lacune qui frappe le plus dans la société arabe, tient à l'absence complète des marchands et des ouvriers proprement dits. On peut dire que l'industrie est presque nulle dans les tribus chez les hommes, et celle des femmes ne s'étend guère au delà de la confection des objets nécessaires à l'habillement. Autant les Arabes aiment à se livrer au petit commerce, autant ils éprouvent de répugnance à s'attacher aux grands travaux de l'industrie, et ce n'est que grâce à bien des efforts et à une grande ténacité, qu'Abd-el-Kader était parvenu à fonder quelques usines. Les habitants des villes suppléent à cette insuffisance de l'industrie chez les tribus, ce qui donne naissance au principal commerce qui a lieu aujourd'hui : l'échange des produits manufacturés contre ceux du sol et des troupeaux.

Nous avons déjà eu occasion de dire que l'Algérie pouvait être regardée comme formée de deux zones distinctes et renfermant des hommes dont la manière de vivre n'était point la même ; la première de ces zones porte le nom de *Tell*, et comprend le terrain, en général, fertile que la nature a borné au nord par la mer et au sud par les hautes montagnes et les plateaux. Les tribus qui habitent cette contrée la désignent sous l'appellation générique de *Tellia* ; sa population consiste soit en Arabes cultivateurs, soit en Kabyles, dont nous parlerons plus tard.

Les Arabes du *Tell*, selon qu'ils sont plus ou moins fixes sur le sol, c'est-à-dire selon qu'ils habitent des villages, des gourbis, des fermes ou qu'ils vivent seulement sous la tente, sont désignés par les appellations de *hal-el-gueraba* (pluriel de gourbi), *hal-el-haouach* (pluriel de haouch), *hal-bit-el-châar* (les gens de la maison de poil). Les tribus de cette région sont propriétaires d'un sol fertile en céréales, plus propre à la culture qu'à l'entretien de troupeaux nombreux. Aussi les terres y sont-elles divisées d'une façon assez régulière et y forment-elles une grande partie de la richesse des tribus. Dans le *Tell*, les troupeaux consistent en bœufs et en moutons : ils forment la fortune mobilière.

Nous venons de jeter un coup d'œil sur les habitants de cette partie de l'Algérie qui nous est soumise et qu'on nomme le *Tell*.

Pour compléter la description du vaste ensemble de nos possessions, nous avons encore à parler de la Kabylie et du Sahara : c'est ce que nous ferons plus loin, en consacrant à chacune de ces contrées une série de chapitres, où nous retracerons les mœurs, le caractère et les habitudes de leurs populations.

II.

La Métidja, chant des Arabes sur la fertilité et la dévastation
de cette plaine en octobre 1839.

Aux portes d'Alger, s'étend sur un arc de cercle de trente lieues, du *Chenoua* (à l'ouest), au *Corso* (à l'est), une plaine qui sépare le Sahel de l'Atlas; cette plaine est la *Métidja* que les Arabes ont appelée la *Mère du pauvre*.

En 1839, les tribus qui occupaient cette plaine en furent expulsées par la force des armes, lors de l'envahissement et de l'incendie de la Métidja par les kalifas d'Abd-el-Kader.

Le chant populaire qui va suivre, fut composé à cette occasion, c'est l'adieu adressé avec larmes à cette *Mère du pauvre*, à cette *ennemie de la faim*.

Nous ne donnons pas le chant tout entier, nous faisons seulement un extrait des strophes qui se rapportent particulièrement à la fécondité de cette terre bénie de Dieu, au dire de ses anciens possesseurs et que quelques hommes pourtant ont maudite.

C'est un cloaque et non un jardin, c'est l'empire où règne la fièvre, a-t-on écrit, la fatalité nous y pousse, non pour y vivre, mais pour y végéter, bien mieux, pour y mourir! Après les millions dépensés, pour les desséchements, viendront les millions pour les plantations, et puis, en fin de compte, le sacrifice d'une génération entière.

A ces accusations vont répondre les stances désolées des malheureux exilés ; mais, à l'appui de l'éloquence du désespoir vient aussi l'éloquence des chiffres : en 1622, nous devrions le savoir, la Métidja approvisionnait Alger et nourrissait cent cinquante mille laboureurs; et nous ne comptons pas le surcroît périodique de populations, qu'amenaient à certaines époques les émigrations des Sahariens dans le Tell pour les achats de grains.

Ce chiffre de cent cinquante mille était réduit à quatre-vingt mille quand nous arrivâmes, mais quelle était la cause de cette réduction? Est-ce la stérilité subite de la terre qui avait chassé le laboureur? Était-ce la transformation de plaines arrosées en marais miasmatiques, en foyers de pestilence? Nullement : c'était le fisc épuisant des Turcs. Comme toujours, l'œuvre de Dieu fût restée bienfaisante et nourricière, si l'homme ne l'avait desséchée et tarie. Aux impôts on avait ajouté les impôts, et les plus pauvres des enfants de cette *ennemie de la faim*, avaient gagné la montagne : le blé y est plus rare, mais celui qui l'a semé peut du moins en nourrir sa famille.

Certes, ce n'est pas à une plaine fétide, ce n'est pas à des marais Pontins qu'on adresse, en partant, ces plaintes et ces lamentations, ce *dulcia linquimus arva*.

Déjà d'ailleurs, la vraisemblance de la tradition arabe sur le chiffre de la population et sur la fertilité de la terre, est confirmée par des faits actuels; plusieurs de nos établissements, en tête desquels je placerai Bouffarik, Beni-Mered, l'arba des Beni-Moussa, Rovigo, le Foudouch si décrié naguère, le village du Fort de l'eau et dix autres que je pourrais nommer, tous ces centres, maintenant prospères, protestent contre les accusations des ennemis de la colonie. Peut-être un jour aussi la poésie du nouveau peuple viendra-t-elle continuer la poésie des habitants primitifs, et à l'élégie arabe répondra l'églogue d'un poëte français qui prendra pour épigraphe: *Deus nobis hæc otia fecit.*

La Métidja.

Je commence cette histoire,
O vous qui comprenez, à moi !
Que n'est-il arrivé dans ce monde
Et dans cette vilaine époque !

O vous qui comprenez, à moi !
Les révolutions ont augmenté ;

Le trouble a précédé la misère,
Et puis ils se sont mêlés.

Des malheurs de la Métidja,
La nouvelle est venue vite :
Mer débordant avec ses flots
Et se noyant dans elle-même.

Lorsque les signes en ont paru :
Déménagez, partez,
Nous criait-t-on de tous côtés ;
Peut-être respirerez-vous.

Nous ne pouvons nous en aller,
Nous ne pouvons quitter notre pays ;
Ses biens, nous ne les trouverons nulle part,
Ils nous rendaient prospères.

La Métidja commence à bourdonner ;
Les *Goums* ne font qu'y voltiger ;
La *Razzia* paraît dans la soirée,
Et tout le monde fuit avec ses biens.

La poudre parle, les femmes gémissent,
Les chevaux piétinent, les enfants pleurent,
L'incendie détruit, consume,
Et la fumée fait vers le ciel des vêtements.
Les créatures ont beau se plaindre,
Leur rempart n'est plus qu'une ruine ;
L'amitié est sortie du cœur
Et les frères même ont dû se séparer.

Où es-tu, belle Métidja,
Toi qu'on nommait la mère du pauvre ?
Tes troupeaux se comparaient à des degrés :
On les voyait défiler vers le soir.

Tes moutons étaient nombreux,
Ils faisaient des bêtes de choix;
On n'en voyait point de maigres :
Ils étaient tous bien portants.

Tes vaches brâmaient
En folâtrant dans les prairies;
Elles paissaient aussi dans les sentiers
Et revenaient toujours en paix.

Oui, leur vue plaisait,
Quand leur lait tombait;
Pour qui venait les voir,
C'était une bénédiction.

Dans les montagnes nous les avons traînées,
Ce n'était pas là leur étable :
Nous les avons vues mettre bas,
Leurs mamelles s'enfler et leurs petits mourir.
Nos fermes étaient pourvues de tout,
Nous avions même du superflu,
Nos cœurs s'amollissaient
De ces biens abondants.

Mais chassons ces souvenirs!
Notre pays, ne l'avons-nous pas quitté,
Poursuivis par les Arabes de trahison,
Qui sont la cause de nos chagrins?
Nous n'avions fait de tort à personne ;
On s'est mis à nous rendre nus.

Où es-tu, la chérie du malheureux?
On préférait ton séjour à celui des villes les plus belles.
Tes biens coulaient comme des rivières.
Et ton orgueil consistait
A nourrir qui avait faim.

Tous ceux dont l'esprit était dans la peine
Et tous ceux que la misère forçait à la nudité,
Tous t'ont habitée avec bonheur.
On vantait ta clémence, ta douceur ;
Ta sécurité datait des temps anciens.
Un an chez toi, et l'on était rassasié.
Ah ! quand j'y pense, mes pleurs coulent
Et forment un voile à mes paupières.

Où es-tu, célèbre Métidja ?
Toi qui redressais les choses tortueuses
Et qui contenais de si beaux troupeaux.
Tes biens sont devenus peu nombreux.

Où sont tes chevaux blancs
Habitués aux exercices ?
Leurs bouches étaient tendres
Et leur vue réjouissait le cœur.

Où sont tes chevaux gris ?
Leurs hennissements s'entendaient de loin ;
Le bruit de leurs étriers faisait tressaillir ;
Dans leurs foulées ils se dépassaient.

Où sont tes chevaux verts
Comme une eau qui tombe en cascade ?
Leurs tresses étaient ondoyantes :
Les riches seuls les montaient.

Où sont tes chevaux rouges
Réputés pour leur vitesse ?
Celui qui savait les faire courir
Semblait voler comme l'épervier.

Où sont tes chevaux noirs ?
C'était la nuit sans lune et sans étoiles.

Chez toi les juments réussissaient
Et les mules devenaient belles.

Où sont aussi tes chameaux robustes,
Qui pouvaient porter les fardeaux ?
Nous nous reposions sur tes richesses :
Le temps nous a trahis,
Et les Arabes nous ont tout pris.

Ils nous accusaient, dans leurs ruses,
D'avoir fréquenté les chrétiens ;
Ils se disaient, eux, les guerriers de l'Islamisme,
Et dépouillaient des musulmans !

Ils ne nous ont rien laissé !
Patience ! ils rendront ce qu'ils ont mangé.
Dieu les rencontrera un jour ;
Ils se lèveront, à leur tour, misérables.

Où es-tu, charmante Métidja,
Toi la meilleure des plaines ?
De la mer allez à la Medjana,
Vantez-nous Fas et Baghdad,
Citez même la Syrie fertile ;
Suivant nous elle est préférable.
Celui qui l'habitait, ou y passait,
Voyait augmenter ses richesses ;
C'était un véritable paradis ;
On n'y connaissait plus le chagrin,
On y trouvait un commandement sévère,
Et le vol en était banni.
O vous qui mettez du noir à vos yeux,
Avez-vous remarqué qu'elle est tendre comme une
Qui tend son sein à ses enfants ;   [mère
Ils tètent et savourent le bon goût,

Elle s'attendrit pour eux dans son foie
Et, semblable à une pluie d'hiver,
Ses trésors coulent en averses.

Mezeghenna[1] n'était belle que par elle,
Elle y ôtait la gêne et la misère.
De son côté, Alger nous était prospère :
Chaque jour, nous nous y rendions en trottant,
Et, chaque jour, nous y portions nos produits ;
Les uns allaient, les autres revenaient,
On y courait de loin, de près,
Et notre heure était bien belle alors,
Nous étions bien vêtus et glorifiant Dieu !

Oui, les gens de la Métidja
Étaient accomplis en toutes choses :
Ils aimaient la musique,
Ils aimaient la vérité,
Ils aimaient les grandeurs.
Dans ces temps fortunés,
Nous ne parlions que de noces,
Et ne pensions qu'à commercer.
Nous cultivions nos terres ;
On nous voyait dans les cafés,
Et nous aimions les chansons.
Ne dites pas que j'ai menti ;
Ce qui précède est une chose sûre.

Mais le temps a fait banqueroute,
Les misères se sont accumulées
Et la Métidja n'est plus qu'un champ de mort
Qui attend le jour de la résurrection !

1. Alger.

LA MÉTIDJA.

La Métidja renfermait des biens nombreux,
On la nommait *l'ennemie de la faim*.
Sa terre, belle et tendre,
Pouvait produire deux moissons.

L'ami du jardinage
En tirait des produits abondants;
Il voyageait dans les marchés,
Et vendait deux fois par jour.

Elle contenait des fleurs douces
Dont l'abeille se nourrissait,
Et les abeilles y étaient si nombreuses
Que leur vue réjouissait.

Ses fleurs souriaient d'un sourire
Qui bannissait les chagrins du cœur,
Et leur odeur plaisait encore
Après que l'œil s'en était rassasié.

On y trouvait des fleurs rouges
Voisines des fleurs jaunes,
Et des narcisses ouverts
Avec des yeux tout gris.

On y voyait des fleurs bleues
Causer avec des fleurs blanches
Et sa campagne était couverte
D'une herbe tendre et verte,
Qui, le matin, semblait verser des pleurs.

Nous avons quitté nos demeures,
Nous avons quitté notre pays.
La force du sabre était sur nous,
Nous avons dû marcher vers le sud.

O mon Dieu! vous qui savez,

Dites-moi si nos pays se pacifieront,
Si les vents tourneront,
Si nos frères se réuniront.
La prospérité de la Métidja est passée :
Il n'y reste plus d'habitants,
Elle est devenue laide, couverte de pierres,
On n'y voit plus que des marais,
La disette y règne en tous temps,
Personne n'y trouve plus rien à gagner,
Son sol est couvert d'herbes sauvages,
Et celui qui y marche aujourd'hui
Risque de tomber à chaque instant.

La Métidja se repeuplera-t-elle ?
Reviendrons-nous à nos usages ?
Habiterons nous, comme par le passé,
Nos fermes bien cultivées ?
N'est-il pas temps de pardonner
Aux musulmans amaigris ?

Le peuple, comme autrefois, se réjouira-t-il
De ces troupeaux qui faisaient son bonheur ?
Et celui qui chérit l'agriculture,
Pourra-t-il encore employer ses bœufs
A tracer de droits sillons ?

Récoltera-t-il de l'orge et du blé,
Richesses de tout pays ?
Qu'elles étaient belles nos moissons
Avec leurs épis élevés !

O faiseur de l'ombre des feuilles !
Accomplis au plus vite nos désirs.
Car notre religion disparaît
Comme un soleil qui va se coucher.

Ainsi que notre Prophète bien-aimé,
Je m'appelle Mohammed ;
Mon père était marabout
Et se nommait Sidi-Dif-Allah ;
Nous sommes les anneaux d'une chaîne
Qui était faite avec de l'or.

III.

De la civilité puérile et honnête chez les Arabes.

Le mot *salamalek*, que nous avons pris aux Arabes, suffit à montrer combien les musulmans tiennent aux formules d'urbanité, de quel prix ils estiment cette monnaie courante de la politesse qui, suivant le mot d'un gentilhomme français, est celle qui coûte le moins et rapporte le plus.

Personne, en effet, mieux qu'un Arabe, ne sait entourer son abord de ces caresses de langage qui facilitent l'accès et préparent un accueil gracieux et favorable; personne ne sait mieux se conformer aux exigences respectives des positions sociales, en traitant chacun suivant son rang.

On vous donne ce qu'on vous doit et rien de plus, mais rien de moins.

Tout est gradué, tout aussi est, en quelque sorte, réglementé et fait l'objet d'une théorie traditionnelle dont les préceptes sont répétés avec soin par les pères et pratiqués par les enfants avec l'attention qu'ils accordent respectueusement à toutes les leçons de la sagesse des ancêtres.

Il est sans doute inutile de déduire tout au long le prologue du code de la politesse, ces litanies interminables de formules toujours les mêmes que les égaux se renvoient mutuellement et imperturbablement lorsqu'ils se rencontrent :

Jusqu'à midi.

Bonjour.
Que ton jour soit heureux.

Depuis midi.

Bonsoir.
Que ton soir soit heureux !

A toute heure.

Sois le bienvenu !
Sois sur les compliments !
Comment va ton temps ?
Comment es-tu ?
Comment es-tu fait ?
Les enfants vont bien ?

Il est une nuance moins marquée, moins connue, qu'on ne saisit pas tout d'abord, quand on n'a pas une grande habitude des usages arabes. Je veux parler du détour au moyen duquel les Arabes s'informent de l'état de la femme de leur interlocuteur.

La nommer, fut-elle à la mort, serait une haute inconvenance, aussi l'intérêt qu'on veut lui témoigner se manifeste par des désignations indirectes, par des allusions.

> Comment vont les enfants d'Adam?
> Comment va la tente?
> Comment va ta famille?
> Comment vont tes gens?
> Comment va l'aïeule?

Toute désignation trop claire éveillerait la jalousie; il a donc vu ma femme, il la connaît donc, qu'il s'inquiète d'elle?

Dans la conversation les formules pieuses, le nom du prophète surtout, interviennent fréquemment; mais il peut se trouver parmi ceux que l'on salue des gens d'une religion étrangère, et par conséquent ennemie; pour ne pas blesser ces personnes, qu'après tout il faut ménager, par des souhaits auxquels elles n'accorderaient aucune valeur, pour ne pas, d'un autre côté, compromettre des mots sacrés en compagnie d'infidèles, la formule est plus vague, plus générale.

On dit par exemple :

> *Salam âla hali.* Salut à mes gens.

Toutefois vous trouverez de nombreux fanatiques dont la conscience farouche et timorée ne s'accommode pas d'un pareil compromis, et qui se croiraient damnés s'ils n'établissaient pas une séparation bien marquée entre eux-mêmes et des mécréants.

Ceux-là, quand ils entrent dans une réunion où se trouvent des chrétiens ou des juifs, ne manquent jamais de dire :

Salam âla hhal esalam.	Salut aux gens du salut !
Salam âla men tabaa el-hhouda.	Salut à ceux qui suivent la religion !

On comprend néanmoins que dans les pays soumis à notre domination, la prudence fait taire le fanatisme, et qu'on ne se hasarde pas à froisser des gens qui pourraient faire payer assez chèrement une impolitesse.

Quand on aborde un israélite, un membre de cette population si longtemps et si rudement asservie et persécutée par les sectateurs de l'islam, *un lapidé*, en un mot, pour employer leur propre expression, si on consent à lui adresser la parole le premier, si l'on croit devoir être gracieux avec lui, on lui dit :

Allah yaïchek	Que Dieu te fasse vivre !
Allah yaounck.	Que Dieu te soit en aide !

Et ce simple mot qui est une politesse exceptionnelle accordée à un juif, serait une insulte pour un musulman.

L'étiquette officielle est rigoureuse, chaque signe en est noté scrupuleusement.

L'inférieur salue son supérieur en lui baisant la main s'il le rencontre à pied, le genou s'il le trouve à cheval.

Les marabouts et les tolbas, les hommes de la religion, à quelque titre qu'ils lui appartiennent, savent concilier la fierté qu'au fond du cœur ils ont pour la sainteté de leur caractère, l'orgueil de leur caste avec leur pieuse humilité.

Ils retirent vivement la main, mais ne la dérobent au baiser qu'après que le simple fidèle s'est mis en posture de le donner.

Ils se prêtent à une respectueuse accolade et se laissent effleurer des lèvres, la tête ou l'épaule. C'est une caresse qui ne se sent pas de la superbe des salutations qu'exigent les puissants de ce monde.

Quand un inférieur à cheval aperçoit sur sa route un homme tout à fait considérable, il met pied à terre de loin pour lui embrasser le genou.

Deux égaux s'embrassent sur la figure, ou s'ils ne sont pas liés se touchent légèrement la main droite et chacun se baise ensuite l'index.

Quand passe un chef, tout le monde se lève et salue en se croisant les mains sur la poitrine. C'était le signe de respect que l'on accordait à l'émir Abd-el-Kader.

En outre, dans les grandes occasions, une entrée triomphale, le retour d'une heureuse et longue expédition, ce que nous appellerions enfin une cérémonie publique, dans tout ce qui est prétexte à fantasia, les femmes et les jeunes filles poussent avec ensemble des cris de joie sur un ton aigu qui ne manque pas d'un certain charme.

Un Arabe ne passera jamais devant une réunion de ses égaux ou supérieurs sans dire :

Eçalam ou *Alikoum.*   Que le salut soit sur vous !

On lui répond toujours :

Alikoum Eçalam.   Sur vous soit le salut.

Ces mots sont prononcés d'une voix grave et solennelle qui fait contraste avec notre habitude de nous aborder en riant.

Demander à quelqu'un de ses nouvelles d'un ton léger, presque narquois, le saluer à l'étourdie, prendre une attitude qui ne soit pas en harmonie avec cette sérieuse parole : *Que le salut (de Dieu) soit sur vous*, paraît aux Arabes la chose la plus choquante du monde ; ils ne tarissent pas en reproches sur cette façon d'agir :

C'est donc bien risible, disent-ils, de demander à son parent ou son ami : comment vous portez-vous ?

En été, l'on ne peut saluer un supérieur le chapeau de paille (*medol*) sur la tête.

Quand on passe rapidement devant des étrangers qu'on veut saluer, on met la main sur le cœur.

Quelquefois une conversation sur la paix, la guerre, etc., est soudainement interrompue par un retour subit, voici les formules avec lesquelles on s'aborde :

Comment es-tu ?
Comment va ton temps ?
Ta tente va bien ?

Et, après avoir épuisé ce vocabulaire, on reprend la conversation au point à peu près où elle était restée.

Ces alternatives de causeries avec intermèdes de politesses se renouvellent à diverses reprises et se multiplient en raison de l'amitié qu'on porte à l'interlocuteur ou de la longueur du temps de l'absence.

Quand un éternument se produit devant vous, dites :

Nedjak Allah.   Que Dieu vous sauve.

et l'on vous répondra :

Rahmek Allah.   Que Dieu vous donne sa miséricorde.

L'éructation n'est pas une grossièreté ; elle est permise comme chez les anciens Espagnols, à qui sans doute la domination arabe avait laissé ce souvenir.

Quand arrive, ce qui chez nous serait un grave accident, ce qui chez eux n'est qu'un indice de prospérité, de large satisfaction, d'appétit, l'auteur dit avec sang-froid :

L'hamdoullah.   Je remercie Dieu.

Sous-entendez : Qui m'a donné assez de bien pour remplir mon ventre.

Allah iaatik-saha.   Que Dieu te donne la santé.

lui est-il répondu sur le même ton calme.

Avant de manger on invoque Dieu, voici la formule employée pour cette invocation.

Au nom de Dieu,

O mon Dieu, bénissez ce que vous nous donnez à manger, et quand ce sera consommé, reproduisez-le.

C'est de la main droite qu'on doit se servir pour manger et pour boire, et non de la main gauche, *car le démon mange et boit de la main gauche.*

Un homme bien élevé ne boit pas en restant debout, il faut qu'il soit assis.

Quand une personne boit devant vous, n'oubliez pas de lui dire après qu'elle a fini :

Saha (la santé) (sous-entendu Dieu te donne).

on vous répondra :

Allah iselmek.   Dieu te sauve.

Il ne faut boire qu'une fois, et à la fin du repas. La boisson n'est pas faite pour augmenter, entretenir ou faire revenir l'appétit. Dès qu'on a soif on est rassasié ; l'on boit et le repas est terminé.

A table on ne doit pas se servir d'un couteau.

On se lave les mains avant de manger, on se les lave encore après le repas ; on se rince la bouche avec soin, sinon on passe pour un homme mal élevé.

Le Prophète a recommandé de ne pas souffler sur la nourriture.

Il est de très-mauvais ton de s'observer en mangeant. De la part du maître de la tente, remarquer la lenteur ou la promptitude avec laquelle mangent ses hôtes, est une inconvenance qui peut lui attirer des répliques un peu vives, et des railleries qui ne manquent pas de porter coup.

A voir l'acharnement avec lequel tu déchires et fais disparaître ce mouton, on dirait que de son vivant il t'a donné des coups de cornes, disait à un pauvre diable de noble origine, mais devenu pauvre, un chef puissant qui le régalait.

A voir tes ménagements et ta lenteur, on dirait que sa mère t'a servi de nourrice, répondit l'Arabe, regardant un dîner reproché comme une injure.

Celui qui reçoit ne doit pas rester debout, il faut qu'il donne l'exemple en s'asseyant le premier.

L'hôte que vous recevez ne s'avisera jamais de donner des ordres à vos domestiques.

On évite scrupuleusement de cracher dans les lieux propres.

Un homme qui a ce que nous appelons *de la tenue*, qui est *soigné* dans sa mise, et qui tient à se conformer aux préceptes de la bonne compagnie, et chez les Arabes, la bonne compagnie est celle qui s'honore d'être pieuse jusque dans les plus petits détails, coupe ses moustaches à hauteur de la lèvre supérieure, et ne laisse que les coins.

On évite ainsi de salir ses vêtements en mangeant.

Un homme *comme il faut* fait raser ses cheveux souvent, une fois par semaine; il fait soigneusement rafraîchir sa barbe, qui est taillée en pointe, et ne néglige jamais de se couper les ongles.

Un Arabe entre dans une compagnie, salue, parle à son tour, et s'en va sans rien dire.

Il ne fait d'adieu que lorsqu'il est sur le point d'entreprendre un voyage.

Les seuls Arabes qui dérogent à cette coutume sont ceux-là qui nous connaissent; ils ont, dans notre fréquentation, contracté l'habitude d'adresser des adieux après une visite, une rencontre, mais il ne faut pas regarder comme impoli celui qui néglige de le faire.

Quand un Arabe se met en voyage, eût-il omis des choses importantes, ne le rappelez jamais : ce serait, d'après ses idées, lui porter malheur.

A propos de voyage, je dirai que l'émir Abd-el-Kader ne contrevenait jamais à l'usage universel, qui veut que lorsqu'on va monter à cheval pour une longue excursion, la femme, une négresse ou bien un domestique jette un peu d'eau sur la croupe et les pieds de la monture. C'est un souhait à la fois et un heureux présage. Quelquefois, c'est le cafetier qui jette du café sur les pieds des chevaux.

A ce même ordre d'idées appartient la superstition qui fait qu'on regarde une averse au départ comme de bon augure. L'eau est toujours la bienvenue dans un pays où souvent elle manque. De là aussi ce souhait fréquent : *Chabirek Khodeur, que ton éperon soit vert.* On l'adresse aux hommes du pouvoir; c'est leur dire : prospère et sois propice comme l'eau est propice à la moisson et aux troupeaux.

On sait de combien de circonstances minutieuses, insignifiantes pour nous, les Arabes font des pronostics infaillibles de bonheur et de malheur; je ne parlerai point de ces préjugés superstitieux, j'en ai déjà signalé quelques-uns ailleurs.

Mais ce que, sous peine de lasser la patience la plus indulgente, il serait impossible de dérouler tout au long, c'est la kyrielle des remerciements, des souhaits, des prières et des sollicitations que prodigue ce peuple souple, liant, abondant en amabilités verbeuses, lorsqu'il veut en venir à ses fins, demander un service, implorer une grâce, solliciter une faveur, écarter une importunité sans blesser l'importun.

Ainsi veut-on se débarrasser, avec politesse, d'un demandeur fatigant, et sans qu'il puisse répliquer un seul mot, on l'écoute avec attention, puis on lui répond en mettant en avant le nom de Dieu :

Va-t'en, il n'y aura que du bien, Dieu te l'apportera. (*Idjiblek eurby.*)

Un bon musulman ne saurait douter de la munificence de Dieu.

Quand il aura tiré de vous ce qu'il voulait, si les positions respectives changent, s'il n'a plus besoin de vous, si les rôles sont intervertis, l'homme naguère humblement pressant vous répondra brièvement par le vieux dicton :

> C'est mon cheval qui te connaît
> Moi je ne te connais plus.

Mais, en attendant, qu'il soit vis-à-vis d'un ami, d'un chef, d'un sultan, ou d'un protecteur quelconque à ménager, l'Arabe saura, si l'on veut tolérer l'expression, amadouer son homme. Jamais les paroles mielleuses ne lui manqueront.

Ne faut-il pas, en bon et franc Arabe, mettre en pratique le sage proverbe des aïeux :

Baise le chien sur la bouche jusqu'à ce que tu en aies obtenu ce que tu veux.

Ils sont nombreux les baisers à donner au chien, les compliments à faire au corbeau qui tient un fromage, et je sais plus de cent phrases différentes depuis :

Que Dieu augmente ton bien,

jusqu'à :

Que ton ventre n'ait jamais faim,

à mettre en regard de notre éternel et monotone :

« Dieu vous assiste » et « Dieu vous le rende. »

Que Dieu te sauve!

Que Dieu te récompense avec du bien!

Que Dieu te couvre!

Que Dieu se rappelle tes parents!

Que Dieu te fasse gagner!

Que Dieu te fasse mourir avec le témoignage et beaucoup de bien!

Que Dieu te fasse mourir sur un lit de soumission!

Que Dieu te rende comme un poisson savonné, qu'on prend, mais qui s'échappe!

Que celle qui t'a fait en fasse encore cent!

Dieu te l'apportera.

Dieu nous l'ouvrira cette porte.

Par la figure de Dieu!

Je suis entré chez toi par Dieu!

Monseigneur, je suis ton serviteur.

Monseigneur, je suis ton chien.

Monseigneur, fais-moi cette grâce et cette grâce sera dans ma tête.

Par ton amour-propre et l'amour-propre vaut cent.

Ah monseigneur! que Dieu te compte parmi les amis du Prophète!

Que Dieu te fasse mourir dans la guerre sainte!

Il faut que tu penses à moi, je suis nommé avec toi et avec Dieu, je suis une plume de tes ailes.

Tu es le couteau et moi la chair, tranche comme tu voudras.

Je n'ai que toi et Dieu!

J'ai patienté, mais le sabre est arrivé jusqu'à l'os.

On pousse la politesse plus loin encore; on ne s'en tient pas aux paroles, et l'on sait flatter par des actes.

Dans une course de chevaux, un kaïd et un puissant aga se trouvaient en présence; le kaïd fit tous ses efforts pour se laisser battre, il y réussit. Quiconque connaît l'amour-propre d'un Arabe pour la réputation de son cheval, appréciera la grandeur de son sacrifice.

La course finie, l'aga dit au kaïd : « Ton cheval est excellent, tu l'as retenu, ce n'est pas possible autrement. — Ah! monseigneur, répondit le kaïd avec un air de bonhomie, jamais, dans mon pays, le cheval d'un kaïd n'a battu celui d'un aga. »

Entre Arabes, ces gracieusetés se payent de la même monnaie, c'est-à-dire avec des paroles; mais quand elles nous sont adressées à nous autres chrétiens, nous ne nous y attendons guère, et pouvons nous y laisser prendre, tandis que, non-seulement nous ne devrions pas faire un grand fond sur ces compliments, mais nous devrions les regarder comme un avertissement de méfiance.

Il faut nous rappeler l'intolérance ombrageuse de ce peuple, où la première loi religieuse est la recommandation de la guerre sainte, et c'est la continuer pour son compte personnel, cette guerre qui est l'entrée la plus sûre du paradis, que de lutter privément contre un chrétien avec toutes les armes que Dieu fournit. Que sera-ce donc si l'intérêt s'en mêle et vient à l'appui de la piété?

Il existe bien quelques exceptions, mais elles sont

rares, et le mieux, en définitive, est de se tenir toujours sur ses gardes.

Je n'ai parlé jusqu'à ce moment que des protestations et des compliments; chez un peuple qui en est aussi prodigue, ce sont des paroles de peu de valeur. En est-il de même des serments?

Jusqu'à quel point engagent-ils celui qui les prononce?

Par Dieu le puissant.
Par la bénédiction de Dieu.
Par l'entourage de Dieu.
Par la tête du Prophète de Dieu.
Par la croyance de Dieu.
Que ma religion soit un péché!
Que je ne sois pas un musulman!
Que le Prophète ne me pardonne pas!
Que Dieu me maudisse comme ma femme!
Que Dieu vide ma selle!
Que Dieu me laisse entre deux cavaleries!
Que je devienne amoureux de ma sœur sur le tombeau du Prophète!
Que Dieu m'enterre droit comme un juif!
Que je témoigne avec mes pieds!
Que Dieu me fasse porter une casquette!
Par Dieu qui ne dort ni ne rêve.
Que Dieu me fasse perdre le témoignage au moment de ma mort!
Demain, jour du jugement, Dieu kadi et les anges seront témoins.
Par le serment de Dieu et celui de Brahim (Abraham), le chéri de Dieu.

Par notre seigneur Hamet ben Youceuf, maître de Milianah qui a un lion pour cheval et un serpent pour bride.

Un Arabe prudent et qui garde une arrière-pensée, évitera de prononcer ces paroles sacramentelles devant des témoins. Appelé devant la justice où les caractères religieux et civils sont confondus, il serait forcé de s'exécuter ou bien il faudrait recourir à la ressource de se faire relever par quelque Taleub. Il est, il est vrai, facile d'en trouver qui ne soient pas très-scrupuleux et qui vous indiquent un biais, mais il en coûte toujours quelque présent.

Malgré la propension des Arabes aux compliments, aux flatteries de tout genre à toute occasion, il serait maladroit, en entrant dans une tente de vanter un cavalier, un enfant, un cheval, en disant seulement : Oh ! quel beau cheval, quel bel enfant, quel admirable cavalier ! sans ajouter :

Que Dieu les préserve de tout malheur !
Que Dieu allonge son existence !
Allah itoueul aamrou, etc.

On serait sans cela considéré comme un envieux, qui cherche à porter la perturbation et le malheur dans la famille, à jeter un sort, à lancer *le mauvais œil :* AAIN.

Quand on se doute qu'un AAIN a été jeté sur un homme ou sur un animal, on va trouver des tolbas ou des femmes qui passent pour savoir en débarrasser au moyen de certaines pratiques, ou bien encore de quelque paroles sacramentelles.

L'aaïn est un acte d'envie secrète et invincible et peut être jeté par un ami tout comme par un ennemi.

De même encore il faut faire intervenir le nom de Dieu toutes les fois que vous parlez de l'avenir ; ainsi, ne dites jamais devant des Arabes : *demain il fera beau temps, demain je ferai ceci ou cela,* sans ajouter :

An cha Allah.   S'il plaît à Dieu.

Cette omission suffirait à vous déconsidérer, car personne ne peut connaître l'avenir qui est tout entier dans les mains de DIEU.

En un mot jamais un Arabe n'entreprend une course, une chasse, ne procède à un acte quelconque, le plus ordinaire même, sans prononcer.

Besem Allah !   Au nom de Dieu !

Ce perpétuel retour vers Dieu donne, si je ne me trompe, aux phrases les plus banales du dialogue arabe, un ton touchant, un accent pénétré qui est plus remarquable encore dans certaines circonstances solennelles.

Ainsi, lorsqu'on aborde une personne dont le deuil tout récent a été causé par la mort d'un homme, les phrases les plus usuelles sont :

Élargis ton intérieur, nous devons tous mourir, Dieu seul est éternel.

La mort est une contribution frappée sur nos têtes, nous devons tous l'acquitter, il n'y a là ni faveur ni injustice.

Si Dieu n'avait pas inventé la mort, nous ne tarderions pas à nous dévorer les uns les autres.

Dès le jour où il était dans le ventre de sa mère, sa mort était écrite chez Dieu.

Il avait fini son temps.

Les compliments de doléance pour la mort d'une femme sont les suivants :

Tiens ton âme, Dieu remplace les pertes.

Nous ne sommes que de la poterie, et le potier fait ce qu'il veut.

C'était écrit chez Dieu, c'était tout ce qu'elle avait à vivre.

Remercie Dieu : elle t'a laissé tes enfants déjà grands.

On cherche à consoler un blessé par des phrases du genre de celle-ci :

Tu es bien heureux, Dieu t'accorde une blessure dans la guerre sainte : il t'a marqué pour ne pas t'oublier.

A un malade on dit :

Ne te chagrine pas, les jours de la maladie seront comptés chez Dieu.

Comment vas-tu ? la maladie, c'est de l'or : ce ne sera rien, Dieu te guérira.

Courage, tiens ton âme, ta couleur est bonne : s'il plaît à Dieu, bientôt tu seras debout.

La compassion que l'on témoigne à un camarade qui a reçu la bastonnade ne va pas sans un peu de raillerie, et l'on glisse toujours quelque gaillardise dans les paroles qu'on lui adresse; ainsi :

Patience, la trique est faite pour les hommes et non pour les femmes.

Souviens-toi que les hommes sont faits pour la trique, pour l'amour, pour la misère, pour le chagrin, pour toute espèce d'accident. Qu'importe? cela ne doit pas les empêcher, la vingt-quatrième nuit du mois, à l'heure où règne la plus profonde obscurité, quand les chiens sont endormis, d'entrer chez leurs maîtresses, alertes et fiers, quand bien même l'eau tomberait du ciel comme une corde: c'est à cela qu'on reconnaît les jeunes gens.

Enfin quand un homme a fait une perte d'argent, qu'un esclave lui a été enlevé, la politesse commande de lui dire :

Ne te chagrine pas, Dieu t'en apportera un plus luisant.

Dieu te couvrira de tes pertes.

Si Dieu allonge ton existence, tes richesses s'augmenteront.

Comme pour les salutations, les souhaits, les adieux, il est certaines formules arrêtées pour les félicitations.

Pour un succès de guerre :

Remercions Dieu pour la victoire, qu'il fasse triompher notre seigneur et le rende toujours victorieux!

Que Dieu rende notre seigneur un chagrin pour ses ennemis!

Que Dieu rende notre seigneur une épine dans l'œil de son ennemi!

Que Dieu fasse triompher les soldats de Mohamed!

Pour un mariage :

Que Dieu vous accorde des temps heureux et prolonge votre existence !

Dieu fasse qu'elle remplisse ta tente !

Enfin pour la naissance d'un enfant mâle :

Que l'enfant vous soit heureux !

Comme je l'ai dit en commençant, les règles de la politesse, de l'étiquette sont invariablement fixées ; le code des relations sociales est connu de tous, du dernier paysan, comme du plus illustre d'entre les Djouad : il en résulte cette véritable dignité de manières que personne ne refuse aux Arabes ; il en résulte aussi un niveau général d'urbanité que personne ne dépasse guère, au-dessous duquel il est peu de gens qui se tiennent.

Tandis que chez nous il y a des gens bien ou mal élevés, de bon ou de mauvais ton, les Arabes, sous ce rapport, se ressemblent tous ; chacun d'eux tient son rang et conserve ce respect de lui-même qui est recommandé par ce proverbe :

Ne jouez pas avec les chiens, ils se diraient vos cousins.

Cette dignité de manières n'est pas seulement extérieure ; elle provient d'une autre source encore que des préceptes dont ils sont imbus.

Quand vous voyez un Arabe de la plus basse classe, de la plus infime position se présenter avec

assurance, tête haute, et le regard fixé dans les
yeux de celui qu'il aborde, fût-il sultan, pacha,
kalifa, soyez convaincu qu'il n'y a pas là seulement
de la vanité personnelle; il y a cette fierté légitime
en quelque sorte de l'homme qui croit en Dieu et
qui le sait au-dessus de nous à égale distance du
puissant et du faible, et regardant du même œil le
cèdre et l'hysope.

Cette assurance est remarquable dans nos assemblées. Dans nos nombreuses réunions, un Arabe isolé n'est jamais intimidé; jamais l'embarras ne lui fait commettre une gaucherie; jamais sa position de vaincu, de dépendant ne le trouble et ne l'humilie. Il y a, au contraire, toujours une arrière-pensée bien dissimulée de dédain. Soumis et suppliant, il est toujours, dans son esprit, supérieur à vous de toute la distance qui sépare le sectateur du Prophète de l'adorateur du morceau de bois.

En dehors même de cet orgueil de croyant, il est un autre sentiment qui l'anime et qui est éminemment philosophique et religieux.

Certes, il ne méconnaît ni la splendeur de la richesse, ni la grandeur de la puissance, ni les agréments du luxe et du faste; mais, en entrant dans les palais de nos rois, en contemplant les merveilles étalées à ses yeux, en comparaissant devant ces hommes qu'entourent tous les prestiges, il se dit d'abord: Dieu, qui dispose de tout sur la terre aussi bien que dans le ciel, pouvait me combler, moi, de toutes ces faveurs. J'aurais loué Dieu ; je dois le louer encore, car ma part est la meilleure. Ils ont leur paradis sur cette terre qui est une auberge où l'homme entre et d'où l'homme disparaît en quelques heures. Moi, le paradis m'attend après ma mort, et le paradis, c'est l'éternité.

Malheureusement pour eux, à cette croyance ferme, invincible, toujours présente, ne se joint pas une pensée de solidarité. Ils ont la foi, non la charité. Ils sont partout, en haut comme en bas, profondément égoïstes.

Deux causes ont produit cet égoïsme si fatal aux musulmans. La première est la conviction qu'être malheureux sur la terre, c'est être déshérité de Dieu ; c'est, sinon avoir mérité son infortune, au moins être hors d'état d'en sortir par soi-même ou par ses semblables. Tous les efforts pour empêcher son bras de s'appesantir sont de vaines tentatives contre Dieu. Une commisération trop vive est une récrimination contre sa volonté.

L'anarchie est venue en aide à ce fatalisme. Chacun était en danger, chacun dut songer à soi.

Cet état moral peut se représenter par un dicton répandu dans toutes les contrées que nous dominons :

El habouba dj'at Fel Belad.

>La peste est arrivée dans le pays ;
>O mon Dieu, fais qu'elle épargne ma tribu !
>La peste est arrivée dans ta tribu ;
>O mon Dieu, fais qu'elle épargne mon douar !
>La peste est arrivée dans ton douar ;
>O mon Dieu, fais qu'elle épargne ma tente !
>La peste est dans ta tente ;
>O mon Dieu, fais qu'elle épargne ma tête !

Il n'est pas besoin de tirer des inductions et de chercher au fond de semblables paroles. C'est une confession naïve et complète ; c'est la nature prise sur le fait.

IV.

La chasse en Afrique.

On raconte qu'un chikh arabe était assis au milieu d'un groupe nombreux quand un homme, qui venait de perdre son âne, se présenta à lui, demandant si quelqu'un avait vu l'animal égaré. Le chikh se tourna aussitôt vers ceux qui l'entouraient et leur adressa ces paroles :

« En est-il un parmi vous à qui le plaisir de la chasse soit inconnu ? qui n'ait jamais poursuivi le gibier au risque de se tuer ou de se blesser en tombant de cheval ; qui, sans crainte de déchirer ses vêtements ou sa peau, ne se soit jamais jeté, pour atteindre la bête fauve, dans des broussailles hérissées d'épines ? En est-il un parmi vous qui n'ait jamais senti le bonheur de retrouver, le désespoir de quitter une femme bien-aimée ? »

Un des auditeurs repartit : « Moi, je n'ai jamais rien fait, ni rien éprouvé de ce que tu dis là. »

Le chikh alors regarda le maître de l'âne.

« Voici, dit-il, la bête que tu cherches, emmène-la !

Les Arabes disent, en effet :

Celui qui n'a jamais chassé, ni aimé, ni tressailli au son de la musique, ni recherché le parfum des fleurs, celui-là n'est pas un homme, c'est un âne.

Chez les Arabes, la guerre est avant tout une lutte d'agilité et de ruse ; aussi, la chasse est le premier des passe-temps. La poursuite des bêtes sauvages enseigne la poursuite des hommes.

Un poëte a fait de cet art l'éloge suivant :

« La chasse dégage l'esprit des soucis dont il est embarrassé ; elle ajoute à la vigueur de l'intelligence, elle amène la joie, dissipe les chagrins, et frappe d'inutilité l'art des médecins en entretenant une perpétuelle santé dans le corps.

« Elle forme les bons cavaliers, car elle enseigne à monter vite en selle, à mettre promptement pied à terre, à lancer un cheval à travers précipices et rochers, à franchir pierres et buissons au galop, à courir sans s'arrêter, quand même une partie du harnachement viendrait à se perdre ou à se briser.

« L'homme qui s'adonne à la chasse fait chaque jour des progrès dans le courage ; il apprend le mépris des accidents.

« Pour se livrer à son plaisir favori, il s'éloigne des gens pervers. Il déroute le mensonge et la calomnie ; il échappe à la corruption du vice ; il s'affranchit de ces funestes influences qui donnent à nos barbes des teintes grises, et font peser sur nous avant le temps le poids des années.

« Les jours de la chasse ne comptent point parmi les jours de la vie. »

Dans le Sahara, la chasse est l'unique occupation des chefs et des gens riches. Quand arrive la saison des pluies, les habitants de cette contrée se transportent tour à tour au bord des petits lacs formés par les eaux du ciel. Aussitôt que le gibier vient à leur manquer sur un point, ils donnent un nouveau foyer à leur vie errante.

Une légende connue de tous les Arabes prouve avec quelle force la passion de la chasse peut s'emparer d'une âme africaine.

Un homme de grande tente avait tiré sur une gazelle et l'avait manquée; dans un moment de colère, il fit serment de n'approcher aucun aliment de sa bouche avant d'avoir mangé le foie de cet animal. A deux reprises encore, il fait feu sur la gazelle et ne l'atteint pas; pendant tout le jour, il n'en continue pas moins sa poursuite. La nuit venue, ses forces l'abandonnent; mais, fidèle à son serment, il ne prend aucune nourriture. Ses serviteurs continuent alors la chasse, et cette chasse dure encore trois jours. Enfin, la gazelle est tuée, et on apporte son foie à l'Arabe mourant, qui approche de ses lèvres un morceau de cette chair, puis rend le dernier soupir.

Les Arabes chassent à pied et à cheval. Un cavalier qui veut poursuivre le lièvre, doit prendre avec lui un lévrier. Les lévriers s'appellent *slougui*, ils tirent leur nom de *Slouguïa*, lieu où ils sont nés, assure-t-on, de l'accouplement des louves avec les chiens[1].

Le *slougui* mâle vit vingt ans environ et la femelle douze.

Les *slougui* capables de prendre une gazelle à la course sont fort rares ; la plupart d'entre eux ne chassent ni le lièvre ni la gazelle, lors même que ces animaux viennent à passer auprès d'eux. L'objet habituel de leur poursuite c'est le *bekeur-el-ouhach* (antilope), que d'ordinaire ils atteignent au jarret et jettent à terre. On prétend que cet animal, en essayant de se relever, retombe sur la tête et se tue. Quelquefois, le *slougui* saisit le *bekeur-el-ouhach* au col et le tient jusqu'à l'arrivée des chasseurs.

Nombre d'Arabes poursuivent le *bekeur-el-ouhach* à cheval et le frappent par derrière avec une lance. C'est à cheval aussi que d'habitude on court la gazelle ; mais on emploie toujours contre elle le fusil. Les gazelles vivent en troupeau ; on vise, au milieu de ses compagnes, la bête que l'on veut frapper, et on la tire sans arrêter un instant le cheval que l'on a lancé au galop.

Un proverbe arabe dit : *Plus oublieux que la gazelle.* Ce joli animal, en effet, qui a déjà de la

---

[1]. Ce croisement n'est pas impossible ; Buffon, après l'avoir nié, le constate sur des documents d'une incontestable authenticité.

femme le doux et mystérieux regard, semble en avoir aussi la cervelle légère. La gazelle, quand on l'a manquée, court un peu plus loin, et puis s'arrête, insouciante du plomb qui, au bout d'un instant, vient la chercher encore. Quelques Arabes lancent contre elle le faucon qu'ils dressent à la frapper aux yeux.

C'est surtout chez les Arabes du pays d'Eschoul que ce genre de chasse est en vigueur. J'ai rencontré là une petite tribu appelée la tribu des Es-Lib, qui ne vivait que des produits de la chasse. Les tentes y étaient faites en peaux de gazelles et de *bekeur-el-ouhach*, les vêtements n'y étaient pour la plus grande part que des dépouilles de bêtes fauves. Un des membres de cette peuplade chasseresse me dit qu'il sortait d'habitude avec un âne chargé de sel. Toutes les fois qu'il abattait une gazelle, il l'égorgeait, lui fendait le ventre, frottait ses entrailles avec du sel, puis la laissait sécher sur un buisson. Il revenait ensuite sur ses pas et rapportait à sa famille les cadavres qu'il avait ainsi préparés; car, dans ce pays, il n'existe aucun animal carnassier qui dispute le gibier au chasseur. Les Es-Lib sont tellement habitués à se nourrir de chair que leurs enfants jetèrent des biscuits que je leur avais donnés. Ils ne s'imaginaient point que ce fût chose bonne à manger.

On pratique souvent la chasse à l'affût contre le mâle et la femelle du *bekeur-el-ouhach*. Quand la chaleur a desséché les lacs du désert, on creuse un trou auprès des sources où viennent boire ces animaux, qui trouvent la mort au moment où ils se désaltèrent.

Une des chasses qui exigent le plus d'intrépidité est celle du *lerouy*, animal qui ressemble à la gazelle, mais plus grande qu'elle, sans atteindre toutefois la taille du *bekeur-el-ouhach*. Le *lerouy*, qu'on appelle aussi *tis-el-djebel* (bouc de montagne), se tient au milieu des rochers et des précipices, c'est là qu'il faut le poursuivre à pied à travers mille périls. Comme les animaux de cette famille courent très-mal, un chien ordinaire les prend facilement aussitôt qu'ils descendent en plaine. Mais ils ont, à ce que l'on affirme, un privilége singulier. Un *lerouy* poursuivi par des chasseurs se jette dans un précipice profond de cent coudées, et tombe sur la tête sans se faire aucun mal. On constate l'âge de la bête par les bourrelets de ses cornes; chaque bourrelet indique une année. Le *lerouy* et la gazelle ont deux dents incisives; ils n'ont pas les dents (*robaï*) situées entre les incisives et les canines.

Si la chasse au *lerouy* est le triomphe du piéton, la chasse à l'autruche est le triomphe du cavalier. Par ces journées de sirocco, où une sorte de sommeil brûlant semble peser sur toute la nature, où l'on croirait que tout être animé doit être condamné au repos, d'intrépides chasseurs montent à cheval. On sait que l'autruche, de tous les animaux le moins fertile en ruses, ne fait jamais de détour; mais, confiante en sa seule agilité, échappe par une course droite et rapide comme celle d'un trait. Cinq cavaliers se postent à des intervalles d'une lieue sur la ligne qu'elle doit parcourir: chacun fournit son relais. Quand l'un s'arrête, l'autre s'élance au galop sur les traces de l'animal, qui se trouve ainsi ne pas avoir un moment de relâche et lutter toujours avec des chevaux frais. Aussi, le chasseur qui part le dernier est nécessairement le vainqueur de l'autruche. Cette victoire n'est pas sans danger. L'autruche en tombant inspire au cheval, par le mouvement de ses ailes, une terreur qui est souvent fatale au cavalier.

On ne met aux chevaux qui doivent fournir ces ardentes courses qu'une seule housse et une selle d'une extrême légèreté. Quelques cavaliers n'emploient même que des étriers de bois et un mors très-léger, également attaché par une simple ficelle. Le chasseur porte avec lui une petite outre remplie d'eau; il humecte le mors d'heure en heure pour maintenir dans un état de fraîcheur la bouche du cheval.

Cette course à cinq cavaliers n'est pas, du reste,

la seule manière de chasser l'autruche. Quelquefois, un Arabe, qui connaît à fond les habitudes de ce gibier, va se poster seul près d'un endroit où l'autruche passe d'ordinaire, près d'un col de montagne, par exemple, et aussitôt qu'il aperçoit l'animal, se livre au galop à sa poursuite. Il est rare que ce chasseur réussisse, car peu de chevaux peuvent atteindre l'autruche ; j'ai possédé toutefois une jument qui excellait dans cette chasse.

Quoique le cheval soit habituellement employé contre l'autruche, dans cette chasse comme dans toutes les autres, il n'est pas cependant pour l'homme un indispensable compagnon. La ruse se charge parfois à elle seule de combattre l'autruche. A l'époque de la ponte, des chasseurs pratiquent des trous auprès des nids, s'y blottissent et tuent la mère au moment où elle vient visiter ses œufs. Enfin, les Arabes ont recours aussi à des déguisements. Quelques-uns d'entre eux se revêtent d'une peau d'autruche et approchent ainsi de l'animal qu'ils veulent tuer. Des chasseurs, ainsi déguisés, ont été, dit-on, plus d'une fois atteints par leurs compagnons.

Quand une autruche a eu une jambe brisée par un coup de feu, elle ne peut plus, comme les autres bipèdes, sauter sur une seule jambe. Cela tient à ce qu'il n'y a pas de moelle dans ses os, et que des os sans moelle ne peuvent guérir lorsqu'ils ont été fracturés. Les Arabes affirment que l'autruche est sourde et que l'odorat chez elle remplace l'ouïe.

L'*hyène* est un animal fort, dont les mâchoires sont dangereuses, mais lâche et fuyant le grand jour.

Elle habite ordinairement des excavations que l'on trouve dans les ravins ou dans les rochers.

Elle ne marche habituellement que la nuit, recherche les charognes, les cadavres et commet de tels dégâts dans les cimetières, que les Arabes, pour s'y opposer, ont soin d'enterrer très-profondément leurs morts. Dans certains pays même, on construit deux cases pour un seul cadavre, qui est alors contenu dans la case inférieure.

En général, elle n'attaque pas les troupeaux ; cependant, la nuit, autour des tribus, elle enlève quelquefois des chiens de garde.

Les Arabes en font peu de cas, ils s'amusent à la chasser à cheval et la font prendre par leurs lévriers, sans lui faire les honneurs des coups de fusil.

Quand on a bien reconnu la tanière dans laquelle elle se tient, il n'est pas rare de trouver des Arabes qui la méprisent assez pour y pénétrer hardiment, après en avoir toutefois très-soigneusement bouché l'entrée avec leur burnous, de manière à empêcher le moindre jour d'y entrer. Arrivés là, ils s'en approchent en lui parlant avec énergie, s'en emparent, la bâillonnent sans qu'elle oppose la moindre résistance, tant elle est devenue craintive, et puis la font sortir à grands coups de bâton.

La peau d'un animal aussi lâche est peu estimée. Dans beaucoup de tentes, on ne la laisserait point entrer; elle ne peut que porter malheur.

Les Arabes du peuple mangent la chair de l'hyène qui, du reste, n'est pas bonne. Ils se garderaient bien de toucher à la tête et surtout à la cervelle. Ils croient que ce contact suffirait à les rendre fous.

Laissons de ce côté cet ignoble animal, et maintenant arrivons à la chasse qui vraiment est digne d'aiguillonner des intelligences, d'embraser des âmes guerrières. Le chasseur arabe s'attaque au lion.

Il a, dans cette audacieuse entreprise, d'autant plus de mérite que le lion est, en Afrique, un être redoutable, sur lequel existe un nombre de mystérieuses et terribles légendes, dont une superstition épouvantée protége la formidable majesté. Avec cet esprit observateur qui leur est très-distinctif, les Arabes ont fait sur le lion une série de remarques dignes d'être recueillies et conservées.

Pendant le jour, le lion cherche rarement à attaquer l'homme; d'ordinaire même si quelque voyageur passe auprès de lui, il détourne la tête et fait semblant de ne pas l'apercevoir. Cependant, si quelque imprudent, côtoyant un buisson où il est couché, s'écrie tout à coup: « Il est là (*ra hena*), » le lion s'élance sur celui qui vient de troubler son repos.

Avec la nuit, l'humeur du lion change complétement. Quand le soleil est couché, il est dangereux de se hasarder dans les pays boisés, accidentés, sauvages; c'est là que le lion tend ses embuscades, qu'on le rencontre sur les sentiers qu'il coupe en les barrant de son corps.

Voici, suivant les Arabes, quelques-uns des drames nocturnes qui se passent alors habituellement. Si l'homme isolé, courrier, voyageur, porteur de lettres, qui vient à rencontrer le lion, a le cœur solidement trempé, il marche droit à l'animal en brandissant son sabre ou son fusil, mais en se gardant de tirer ou de frapper. Il se borne à crier : « O le voleur, le coupeur de routes, le fils de celle qui n'a jamais dit non! Crois-tu m'effrayer? Tu ne sais donc pas que je suis un tel, fils d'un tel? lève-toi et laisse-moi continuer ma route. »

Le lion attend que l'homme se soit approché de lui, puis il s'en va se coucher encore à mille pas plus loin. C'est toute une série d'effrayantes épreuves que le voyageur est obligé de supporter. Toutes les fois qu'il a quitté le sentier, le lion disparaît, mais pour un moment seulement; bientôt on le voit reparaître, et, dans toutes ses manœuvres, il est accompagné d'un terrible bruit. Il casse dans la forêt d'innombrables branches avec sa queue, il rugit, il hurle, il grogne, lance des bouffées d'une haleine empestée, il joue avec l'objet de ses multiples et bizarres attaques qu'il tient continuellement suspendu entre la crainte et l'espérance, comme le chat avec la souris. Si celui qui est engagé dans cette lutte ne sent pas son courage faiblir, s'il parvient, suivant l'expression arabe, à bien tenir son âme, le lion le quitte et s'en va chercher fortune ailleurs.

Si le lion, au contraire, s'aperçoit qu'il a affaire à un homme dont la contenance est effrayée, dont la voix est tremblante, qui n'a pas osé articuler une menace, il redouble, pour l'effrayer davantage encore, le manége que nous avons décrit. Il s'approche de sa victime, la pousse avec son épaule hors du sentier, qu'il intercepte à chaque instant, s'en amuse enfin de toute manière, jusqu'à ce qu'il finisse par la dévorer à moitié évanouie.

Rien d'incroyable, du reste, dans le phénomène que tous les Arabes ont constaté. L'ascendant du courage sur les animaux est un fait incontestable.

Suivant les Arabes, quelques-uns de ces voleurs de profession, qui marchent la nuit armés jusqu'aux dents, au lieu de redouter le lion, lui crient, quand ils le rencontrent :

« Je ne suis pas ton affaire. Je suis un voleur comme toi ; passe ton chemin, ou, si tu veux, allons voler ensemble. »

On ajoute que quelquefois le lion les suit et va tenter un coup sur le douar où ils dirigent leurs pas. On prétend que cette bonne amitié entre les lions et les voleurs se manifeste souvent d'une manière assez frappante. On aurait vu des voleurs, aux heures de leurs repas, traiter les lions comme des chiens, en leur jetant, à une certaine distance, les pieds et les entrailles des animaux dont ils se nourrissaient.

Des femmes arabes auraient aussi employé avec succès l'intrépidité contre le lion. Elles l'auraient poursuivi au moment où il emportait des brebis et lui auraient fait lâcher sa prise en lui donnant des coups de bâton, accompagné de ces paroles : « Voleur, fils de voleur. »

La honte, disent les Arabes, s'emparait alors du lion qui s'éloignait au plus vite. Ce dernier trait prouve que le lion chez les Arabes est une sorte de créature à part, tenant le milieu entre l'homme et l'animal, une créature qui, en raison de sa force, leur paraît douée d'une particulière intelligence. La légende suivante, destinée à expliquer comment le lion laisse échapper le mouton plus facilement que toutes ses autres proies, confirme cette opinion.

En énumérant ce que ses forces lui permettaient de faire, le lion dit un jour :

An cha Allah, s'il plaît à Dieu, j'enlèverai, sans me gêner, le cheval.

An cha Allah, j'emporterai, quand je voudrai, la génisse, et son poids ne m'empêchera pas de courir.

Quand il en vint à la brebis, il la crut tellement au-dessous de lui qu'il négligea cette religieuse formule : s'il plaît à Dieu ; et Dieu le condamna pour le punir à ne pouvoir jamais que la traîner.

Il y a plusieurs manières de chasser le lion.

Quand un lion paraît dans une tribu, des signes de toute nature révèlent sa présence. D'abord ce sont des rugissements dont la terre même semble trembler; puis ce sont de continuels dégâts, de perpétuels accidents. Une génisse, un poulain sont enlevés, un homme même disparaît; l'alarme se répand sous toutes les tentes, les femmes tremblent pour leurs biens et pour leurs enfants : de tous les côtés ce sont des plaintes. Les chasseurs décrètent la mort de cet incommode voisin.

On fait une publication dans les marchés pour qu'à tel jour et à telle heure, cavaliers et fantassins, tous les hommes en état de chasser, soient réunis en armes à un endroit désigné.

On a reconnu d'avance le fourré où le lion se retire pendant la journée; on se met en marche, les fantassins sont en tête.

Quand ils arrivent à une cinquantaine de pas du buisson où ils doivent rencontrer l'ennemi, ils s'arrêtent, ils s'attendent, se réunissent et se forment sur trois rangs de profondeur, le deuxième rang prêt à entrer dans les intervalles du premier, si un secours est nécessaire; le troisième rang, bien serré, bien uni, composé d'excellents tireurs qui forment une invincible réserve.

Alors commence un étrange spectacle, le premier rang se met à injurier le lion et même à envoyer quelques balles dans sa retraite pour le décider à sortir :

« Le voilà donc celui qui se croit le plus brave, il n'a pas su se montrer devant les hommes; ce n'est pas lui, ce n'est pas le lion; ce n'est qu'un lâche voleur; que Dieu le maudisse ! »

Le lion, que l'on aperçoit quelquefois pendant qu'on le traite ainsi, regarde tranquillement de tous les côtés, bâille, s'étire et semble insensible à tout ce qui se passe autour de lui.

Cependant, quelques balles isolées le frappent; alors, il vient, magnifique d'audace et de courage, se placer devant le buisson qui le contenait. On se tait. Le lion rugit, roule des yeux flamboyants, se recule, se recouche, se relève, fait craquer avec son corps et sa queue tous les branchages qui l'entourent.

Le premier rang décharge ses armes, le lion s'élance et vient tomber le plus souvent sous le feu du deuxième rang qui est entré dans les intervalles du premier.

Ce moment est critique, car le lion ne cesse la lutte que lorsqu'une balle l'a frappé à la tête ou au cœur. Il n'est pas rare de le voir continuer à combattre avec dix ou douze balles à travers le corps; c'est dire que les fantassins ne l'abattent jamais sans avoir des hommes tués ou blessés.

Les cavaliers qui ont accompagné cette infanterie n'ont rien à faire tant que leur ennemi ne quitte pas les pays accidentés; leur rôle commence si, comme cela a lieu quelquefois dans les péripéties de la lutte, les hommes à pied parviennent à rejeter le lion sur un plateau ou dans la plaine.

Alors s'engage un nouveau genre de combat qui a aussi son intérêt et son originalité; chaque cavalier, suivant son agilité et sa hardiesse, lance son cheval à fond de train, tire sur le lion comme sur une cible à une courte distance, tourne sa monture dès que son coup est parti, et va plus loin charger son arme pour recommencer aussitôt.

Le lion, attaqué de tous les côtés, blessé à chaque instant, fait face partout; il se jette en avant, fuit, revient et ne succombe qu'après une lutte glorieuse, mais que sa défaite doit fatalement terminer, car contre des cavaliers et des chevaux arabes tout succès lui est impossible. Il n'a que trois bonds terribles, sa course ensuite manque d'agilité. Un cheval ordinaire le distance sans peine; il faut avoir vu un pareil combat pour s'en faire une idée. Chaque cavalier lance une imprécation, les paroles se croisent, les burnous se relèvent, la poudre tonne; on se presse, on s'évite, le lion rugit, les balles sifflent, c'est vraiment émouvant.

Malgré tout ce tumulte, les accidents sont fort rares. Les chasseurs n'ont guère à redouter qu'une chute qui les jetterait sous la griffe de leur ennemi, ou, mésaventure plus fréquente, une balle amie mais imprudente.

On connaît maintenant la forme la plus pittoresque, la plus guerrière que puisse prendre la chasse au lion. Cette chasse se fait encore par d'autres procédés qui, peut-être même, ont quelque chose de plus sûr et de plus promptement efficace.

Les Arabes ont remarqué que le lendemain d'un jour où il a enlevé et mangé des bestiaux, le lion, sous l'empire d'une digestion difficile, reste dans sa retraite fatigué, endormi, incapable de bouger. Lorsqu'un lieu troublé d'ordinaire par des rugissements, reste une soirée entière dans le silence, on peut croire que l'hôte redoutable qui l'habite est plongé dans cet état d'engourdissement. Alors un homme courageux, dévoué, arrive en suivant la piste jusqu'au massif où se tient l'animal, l'ajuste et le tue roide en lui logeant une balle entre les deux yeux.

Kaddour-ben-Mohammed, des Oulad-Messelem, fraction des Ounougha, passe pour avoir tué plusieurs lions de cette manière.

On emploie aussi contre le lion différentes espèces d'embuscades. Ainsi les Arabes pratiquent, sur la route de son repaire, une excavation qu'ils recouvrent d'une mince cloison. L'animal brise par son poids ce léger plancher et se trouve pris dans le piége.

Quelquefois on creuse, auprès d'un cadavre, un trou recouvert de forts madriers, entre lesquels on ménage seulement une ouverture nécessaire pour laisser passer le canon d'un fusil. C'est dans ce trou, appelé *melebda*, que le chasseur se blottit; au moment où le lion se dirige vers le cadavre, il l'ajuste avec soin et fait feu. Souvent le lion, lorsqu'il n'a pas été atteint, se jette sur le *melebda*, brise avec ses griffes les madriers, et dévore le chasseur derrière son rempart anéanti.

Quelques hommes enfin entreprennent contre le lion une chasse aventureuse et héroïque, rappelant les prouesses chevaleresques. Voici comment, à son dire, s'y prenait Si-Mohammed-Esnoussi, homme d'une véracité reconnue, qui habitait le Djebel Guezoul, auprès de Tiaret.

« Je montais sur un bon cheval, c'est Mohammed lui-même qui parle, et je me rendais à la forêt pendant une nuit où brillait la lune. J'étais bon tireur alors, jamais ma balle ne tombait à terre. Je me mettais à crier plusieurs fois : *Ataïah!* Le lion sortait et se dirigeait vers l'endroit d'où partait le cri et je tirais aussitôt sur lui. Souvent un même fourré renfermait plusieurs lions qui se présentaient à la fois. Si une de ces bêtes m'approchait par derrière, je tournais la tête et je visais par-dessus la croupe de mon cheval; puis, dans la crainte d'avoir manqué, je partais au galop. Si j'étais attaqué par-devant, je détournais mon cheval et recommençais la même manœuvre. »

Les gens du pays affirment que le nombre des lions tués par Mohammed-ben-Esnoussi atteignait presque la centaine. Cet intrépide chasseur vivait encore en l'an 1253 (1836 de J. C.). Quand je le vis, il avait perdu la vue. Qu'il jouisse de la miséricorde de Dieu!

Une chasse plus dangereuse encore que la chasse dirigée contre le lion lui-même, c'est la chasse que l'on fait à ses petits. Il se rencontre toutefois des gens pour tenter cette périlleuse entreprise.

Tous les jours le lion et la lionne sortent de leur repaire vers trois ou quatre heures de l'après-midi pour aller au loin faire une reconnaissance, dans le but sans doute de procurer des aliments à leur famille. On les voit sur une hauteur examiner les douars, la fumée qui s'en échappe, l'emplacement des troupeaux; ils s'en vont après avoir poussé quelques horribles rugissements qui sont des avertissements précieux pour les populations d'alentour.

C'est pendant cette absence qu'il faut se glisser avec adresse jusqu'aux petits, et les enlever en ayant soin de les bâillonner étroitement; car leurs cris ne manqueraient pas d'attirer un père et une mère qui ne pardonneraient point. Après un coup de cette nature, tout un pays doit redoubler de vigilance. Pendant sept ou huit jours ce sont des courses éperdues et des rugissements atroces; le lion est devenu terrible, il ne faudrait pas alors que *l'œil vînt à rencontrer l'œil.*

La chair du lion, quoiqu'on la mange quelquefois, n'est pas bonne; mais sa peau est un présent précieux; on ne la donne qu'aux sultans, aux chefs illustres, ou bien aux marabouts et aux Zaouyas.

Les Arabes croient qu'il est bon de dormir sur une peau de lion; on éloigne ainsi les démons, on conjure le malheur et on se préserve de certaines maladies.

Les griffes du lion montées en argent deviennent des ornements pour les femmes, la peau de son front est un talisman que certains hommes placent sur leurs têtes pour maintenir dans leurs cervelles l'audace et l'énergie.

En résumé la chasse au lion est en grand honneur dans le pays arabe. Tout combat contre le lion peut avoir pour devise le mot : Meurs ou tue. « Celui qui le tue le mange, dit le proverbe, et celui qui ne le tue pas en est mangé. » Aussi donne-t-on à un homme qui a tué un lion ce laconique et viril éloge, on dit : *Celui-là, c'est lui. Hadak houa.*

Une croyance populaire montre la grandeur du rôle que joue le lion dans la vie et dans l'imagination arabes. Quand le lion rugit, le peuple prétend que l'on peut facilement distinguer les paroles suivantes : « *Ahna ou ben el mera,* moi et le fils de la femme. » Or, comme il répète deux fois *ben el mera* et ne dit *ahna* qu'une seule fois, on en conclut qu'il ne reconnaît au-dessus de lui que le fils de la femme.

V.

L'hospitalité.

Un habitant de Medeah, nommé Bou-Bekeur, reconnut, dans un campement de nomades qui s'installaient pour quelques jours près de la ville, le fils d'un de ses amis qui précédemment lui avait donné l'hospitalité.

« Soyez les bienvenus, ô mes enfants ! dit-il aux Sahariens, notre pays est le vôtre ; vous n'y aurez ni faim ni soif ; personne ne vous y insultera, personne ne vous volera, et je me charge de pourvoir à tous vos besoins. »

Les paroles de Bou-Bekeur valaient des actes. A partir de ce moment, tous ceux qui composaient la petite troupe furent ses hôtes. Il envoya ses esclaves chargés de pain, de dattes et de viandes rôties ; le soir il faisait apporter encore du kouskoussou, du laitage, des légumes : il assistait aux repas et tenait compagnie aux voyageurs.

Il en fut ainsi tout le temps de leur séjour.

Quand arriva l'époque du départ, Bou-Bekeur

voulut une dernière fois régaler les voyageurs, et il les réunit dans sa maison, pour y souper et pour y passer la nuit.

La réunion était joyeuse : le fils de l'hôte, petit garçon de sept ou huit ans, avait surtout égayé tout le monde par sa grâce et sa vivacité ; son père en était fou, et l'ami de Bou-Bekeur l'avait habillé tout à neuf avec un joli burnous brodé de soie, une chachia rouge et des pantoufles jaunes.

Le soir cependant il ne parut point au souper, et comme on demandait à son père de le faire amener.

« Il dort d'un profond sommeil, » répondit-il. On n'insista pas davantage.

Le repas fut abondant, les causeries très-animées ; on y parla beaucoup des chrétiens et de la guerre.

On disait que nos armées étaient innombrables comme les vols d'étourneaux en automne ; nos soldats enchaînés ensemble, alignés comme les grains d'un collier, ferrés comme des chevaux ; que chacun d'eux portait une lance au bout de son fusil et sur le dos un bât (berdâa), qui contient ses provisions ; qu'à tous ils ne faisaient qu'un seul coup de fusil. On vantait notre justice et notre aman ; nos chefs ne commettaient point d'exaction ; devant nos cadis, le pauvre valait le riche.

Mais on nous reprochait de manquer de dignité,

de rire même en nous disant *bonjour*, d'entrer dans nos mosquées sans quitter nos chaussures, de ne point être religieux, de laisser à nos femmes une trop grande liberté, de nous faire leurs *complaisants;* de boire du vin, de manger du cochon, et d'embrasser nos chiens.

Après la prière du Fedjer[1], quand on songea à quitter Bou-Bekeur : « Mes amis, dit-il, j'ai fait, selon la loi, tous mes efforts pour que vous fussiez chez moi avec le bien; tous les égards qu'un hôte doit à ses hôtes, avec l'aide de Dieu, je crois les avoir eus pour vous, et maintenant je viens vous demander à tous un témoignage d'affection. Quand je vous ai dit hier au soir : mon fils dort d'un profond sommeil, il venait de se tuer en tombant du haut de la terrasse, où il jouait avec sa mère.

Dieu l'a voulu; qu'il lui donne le repos! Pour ne pas troubler votre festin et votre joie, j'ai dû contenir ma douleur, et j'ai fait taire ma femme désolée en la menaçant du divorce ; ses pleurs ne sont

---

1. *La prière du fedjer* : celle que l'on fait au point du jour. La véritable division du temps, chez les Arabes, a lieu par les heures de la prière : car, à part quelques chefs haut placés, il en est très-peu qui sachent même ce que c'est qu'une montre. Les moueddens eux-mêmes, — ce sont ceux qui du haut des minarets de mosquée appellent les fidèles à la prière,—les moueddens, pour avertir les fidèles, ne sont, la plupart du temps, guidés que par le soleil ou l'habitude.

point venus jusqu'à vous. Mais veuillez ce matin assister à l'enterrement de mon fils, et joindre pour lui vos prières aux miennes. »

Cette nouvelle et cette force de caractère frappèrent, anéantirent les voyageurs, qui tous allèrent religieusement enterrer le pauvre enfant.

Telle est la loi de l'hospitalité : un hôte doit éloigner de sa maison toute douleur, toute querelle, toute image de malheur qui pourraient troubler les heures de ses amis. Le Prophète, qui a donné ces paroles, a dit encore[1] :

« A celui qui sera généreux, Dieu donnera vingt grâces :
« La sagesse ;
« Une parole sûre ;
« La crainte de Dieu ;
« Un cœur toujours *fleuri* ;
« Il ne haïra personne ;
« Il n'aura pas d'orgueil ;
« Il ne sera pas jaloux ;
« La tristesse s'éloignera de lui ;
« Il recevra bien tout le monde ;
« Il sera chéri de tous ;
« Il sera considéré, fût-il *mince* d'origine ;
« Ses biens seront augmentés ;
« Sa vie sera bénie ;

---

1. Cette locution, qui se représente souvent : « le Prophète a dit, » ne se rapporte pas toujours au Koran, qui est la parole de Dieu, mais le plus souvent aux conversations intimes de Mohamed : *Hadite Sidna Mohamed*, qui ont été recueillies par ses amis, les savants et les commentateurs

« Il sera patient ;
« Il sera discret ;
« Il sera toujours content ;
« Il fera peu de cas des biens de ce monde ;
« S'il trébuche, Dieu le soutiendra ;
« Ses péchés lui seront pardonnés ;
« Enfin Dieu le préservera du mal qui peut tomber du ciel ou sortir de la terre.

« Soyez généreux envers votre hôte, car il vient chez vous avec son bien : en entrant, il vous apporte une bénédiction ; en sortant, il emporte vos péchés.

« Ne vous laissez point aller à l'avarice : l'avarice est un arbre que le belise (démon) a planté dans l'enfer, et dont les branches sont étendues sur la terre. Qui veut y cueillir des fruits est enlacé par elles et attiré dans le feu.

« La générosité est un arbre planté dans le ciel par Dieu, le maître du monde ; ses branches atteignent la terre ; il montera par elles au paradis ; celui qui traite bien ses hôtes se réjouit d'eux et leur fait bon visage.

« Dieu ne fera jamais de mal à la main qui aura donné. »

Un voyageur fatigué voit-il à l'horizon le sable jaune taché de points noirs, il devine un douar, et vers la tente qui la première s'offre à lui, il porte sa faim et sa soif.

On l'a vu venir, on l'attend : les chiens aboient, tout le douar s'anime.

A portée de la parole, il s'arrête et crie :

« *Ya moul el kreïma, dif Rebbi !*
« O maître de la tente, un invité de Dieu ! »

On lui répond :

« *Marhaba-bik!*
« Sois le bienvenu ! »

A son arrivée, les chiens, on les fait taire; on s'empresse autour de lui; s'il est à cheval, on lui tient l'étrier pour l'aider à descendre et lui faire honneur; la tente est ouverte, il y entre; on la sépare en deux avec une espèce de rideau (el hayale); il est chez lui d'un côté; de l'autre la famille est chez elle.

Sans savoir ni son nom, ni sa qualité, ni d'où il vient, ni où il va, et sans le lui demander, on lui donne des dattes et du lait en attendant le taâm du soir.

Est-ce un chef, un homme important, le maître de la tente choisit les convives qui lui feront compagnie.

Le lendemain, au départ, sa monture, dont il n'a pas dû s'inquiéter, est amenée; on le remet en route et les souhaits l'accompagnent.

Les douars sont généralement formés de soixante-dix à cent tentes (khreïma), élevées symétriquement autour d'un espace vide appelé Merah, et de sept ou huit autres, bâties un peu en dehors, par les plus riches; celles-là sont les *guïatin el dyaf*, les tentes des hôtes. Jour et nuit des serviteurs y veillent, spécialement affectés au service des étrangers, qui y sont défrayés; et, comme eux, leurs chevaux, leurs domestiques et leurs bêtes de somme, par chacun des riches tour à tour, par les autres collectivement.

Quand un douar n'a pas de guïatin el dyaf, on laisse arriver les hôtes dans le *Merah*, où tous les hommes les accueillent en criant :

« *Marhaba bikoum ya diaf Rebi!*
« Soyez les bienvenus, ô les invités de Dieu ! »

Et c'est à qui séduira l'un d'eux par de bonnes paroles pour l'emmener et le nourrir.

Ce jour est pour les pauvres un jour de fête; car, ainsi qu'au temps de notre seigneur Ibrahim [1] l'hospitalier, des moutons qu'on aura servis rôtis tout entiers, des pâtes feuilletées (mesemmen), de tous ces grands plats de taâm, ils se partageront les restes avec les serviteurs et les esclaves.

S'il arrive qu'un étranger s'offre à la tente d'un avare qui le fuit et se cache, et laisse les chiens de garde aboyer, les voisins accourent : « Viens avec nous, l'hôte de Dieu, » lui disent-ils.

Et ces imprécations retombent sur l'avare : « O le chien ! ô le maudit ! ô l'avare ! non, tu n'es pas de notre goum ; tu serais du goum des juifs si les juifs avaient des goums ; sois maudit par Dieu, autant de fois qu'il y a de poils dans ta barbe ! »

Cet homme est dès lors isolé parmi les siens ; il

---

[1] C'est Abraham.

est méprisé. Souvent même il arrive que le douar le frappe d'une amende de kouskoussou, de mouton et de laitage, au profit de celui qu'il a refusé d'accueillir.

Si, au contraire, un homme est dans la tribu duquel on dise :

« *El kerim, galbou ghrany, ou houa fakir !*
« Le généreux, son cœur est riche, et pourtant il est pauvre ! »

les maîtres des chameaux, des moutons et des dattes, les maîtres enfin des biens de Dieu l'aideront par des avances, et se cotiseront pour lui monter sa tente en troupeaux, en beurre, en laine, et partout ils le vanteront et se réjouiront de lui :

« Il est le seigneur des hommes braves et généreux, et nous le laisserions avec la peine ! Il ne pourrait pas nourrir son cheval, ce cavalier des jours noirs ; on ne dira pas cela de notre tribu — non — cotisons-nous, il augmentera notre réputation.
« Un homme ne peut enrichir une djemâa (assemblée) ;
« Mais une djemâa peut enrichir un homme.
« *Ouahed ma ighreni djemâa,*
« *Ou el djemâa teghreni ouahed.* »

Mais ce n'est pas assez que d'être généreux, il faut savoir donner.

« Si tu ne manges pas, fais manger.
« *An lem takoul, oukkel.* »

Ne vous observez jamais les uns les autres

quand vous mangez ensemble. « Laissez à chacun la liberté de faire ainsi qu'il l'entendra. »

Ben-Abas mangeant avec un autre marabout eut l'inconvenance de faire observer à son hôte qu'il allait porter à sa bouche un cheveu. « Puisque tu remarques ce que je fais, lui répondit le convié, jusqu'à voir un cheveu sur mon plat, je jure par ta tête et par la mienne que je ne mangerai jamais plus chez toi. »

Ne refusez point la diffa de celui qui vous l'offre.

Un hôte arriva chez un Arabe qui le fit asseoir et lui présenta la diffa. « Je n'ai pas faim, dit l'étranger; je n'ai besoin que d'une place pour me reposer cette nuit.

— Va donc chez un autre, lui répondit l'Arabe; je ne veux pas qu'un jour tu puisses dire : j'ai couché chez *un tel*, je veux que tu dises : j'y ai rassasié mon ventre.

« La barbe de l'invité est dans la main du maître de la tente.

« *Lahyt el dif fi ide moul el khéima.* »

Il n'est pas un homme bien élevé qui ne connaisse et ne pratique ces préceptes, mais il en est peu qui aient été mis à une épreuve aussi cruelle que Bou-Bekeur.

VI.

Le koheul.

Personne n'ignore que les femmes arabes ont l'habitude de se teindre le bord des paupières. Les hommes et même les jeunes négresses suivent leur exemple ; la matière qu'on emploie et qui produit une couleur d'un noir bleuâtre, se nomme koheul.

Les blancs ont deux raisons pour user du koheul : d'abord il donne aux yeux plus d'éclat en les encadrant dans un liséré noir ou bleu, et cette raison est surtout appréciée par les femmes ; ensuite il préserve des ophthalmies, arrête l'écoulement des larmes, et donne à la vue plus d'assurance et de limpidité.

Tous les médecins arabes ont recommandé l'usage du koheul, et notre seigneur Mohamed le prescrit.

Le koheul (sulfure d'antimoine), dont on a donné le nom à la préparation composée qui sert à teindre les paupières, parce qu'il en est la base, est un présent de Dieu.

Quand l'éclat du Seigneur parut sur le Djebel el Thour (le Sinaï), bien qu'il ne fût pas plus gros qu'une fourmi, il embrasa la montagne entière, en calcina toutes les pierres et les fit passer à l'état de koheul ; tout celui qui se trouve à présent dans les autres contrées provient en principe du Djebel el Thour.

Ce fut une femme du pays de Yamama, dans l'Yémen, qui, la première, fit usage du koheul pour dissimuler une inflammation habituelle qu'elle avait aux paupières, et l'on raconte qu'en peu de temps elle acquit une vue si perçante que ses yeux distinguaient un homme d'une femme à deux journées de marche.

Pour obtenir la préparation complète, on combine en proportions égales du koheul, du toutia (sulfate de cuivre), du cheubb (alun calciné), du zendjar (carbonate de cuivre) et quelques clous de girofle, le tout réduit dans un mortier à l'état de fine poussière. Comme matière colorante, on y joint du noir de fumée, recueilli sur un vase en terre, un moment exposé à la flamme d'une lampe ou d'une bougie. On passe au tamis fin cette première préparation pour en former un mélange intime que l'on enferme dans une petite fiole (mekhralel) en plomb, en argent, en vermeil et même en or ; car, pour les riches et surtout pour les femmes, le mekhralel est un meuble de luxe.

Pour user du koheul, on plonge dans le mekhralel une petite baguette en bois, effilée, polie (meroueud), ou même une épine de porc-épic. Elle en ressort poudreuse ; on l'applique avec précaution dans sa longueur sur la paupière inférieure ; on la presse entre les deux paupières, en la faisant glisser légèrement du grand angle de l'œil à l'autre angle, et sur son passage elle colore en noir la partie nue qui donne naissance aux cils.

Dans certains pays, aux subtances que j'ai nommées on ajoute d'autres substances qui, par la volonté de Dieu, sont douées de vertus merveilleuses : du corail mâle ou des perles pulvérisées, qui font disparaître les taches blanches de la cornée lucide ; du musc, qui arrête l'écoulement des larmes ; du safran, du sembel et du djaoui (benjoin), qui rendent la vue plus active.

Les nègres pauvres usent tout simplement du koheul pur sans même le colorer avec du noir de fumée ; il donne alors une teinte bleuâtre qui va particulièrement bien aux jeunes femmes foullanates. Leurs grands yeux noirs, ainsi parés et dessinés sur leur peau dorée, brillent *d'un éclat lumineux comme une source d'eau vive au milieu des sables.*

Les mekhralel du Soudan sont de petites fioles en peau de mouton à poil, moulées sur un moule d'argile et très-artistement travaillées[1]. On obtient par le même procédé de fabrication une infinité d'autres vases également en peau, propres à contenir l'huile, la graisse, le lait et le beurre.

On retrouve l'usage du koheul chez tous les peuples musulmans, arabes, indiens, persans, turcs et nègres; chez tous ceux enfin qui sont exposés aux rayons éclatants du soleil et à la réverbération de la lumière sur le sable.

La tradition universelle affirme que c'est pour son peuple égaré dans le désert que le Seigneur a changé le Djebel el Thour en koheul. Tous les poëtes l'ont chanté comme remède et comme parure, et disent que si le seigneur Mohamed l'a recommandé aux croyants, c'est par l'inspiration de Dieu.

Je résume ici les notions données par les Arabes eux-mêmes sur le koheul.

Le koheul est l'une des dix prescriptions relatives au corps, révélées à notre seigneur Ibrahim el Khelil[2] (le chéri de Dieu), dont cinq sont obligatoires et cinq facultatives.

---

1. Nous avons trouvé quelques-uns de ces mekhralel à Tunis.
2. Il y a ici un de ces anachronismes si fréquents dans les légendes arabes. Abraham vivait quatre cents ans avant que Dieu se manifestât sur le mont Sinaï, qui fut, comme on sait, la douzième station des Hébreux dans le désert; mais, pour les musulmans, même les plus savants, la chronologie au delà de l'hégire

Les premières imposent :

De se couper les ongles,

De s'arracher les poils des aisselles,

De se raser toutes autres parties que la nature a voilées,

De pratiquer la circoncision,

De se couper les moustaches à hauteur de la lèvre supérieure [1].

Les autres sont :

L'usage du koheul,
  du henna,
  du souak,

et l'oudou el kebir, la grande ablution de l'homme et de la femme.

Le henna comme le koheul est souvent chanté par les poëtes ; c'est un petit arbuste qui a quelque rapport avec le cédrat (zizyphus lotus, jujubier); on en broie les feuilles desséchées, on en fait une pâte qui, pendant quelques heures, appliquée sur les ongles, le bout des doigts, et quelquefois les mains jusqu'au poignet et les pieds jusqu'à la cheville, sont teints d'un rouge orange.

est toujours très-confuse. L'important, c'est que les prescriptions hygiéniques ou de morale soient présentées au peuple sous l'autorité d'un nom vénéré.

1. Dès qu'Abd-el-Kader eut assis son autorité sur les tribus, il s'attacha à faire rentrer les musulmans dans les pratiques imposées par les livres saints, et il força tous ceux qui s'étaient rangés sous son commandement à se couper les moustaches selon la loi.

Le henna donne au bout des doigts une gracieuse ressemblance avec le fruit élégant du jujubier.

« Quand une femme s'est orné les yeux de koheul, paré les doigts de henna et qu'elle a mâché la branche du souak qui parfume l'haleine, fait les dents blanches et les lèvres pourpres, elle est plus agréable aux yeux de Dieu, car elle est plus aimée de son mari. »

« Sara et Hadjira (Agar), les femmes de notre seigneur Ibrahim, se faisaient belles devant lui par le koheul, le henna et le souak. »

Sidi-Ali-ben-Abi-Taleb a fait ces vers sur le souak, qui s'appelle également irak.

« Sois la bien accueillie, branche de l'irak, dans *sa* bouche !
« Mais n'as-tu pas peur, branche de l'irak, que je te voie ?
« Un autre que toi, branche de l'irak, je l'aurais tué,
« Et nul autre que toi ne pourra se flatter d'avoir fui ce destin. »

La femme dont le mari est mort, ou qui a été répudiée doit, en signe de deuil, s'abstenir pendant quatre mois et dix jours du koheul, du henna et du souak.

Sidi-Khelil a dit au chapitre El Djemâa (du Vendredi) :

« Il faut que chaque vendredi l'homme accomplisse les dix choses révélées à notre seigneur Ibrahim et recommandées par El Syouty le Savant, ou quelques-unes au moins s'il ne peut les accomplir toutes. »

VII.

L'aumône.

Au premier rang des bonnes œuvres que la religion recommande aux Arabes figure l'aumône. Bien des légendes, bien des fondations retracent la mémoire de quelque saint homme qui a passé sa vie à faire le bien. J'en citerai une parce qu'elle est très-populaire, très-répandue, et qu'en peu de mots, elle célèbre un digne marabout qui ne se contenta pas de pratiquer et de recommander l'aumône de son vivant, mais qui, même après sa mort, sut se rendre utile aux vrais croyants :

Sidi-Mohamed-el-Gandouz qui vécut, mourut et fut enterré à l'endroit même où la piété des fidèles a depuis élevé le marabout qui porte son nom, était renommé pour l'hospitalité que trouvaient chez lui les pauvres et les voyageurs.

Les caravanes de passage fournissaient à ses aumônes en lui laissant de la viande séchée, de la farine, des dattes, du beurre, etc., qu'il distribuait aux malheureux dont les provisions étaient épuisées, et aux pèlerins indigents qui venaient le visiter et prier avec lui. Cet usage s'est conservé; aucune caravane n'oserait passer près de ce lieu d'asile sans y faire la prière et sans y laisser une *ouada*. C'est le droit de tous les passants d'entrer dans le marabout, d'y manger selon leur faim, et d'y boire selon leur soif; mais malheur à celui qui oserait emporter une part de ces provisions sacrées ! il périrait sûrement en route.

Personne n'est là pour surveiller ces offrandes; elles s'offrent à toute main, étendues sur des nattes ou suspendues aux murailles; cependant il n'y a point d'exemple que jamais aucun indiscret ait abusé de cette hospitalité de Dieu.

Et cela se passe loin des yeux des hommes; mais Dieu est partout.

Le Prophète et comme lui, tous les amis fidèles de Dieu ont été les amis des pauvres.

L'aumône, c'est le réveil de tous ceux qui sommeillent; celui qui l'aura faite reposera sous son ombrage, lorsqu'au jour du jugement Dieu réglera le compte des hommes.

Il passera le *Sirate*, ce pont tranchant comme un sabre et qui s'étend de l'enfer au paradis.

L'aumône faite avec foi, sans ostentation, en secret, éteint la colère de Dieu et préserve des morts violentes.

Elle éteint le péché comme l'eau éteint le feu.

Elle ferme soixante-dix portes du mal.

Faites l'aumône étant sains de corps, tandis que vous avez l'espoir de vivre encore de longs jours, et que vous craignez l'avenir.

Dieu n'accordera sa miséricorde qu'aux miséricordieux ; faites donc l'aumône, ne fût-ce que de la moitié d'une datte.

Abstenez-vous de mal faire, c'est une aumône que vous ferez à vous-même.

Un ange est constamment debout à la porte du paradis ;

Il crie :

« Qui fait l'aumône aujourd'hui sera rassasié demain. »

Ces sentences étaient la règle de conduite de Sidi-Mohamed-Moul-el-Gandouz ; il les a recueillies dans les hadites du Prophète et dans son cœur, et il les a commentées dans son livre sur l'*Aumône*.

VIII.

El oudou (Les ablutions).

La religion musulmane impose l'obligation de l'oudou el kebir, la grande ablution, et de l'oudou el seghir, la petite ablution.

La petite ablution doit être faite avant chacune des cinq prières que tout musulman doit offrir à Dieu dans les vingt-quatre heures, et qui sont :

Salat el fedjer, prière du point du jour;
Salat el dohor, prière d'une heure après midi;
Salat el aaseur, prière de trois heures;
Salat el moghreb, prière du coucher du soleil;
Salat el eucha, prière de huit heures du soir.

Ces prières sont plus ou moins avancées ou retardées suivant la saison.

Chacune des pratiques de l'oudou el seghir doit être répétée trois fois.

Elles consistent à se verser un peu d'eau dans la main droite et à la laver, à s'en verser ensuite dans la main gauche et à la laver également, en prononçant ces paroles :

« *Bessem allahi el rahmani el rahimi*, »
« Au nom de Dieu le miséricordieux,.....
« Mon intention est de faire telle prière. »

Si l'on porte une bague, il faut la faire tourner pour bien nettoyer son empreinte.

On se gargarise ensuite avec une gorgée d'eau, toujours par trois fois, et trois fois on aspire de l'eau par les narines, en disant :

« *O mon Dieu, faites-moi sentir l'odeur du paradis!* »

On fait une tasse de sa main droite, on la remplit d'eau; et on se lave la figure du front au menton et d'une oreille à l'autre, en donnant attention à bien se nettoyer jusqu'aux racines des poils du visage, les yeux et les oreilles.

On se lave ensuite les deux bras jusqu'au coude, en commençant par le bras droit.

On trempe dans l'eau ses deux mains, réunies par l'extrémité des doigts, on les porte au front, où on les divise pour les faire glisser jusqu'au menton ; on se lave encore les oreilles et on se frotte le cou.

Enfin, on se lave les deux pieds, en commençant par le pied droit et en passant avec soin, entre les doigts du pied qu'on purifie, les doigts de la main opposée.

S'il arrive qu'on n'ait point d'eau l'heure de la prière venue, on étend ses deux mains sur une pierre polie ou sur un terrain très-propre ; on les passe sur sa figure, en confessant qu'on est dans l'intention de faire telle prière ; on ôte sa bague, on s'enlace les doigts les uns dans les autres, on ramène sa main gauche, d'abord jusqu'au coude du bras droit, sa main droite ensuite jusqu'au coude du bras gauche, et quand on a deux fois seulement accompli ces différents actes, on peut procéder à la prière.

L'*oudou el kebir*, que l'on appelle encore *oudou el djenaba*, l'ablution des flancs, est imposée dans certaines circonstances désignées par la loi et qui sont reconnues avoir souillé l'homme et la femme, ou l'homme seulement, ou la femme seulement[1] ; on le fait ou chez soi, ou aux bains publics, ou dans une eau de la campagne, rivière, lac, puits ou ruisseau.

Comme celles de l'oudou el seghir, toutes les pratiques de l'oudou el kebir doivent être répétées trois fois. On commence par se laver, d'abord le milieu du corps, et les mains ensuite, en disant :

« O mon Dieu, mon intention est de me purifier par ces bains, afin que toutes mes impuretés grandes et petites soient chassées. »

Et après avoir fait ainsi que pour la petite ablu-

---

[1]. La loi entre ici dans des détails que nous croyons devoir supprimer

tion, on s'asperge le flanc droit et le flanc gauche.

L'homme doit se laver la tête et les poils de la barbe ; mais il est permis à la femme de ne point dénouer les tresses de ses cheveux.

IX.

Le jeûne, le ramadan (*el siam el ramadan*).

Le jeûne du Ramadan est la troisième base fondamentale de l'islamisme, qui en reconnait cinq :

La prière, *el salat*;
L'aumône, *el zekkat*;
Le jeûne, *el siam*;
Le pèlerinage, *el hadj*;
La profession de foi, *el chehada*.

On entre dans le mois de Ramadan quand, après le mois de Chaban, deux adouls témoignent avoir vu la nouvelle lune, tous les habitants d'une ville, tous les membres d'une tribu ne l'eussent-ils pas vue; depuis ce moment jusqu'à la lune suivante, le jeûne est d'obligation pour tous les musulmans; chaque jour, à partir du moment où l'on peut distinguer un fil blanc d'un fil noir jusqu'au coucher du soleil.

Pour entrer de fait dans le Ramadan, il faut y entrer d'intention et s'être proposé la veille de jeûner le jour suivant; autrement, et bien qu'on jeûnât ce jour-là, le jeûne ne serait pas compté.

Pendant le temps du jeûne, on ne peut ni embrasser, ni étreindre, ni se laisser aller aux mauvaises pensées qui peuvent faire perdre à l'homme *sa force*. — Il faut s'abstenir durant tout le jour de relations avec sa femme.

Celui qui jeûne, homme ou femme, ne peut goûter aucuns mets, ni ceux qu'il prépare, ni tout autre.

Il ne peut se servir d'aucun remède pour les dents; car toute chose, aussi minime qu'elle soit, qui entrerait dans l'estomac romprait le jeûne.

Si cependant on s'est mis du koheul aux yeux, et que le lendemain on le sente au gosier, le jeûne n'est pas rompu pour cela [1].

La fumée de tabac elle-même, non-seulement celle que l'on aspirerait en fumant, mais encore celle qu'on respirerait en compagnie de fumeurs, rompt le jeûne; il n'en est point ainsi de la fumée du bois.

Celui qui, de son plein gré et non par oubli ou par ignorance, a mangé, se trouve dans le cas dit

---

1. Nous ne nous expliquons point cette phrase. Elle est tout au long dans l'ouvrage de Sidi-Khelil, au chapitre *El Siam*, commenté par Sidi-Abd-el-Baky.—Comment de la poudre d'antimoine peut-elle aller des yeux au gosier? Quoi qu'il en soit, cette réserve caractérise bien les scrupules avec lesquels les musulmans observent *el Siam*.

keufara; et, pour se racheter, il donnera soixante jointées de blé aux pauvres, une à chacun, ou jeûnera deux mois de suite, ou affranchira un esclave.

Toutefois, un homme très-avancé en âge peut se dispenser de jeûner, pourvu qu'il donne chaque jour une jointée de blé aux pauvres.

En cas de maladie grave, on peut remettre le jeûne, et le cas est décidé par un médecin ou par l'autorité d'un homme sincère.

La femme enceinte, en couches, ou qui allaite, peut se dispenser de jeûner; il en est de même de celui qui est fou et de celle qui est folle.

Quand un homme a besoin de faire travailler sa femme, il peut encore l'autoriser à manger.

Si le Ramadan tombe au moment des fortes chaleurs, on peut boire, mais à la condition de donner également du blé aux pauvres et de jeûner plus tard pendant autant de jours qu'on en aura violé.

Sauf ces cas réservés, celui qui mange pendant le Ramadan peut être bâtonné, emprisonné, frappé d'une amende, suivant la volonté du kadi.

On rompt le jeûne de la journée en mangeant, aussitôt le coucher du soleil, des choses légères, ou des douceurs, ou des dattes, et en buvant trois gorgées d'eau après avoir fait cette prière :

« Mon Dieu, j'ai jeûné pour vous obéir, et je romps le jeûne en mangeant de vos biens.

« Pardonnez-moi mes fautes passées et futures ! »

Il est d'usage cependant de faire aussitôt un repas, pour ne point imiter les juifs, qui s'abstiennent longtemps encore après que l'heure de manger est venue.

Aux trois quarts de la nuit, enfin, on fait le repas du sehour; mais au fedjeur (point du jour), il faut reprendre l'abstinence.

Ce n'est pas assez, toutefois, de ne pas satisfaire les appétits du corps, il faut encore s'abstenir de tout mensonge, de toute mauvaise pensée, et ne pécher ni par les yeux, ni par les oreilles, ni par la langue, ni par les mains, ni par les pieds.

C'est pendant le Ramadan surtout que chaque matin la langue dit à l'homme :

« Comment passeras-tu la journée?

— Bien, si tu ne me compromets pas, » lui répond l'homme.

Le soir elle lui dit encore :

« Comment as-tu passé la journée ? »

Et l'homme lui répond : « Bien, si tu ne m'as pas compromis. »

X.

Le Chambi à Paris[1].

Tandis que la poésie est chez nous le don d'un petit nombre, le privilége de quelques esprits, une fleur exquise et rare qui n'appartient qu'à une certaine espèce de sol, chez les Arabes elle est partout; elle anime à la fois, dans le pays par excellence de l'espace, du soleil et du danger, les spectacles de la nature et les scènes de la vie humaine. C'est un trésor auquel tous viennent puiser, depuis le pasteur dont les troupeaux disputent à un sol brûlant quelque touffe d'herbe flétrie, jusqu'au maître de la grande tente, qui galope au milieu des goums bruyants, sur un cheval richement harnaché.

Tel est le fait dont se sont pénétrés tous ceux qui ont longtemps vécu, comme moi, de la vie arabe. Les personnes qui en sont encore à leur apprentissage des mœurs africaines croient souvent à

---

1. Membre de la grande tribu des Chambas, dans le Sahara.

une exagération dans ce qu'ils ont tant de fois entendu répéter sur la poésie orientale. Ils craignent de subir une opinion toute faite, de se laisser imposer ce qu'on appelle, je crois, le convenu, dans le langage des artistes. J'avais remarqué ces dispositions chez un officier de spahis, qui me permettra de le mettre en scène dans un intérêt de vérité. M. de Molènes, dont le nom, tout militaire, aujourd'hui, réveillera peut-être quelques souvenirs littéraires chez les lecteurs, contestait, dans mon cabinet, un matin les dons poétiques du peuple arabe, quand notre entretien fut interrompu par une visite d'une nature insolite et inattendue. Le personnage qui s'offrait à nous portait le burnous et le haïk ; c'était un Chambi. Il appartenait à cette race d'audacieux trafiquants qui bravent la morsure des serpents, les tempêtes de sable et la lance des Touareg, ces brigands voilés du désert, pour aller jusqu'aux États du soudan chercher les dents d'éléphant, la poudre d'or et les essences parfumées. J'avais déjà rencontré dans le cours de ma vie africaine cet éternel et placide voyageur qui vous répond avec la mélancolie sereine du fatalisme, quand vous l'interrogez sur ses errantes destinées : « Je vais où me mène Dieu. » Cette fois le Chambi était venu amener au Jardin des Plantes, par l'ordre du général Pélissier, deux de ces célèbres maharis que les guerriers montent dans le

Sahara, et qui atteignent, dit-on, une vitesse à faire honte aux plus généreux coursiers.

Quand le prophète aurait voulu donner un irrécusable témoin à mes paroles sur l'indélébile poésie de son peuple, il n'aurait point pu m'envoyer un hôte plus opportun que le Chambi. Celui qui allait servir de preuve vivante à mes arguments n'était pas en effet un de ces tholbas qui puisent dans la docte retraite des zaouyas, des inspirations inconnues du vulgaire, aux sources mystérieuses des livres sacrés ; ce n'était pas non plus un de ces guerriers suivis de cavaliers, précédés de drapeaux, entourés de musiciens, qui peuvent tirer d'une existence d'éclat et de bruit tout un ordre exceptionnel d'émotions. Non, c'était un homme de la plus basse condition, ce que serait ici un colporteur de nos campagnes. Eh bien ! dis-je à mon interlocuteur, je parierais que si j'interrogeais au hasard cet obscur habitant du désert, je tirerais à l'instant de sa cervelle des chants qu'envieraient peut-être les meilleurs de nos poëtes. Le défi fut accepté. L'interrogatoire commença. On va juger ce qui en sortit.

Ce fut d'abord un chant religieux. Il faut répéter chez les Arabes ce que disaient les poëtes antiques : « Commençons par les dieux. » Là cette source et cette fin de notre vie, c'est-à-dire la religion divine, n'est jamais oubliée. Ce Dieu dont l semble que la vie du grand air rende le contact plus fréquent, la présence plus sensible et le pouvoir plus immédiat, est toujours invoqué par les chantres nomades. Le Chambi n'interrogea pas longtemps ses souvenirs. Après avoir fredonné pour se mettre en haleine, un de ces airs monotones comme l'horizon du désert, dont les Arabes charment leur voyage sur le dos des chameaux, voici ce qu'il nous récita :

> nvoquez celui que Dieu a comblé de ses grâces,
> O vous tous qui nous écoutez !
> Croyez en ses dix compagnons,
> Les premiers qui aient composé son cortége.
> Interrogez les montagnes,
> Elles vous révéleront la vérité.
> Savez-vous qui vous parlera aussi de Dieu?
> C'est le *chelil*[1] du cheval Bourak.
> Ce chelil qui est semé de boutons d'or,
> Et auquel pendent des franges resplendissantes,
> Ce chelil aime les hommes qui jeûnent,
> Et ceux qui passent leurs nuits à lire les livres de Dieu.
> Il aime aussi les braves,
> Les braves qui frappent avec le sabre,
> Et qui jettent dans la poussière
> Les infidèles et les mécréants.
> Qui le possède devance tous les autres
> Auprès de Dieu, le maître du monde.
> Qui le possède devra avoir une parole

1. Ornement de soie que l'on étend sur la croupe des chevaux aux jours de fête.

Qui ne revienne jamais,
Le sabre toujours tiré
Et la main toujours ouverte pour les pauvres.
Mais ce chelil, je ne l'ai jamais vu sur la terre,
Je ne sais pas même de quelle couleur il est ;
On m'en a parlé, et j'y ai cru.

Je ne sais point si je m'abuse sur le mérite de ces vers, mais il me semble qu'il y a dans ce morceau un charme et une grandeur qu'offrent rarement les œuvres de l'esprit chez les nations les plus avancées. Le dernier trait : *On m'en a parlé et j'ai cru*, ne déparerait point la composition la plus savante d'une littérature raffinée. Il exprime ce que la foi du croyant a de plus absolu et de plus enthousiaste avec une sorte de grâce sceptique. L'officier que je voulais convaincre eut la même impression que moi. Ce début nous avait mis tous deux en goût de poésie, et je fis un nouvel appel à la mémoire du Chambi.

Les poëtes, chez les Arabes, puisent tous leurs inspirations aux mêmes sources. La religion, la guerre, l'amour et les chevaux, voilà ce qu'ils célèbrent sans cesse. Souvent le même chant renferme ces éléments bornés et féconds de toute leur vie. On demande à Dieu de rendre vainqueurs ceux qui l'implorent ; on demande aux chevaux de porter ceux qui les possèdent auprès des *Fatma* ou des *Aïcha*. Quelle différence entre cette primitive et vigoureuse poésie de l'Orient, si riche dans ses développements, mais si sobre dans ses matières, et notre poésie inquiète, tourmentée, fantasque, qui bouleverse toutes les régions du ciel et de la terre pour y chercher les sujets qu'elle traite en sa langue fébrile et travaillée !

Les souvenirs du Chambi se rassemblaient souvent avec peine, et sans cesse nous obtenions seulement quelques bribes de chants que nous aurions voulu pouvoir écrire tout entiers ; mais les vers sont comme des diamants qui brillent d'un éclat d'autant plus vif, qu'ils ne sont point réunis en diadèmes ou en bouquets.

Voici, au hasard, quelques-uns des fragments que j'arrachai à la mémoire de mon singulier visiteur ; je crois qu'on y verra, comme moi, de ces vastes éclairs où se découvrent des perspectives infinies.

> Porte les yeux sur les douars des Angades,
> Puis lève-les au ciel et compte les étoiles ;
> Pense à l'ennemi où tu n'as point d'ami,
> Pense à nos montagnes, à leurs étroits sentiers ;
> Viens seul, m'a-t-elle dit, et sois sans compagnon.

Ou je suis bien étrangement abusé par le charme qu'a laissé dans ma mémoire une vie qui me sera toujours chère, ou bien il y a dans ces vers ce que l'intelligence de la nature a de plus noble et ce que l'amour a de plus passionné.

Et qui rendra plus fièrement cette chevalerie à laquelle sont soumises encore les mœurs arabes, que cette autre strophe sortie aussi toute vivante des souvenirs du Chambi :

> Mon coursier devient rétif devant ma tente ;
> Il a vu la maîtresse des bagues prête à partir.
> C'est aujourd'hui que nous devons mourir
> Pour les femmes de la tribu.

Tous ceux qui ont assisté à quelques combats en Afrique savent le rôle que jouent les femmes dans toutes les scènes guerrières. C'est pour elles que parle la poudre. La réponse de tous les chefs aux ouvertures de paix qui leur sont faites, c'est : « *Que diraient nos femmes, si nous ne nous battions pas?* Elles ne voudraient plus nous préparer le couscoussou.* » C'est une grande erreur de croire que l'islamisme maintient la femme dans un état d'abjection d'où pourraient seuls la tirer des miracles de la foi chrétienne. La femme musulmane, au contraire, a conservé chez des hommes, que sa parole précipite dans les combats, ce prestige qu'avaient les reines des tournois aux jours amoureux et guerriers du moyen âge.

Le Chambi parvint à nous réciter un chant complet, où la femme est en même temps célébrée avec un sentiment profond de tendresse morale et ces emportements de passion sensuelle, ce luxe d'ardentes images qui, depuis le *Cantique des Cantiques*, éclatent en Orient dans toutes les odes à l'amour.

Ma sœur¹ ne peut se comparer qu'à une jument en-
 traînée,
Qui marche toujours aux arrière-gardes,
Avec une selle étincelante d'or,
Montée par un gracieux cavalier
Qui sait s'incliner en courant,
Quand résonne le bruit de la poudre.
Ma sœur ressemble à une jeune chamelle
Qui revient du Tell au milieu de ses compagnes,
Chargée d'étoffes précieuses.
Ses cheveux tombent sur ses épaules,
Et ont la finesse de la soie;
Ce sont les plumes noires de l'autruche mâle
Quand il surveille ses petits dans le Sahara.
Ses sourcils, ce sont le *noûn*²
Que l'on trouve aux pages du Koran,
Ses dents ressemblent à l'ivoire poli;
Ses lèvres sont teintes avec du kermesse.
Sa poitrine, c'est la neige
Qui tombe dans le Djebel-Amour.
O temps! sois maudit si elle vient à m'oublier!
Ce serait la gazelle qui oublie son frère.

Les chevaux peuvent seuls disputer aux femmes le privilége d'une tendresse enthousiaste dans une âme de musulman. Le cheval est, chez les Arabes, élevé à la dignité d'une créature animée par la raison. Le cheval *Bourak* a sa place au paradis parmi les saints, les houris et les prophètes. Nous avons

1. Les Arabes, dans leur poésie, désignent sous ce nom leurs maîtresses.
2. *Noûn*, lettre de l'alphabet arabe qui affecte la forme d'un arc.

vu quelles vertus a son *chelil*, ce merveilleux talisman qui est le partage du vrai croyant. Aussi, toute la complaisance que les Arabes mettent à décrire leurs femmes, ils la mettent également à peindre la grâce énergique et fière de leurs chevaux.

> Sidi-Hamra possède une jument gris-pierre de la rivière,
> Qui ne fait que caracoler.
> Il possède une jument rouge
> Comme le sang qui coule aux jours de fête [1]
> Ou bien comme le fond d'une rose.
> Il possède encore une jument noire
> Comme le mâle de l'autruche,
> Qui se promène dans les pays déserts.
> Il possède enfin une jument gris-pommelé,
> Qui ressemble à la panthère,
> Que l'on donne en présent à nos sultans.

Voilà ce que nous débita le Chambi d'une voix aussi caressante que s'il nous eût dépeint les charmes des plus merveilleuses beautés du désert. Il nous dit aussi :

> Je veux un cheval docile
> Qui aime à manger son mors,
> Qui soit familier avec les voyages,
> Qui sache supporter la faim,
> Et qui fasse dans un jour
> La marche de cinq jours;
> Qu'il me porte auprès de Fatma,

---

[1]. Aux jours fériés, on saigne chez les musulmans un grand nombre d'animaux, qui sont ensuite dépecés et distribués aux pauvres.

Cette femme aussi puissante que le bey de Médéah,
Lorsqu'il sort avec des goums et des askars,
Au bruit des flûtes et des tambours.

Les Arabes sont infatigables dans la parole comme dans le silence. Ce sont en tout les hommes des extrémités. Les voilà pour des journées entières à cheval, dévorant les plaines, se riant des montagnes, ou bien les voilà devant leurs tentes, couchés sur des nattes, les regards fixés sur leurs vastes horizons, pour une suite indéterminée d'heures! Mon Chambi, si je ne l'avais pas arrêté, me réciterait encore les poésies du désert. La poudre, les chevaux, les chameaux, les cris de jeunes filles, ce pauvre homme avait évoqué tous les bruits, toutes les couleurs, toutes les figures de la patrie, et il était là comme un fumeur de hachich perdu dans ce monde enchanté. Mais notre vie à nous ne nous permet pas de nous laisser envahir par la poésie. Je mis fin à une visite qui m'avait pris déjà trop d'utiles moments. J'en avais tiré, du reste, des arguments victorieux pour ma cause.

« Je me rends, me dit mon interlocuteur; je conviens avec vous qu'aucune mémoire de paysan ne serait ornée en France, ni même je crois, en aucune contrée de l'Europe, comme celle du Chambi. Reconnaissons au pays du soleil le privilége de colorer chez tous les hommes le langage et la pensée des mêmes teintes que le ciel.

— Louons Dieu, ajoutai-je, d'avoir donné pour refuge le domaine de l'imagination à ceux qui mènent sur une terre stérile, la vie de la misère et du danger. »

Quant au Chambi, il ne s'inquiétait guère des réflexions qu'il venait de nous fournir ; il avait repris son visage résigné et son attitude placide. Comme je lui demandais, en le congédiant, sur quelles ressources il comptait dans ses pérégrinations continuelles, il ouvrit la bouche, et, me montrant entre ses lèvres brunes, ces dents d'une éclatante blancheur qui distinguent les enfants du désert : *Celui qui a fait le moulin*, dit-il, *ne le laissera pas chômer faute de mouture.* Quand il fut parti, je pensai que ce pauvre hère emportait sous ses haillons les deux plus grands trésors de ce monde, *la poésie et la sagesse.*

J'aimerais à faire connaître dans tous leurs détails les mœurs d'un pays qui maintenant est pour toujours associé au nôtre. Je l'aimerais pour maintes raisons. Chez nous ce qui excite le plus d'intérêt est ce qui parle à l'imagination. Si l'on pouvait savoir tout ce qu'il y a dans l'esprit arabe de verve, d'originalité, d'attrait, il y aurait bien vite en France un véritable engouement pour l'Algérie. Puis je le crois aussi, il y aurait profit pour toutes les littératures européennes dans la lumière jetée sur un peuple où le climat, les coutumes et la religion ont réuni une si prodigieuse variété de richesses poétiques. Cooper a tenu en éveil la curiosité d'un immense public avec ses tribus indiennes. Les enfants du désert sont d'autres hommes que ceux des tribus américaines. Chez les populations de l'Afrique, la grâce, l'intelligence, l'éclat d'une antique civilisation, se mêlent à l'énergie de la vie sauvage. Ces hommes qui passent leur temps sous la tente, *qui vivent de l'éperon et du fusil*, sont familiers avec l'immortelle poésie du Koran, et ont sur toutes les choses humaines mille aperçus pleins de finesse. Je vais tâcher d'en fournir une preuve.

Quelques personnes, m'assure-t-on, se sont intéressées à ce Chambi que j'ai mis en scène récemment. Je me retrouvai ces jours derniers dans des conditions toutes semblables à celles où j'étais lors de la visite que j'ai exactement racontée. Je m'entretenais avec le même interlocuteur de ce qui est, j'en conviens, une préoccupation habituelle de ma pensée, du pays arabe, de ses habitants, des études de toute nature qu'il y aurait pour des esprits curieux et attentifs dans la vaste contrée où s'engagent chaque année davantage nos destinées. Le personnage que l'on connaît s'offrit tout à coup à notre vue.

« Je te croyais reparti pour le désert, dis-je au Chambi.

— Non pas, me dit-il, je reste ici avec quelques compagnons. »

Je dirai en passant qu'il y a dans ce moment-ci à Paris un groupe d'Arabes, pour la plupart du Sahara, qui ont associé au milieu de nous leurs errantes et insouciantes existences.

« Et de quoi vivez-vous? » Il se prit à rire de ce rire intelligent et, si l'on peut parler ainsi, convaincu des nations qui n'abusent pas comme nous de ce jeu de la physionomie.

« Écoute, fit-il, nous allons tous les dimanches dans un café. Là on nous dit : Fumez, prenez du café, et l'on vous payera. En effet, quand nous avons fumé et bu pendant quelques heures, on nous donne quarante douros, qui nous servent à vivre toute la semaine. » Là-dessus il rit encore, et il ajouta une phrase dont il est difficile de traduire en notre langue la pittoresque ironie, mais qui voulait dire à peu près ceci : *Les enfants de Mohammed profitent de ce que Dieu a créé, tout exprès pour les nourrir, une nation de badauds.*

Ainsi les Gil Blas et les Guzman d'Alfarache n'appartiennent pas uniquement à nos contrées. Voilà que l'Afrique nous fournit aussi cette sorte de gens pour qui le pavé des grandes villes est un champ inépuisable où vient une infinité de cultures. Depuis longtemps, j'avais le désir de réunir les impressions habituelles que notre pays, nos mœurs, notre civilisation font éprouver aux voyageurs des pays arabes. Je résolus de mettre à profit la nouvelle visite du Chambi pour tirer d'une intelligence africaine toute une série d'opinions raisonnées sur la France. Je commençai donc un interrogatoire où je posai d'abord à mon hôte quelques questions préliminaires sur les chrétiens. Voici quelles furent ses premières réponses :

« Vous ne priez pas, vous ne jeûnez pas, vous ne faites pas vos ablutions, vous ne rasez pas vos cheveux, vous n'êtes pas circoncis, vous ne saignez pas les animaux qui vous servent d'aliments, vous mangez du cochon et buvez des liqueurs fermentées, qui vous rendent semblables à la bête; vous avez l'infamie de porter une casquette, que ne portait pas Sidna-Aïssa (Notre-Seigneur Jésus-Christ) : voilà ce que nous avons à vous reprocher. En échange, nous disons : Vous frappez bien la poudre; votre *aman*[1] est sacré; vous ne commettez pas d'exactions; vous avez de la politesse; vous êtes peu enclins au mensonge; vous aimez la propreté. Si, avec tout cela, vous pouviez dire une seule fois du fond de votre cœur : *Il n'y a pas d'autre Dieu que Dieu, et notre seigneur Mohammed est l'envoyé de Dieu, personne n'entrerait avant vous dans le paradis.* »

Plus d'un lecteur sourira certainement à quelques passages de cette tirade, où il trouvera de bizarres puérilités. Peut-être n'aura-t-il point réfléchi assez

1. Pardon.

avant de sourire. Ainsi, ce singulier reproche :
« Vous avez l'infamie de porter une casquette, que
ne portait pas Notre-Seigneur Jésus-Christ, » tient
précisément à ce qui donne aux mœurs orientales
le plus de grandeur et de dignité. Dans ce pays de
traditions antiques, rien n'a changé : les fils tiennent à honneur d'être vêtus comme leurs pères.
Cette bizarre tyrannie de la mode, que les plus sérieux esprits sont obligés de subir chez nous, est
là-bas chose complétement inconnue. Les habits,
comme les usages, sont sous la protection de la
religion, et tirent de cette loi auguste quelque chose
d'une particulière gravité. Ce qu'il y a de ridicule
dans notre accoutrement a certainement été un des
obstacles les plus puissants placés entre les mœurs
arabes et l'influence européenne.

Laissant de côté les considérations générales sur
la race chrétienne, je demandai au Chambi ce qui
lui avait paru digne d'éloge en France, et voici ce
ce que j'en obtins :

« Il y a dans votre pays un commandement sévère. Un homme peut y voyager jour et nuit, sans
inquiétude. Vos constructions sont belles, votre
éclairage est admirable, vos voitures sont commodes, vos bateaux à fumée et vos chemins de feu
n'ont rien qui leur soit comparable dans le monde.
On trouve chez vous des aliments et des plaisirs
pour tous les âges et pour toutes les bourses. Vous

avez une armée organisée comme des degrés. Celui-ci au-dessus de celui-là. Aucune de vos villes ne manque de fantassins ; vos fantassins sont les remparts de votre pays. Votre cavalerie est mal montée, mais merveilleusement équipée. Le fer de vos soldats brille comme de l'argent. Vous avez de l'eau et des ponts en abondance. Vos cultures sont bien entendues ; vous en avez pour chaque saison. L'œil ne se lasse pas plus de voir vos légumes et vos fruits que votre sol ne se lasse de les fournir. Nous avons trouvé dans votre jardin du *Baylic* (le Jardin des Plantes) en animaux, en plantes et en arbres, ce dont nos anciens eux-mêmes n'avaient jamais entendu parler. Vous avez de quoi contenter l'univers entier en soie, en velours, en étoffes précieuses et en pierreries. Enfin, ce qui nous étonne le plus, c'est la promptitude avec laquelle vous savez ce qui se passe sur les points les plus éloignés. »

Voilà assurément un bel éloge de notre civilisation. Il semble que nous devrions exercer une grande action sur un peuple qui apprécie aussi vivement toutes les découvertes et toutes les ressources de notre esprit ; malheureusement, les Arabes mettent dans les jugements qu'ils portent sur eux-mêmes une intelligence aussi élevée que dans les jugements qu'ils portent sur nous. Ce ne sont pas des sauvages, menant par la seule impulsion de la nécessité et de l'habitude une vie dont ils ne comprennent point la grandeur. Ce qu'il y a de charme profond, de saisissant attrait dans leur libre et périlleuse existence, ils le connaissent mieux que nous. Qu'on en juge par cette apologie de l'Afrique, dont le Chambi fit suivre son éloge de notre pays :

« Tandis que votre ciel est sans cesse brumeux, que votre soleil est celui d'un jour ou deux, point davantage, nous avons un soleil constant et un magnifique climat. Si, par hasard, le ciel vient à s'ouvrir sur nous, un instant après il se referme, le beau temps reparaît, et la chaleur nous est rendue. Tandis que vous êtes fixés au sol par ces maisons que vous aimez et que nous détestons, tous les deux ou trois jours nous voyons un pays nouveau. Dans ces migrations, nous avons pour cortége la guerre, la chasse, les jeunes filles qui poussent des cris de joie, les troupeaux de chamelles et de moutons qui sont le bien de Dieu, se promenant sous nos regards, les juments suivies de leurs poulains qui bondissent autour de nous.

« Vous travaillez comme des malheureux, nous ne faisons rien. Notre vie est remplie par la prière, la guerre, l'amour, l'hospitalité que nous donnons ou que nous recevons. Quant aux travaux grossiers de la terre, c'est l'œuvre des esclaves. Nos troupeaux, qui sont notre fortune, vivent sur le domaine de Dieu ; nous n'avons besoin ni de piocher, ni de cultiver, ni de récolter, ni de dépiquer les grains. Quand nous le jugeons nécessaire, nous vendons des chameaux, des moutons, des chevaux ou de la laine ; puis nous achetons et les grains que réclame notre subsistance et les plus riches de ces marchandises que les chrétiens prennent tant de peine à fabriquer. Nos femmes, quand elles nous aiment, sellent elles-mêmes nos chevaux, et, quand nous montons à cheval, elles viennent nous dire, en nous présentant notre fusil : « O monseigneur ! s'il plaît à Dieu, tu pars avec le bien, tu reviendras avec le bien. »

« Notre pays, en printemps, en hiver, dans toutes les saisons, ressemble à un tapis de fleurs, d'où s'exhalent les plus douces odeurs. Nous avons des truffes et le *danoum* qui vaut les navets ; le *drin* nous fournit un aliment précieux. Nous chassons la gazelle, l'autruche, le lynx, le lièvre, le lapin, le dol, le renard, le chacal, le *bekeur-el-ouhach* (l'antilope). « Personne ne nous fait payer d'impôts ; aucun sultan ne nous commande.

« Chez vous, on donne l'hospitalité pour de l'argent. Chez nous, quand tu as dit : « Je suis un invité de Dieu, » on te répond : « Rassasie ton ventre, » et l'on se précipite pour te servir. »

Si la civilisation recevait des éloges tout à l'heure, voilà le désert qui est bien autrement exalté. Je désire que cette série de paroles, traduites avec une fidélité scrupuleuse, fasse réfléchir un peu les gens qui s'indignent de ce que la race européenne et la race indigène ne forment point déjà, en Algérie, un même peuple, gouverné par les mêmes lois.

Qu'on médite sur chacune de ces phrases, et l'on verra que le travail de notre conquête est tout simplement de réunir les éléments les plus opposés. Tandis que le génie de l'Europe est l'industrie, le génie de l'Orient est l'oisiveté. Tandis que l'esprit moderne poursuit la pensée chimérique peut-être des dominations pacifiques, l'esprit des temps anciens se conserve chez les populations primitives de l'Afrique, qui demeurent éprises de la guerre. Je ne désespère pas, certainement, du but que notre autorité se propose; mais, pour atteindre ce but, même avec plus de rapidité et de sûreté, il est bon de ne se cacher aucun des obstacles qui nous en séparent.

On trouvera que ce sont là peut-être de bien sérieuses considérations à propos des discours du Chambi. Les gens qui n'aiment pas faire peser sur leur esprit le poids des sérieuses pensées, préféreront, sans aucun doute, à ce qui précède ce qui me reste encore à dire. Je conclus, d'après certaines de ces paroles, que mon visiteur était un moraliste, et il y a un chapitre que les moralistes de tous les temps aiment particulièrement à traiter, c'est celui des femmes. Je n'eus pas à me repentir d'avoir mis le Chambi sur cette matière. Le philosophe de Ouergla mit dans son traité sur ce qui occupera toujours le plus les fous et les sages de tous les pays et de tous les temps, une verve malicieuse, digne de Rabelais et de Montaigne. Ce fut d'abord une suite de dictons. « Chez vous et chez nous, dit-il, la ruse des femmes est sans pareille. »

> Elles se ceinturent avec des vipères
> Et s'épinglent avec des scorpions.
> Le marché des femmes est comme celui des faucons;
> Celui qui s'y rend doit se méfier d'elles :
> Elles lui feront oublier ses travaux,
> Elles détruiront sa renommée,
> Elles lui mangeront son bien,
> Elles lui donneront une natte pour linceul.

Après ces dictons que je pourrais multiplier, sorte de proverbes rimés, où s'accouplent singulièrement le bon sens et la poésie, le Chambi nous fit un tableau complet de mœurs que je veux essayer de rendre. Ce qu'il y a de profondément original fera excuser ce qu'il y a peut-être d'un peu offensant pour certaines idées de notre civilisation et de notre pays.

« Chez nous, dit notre Arabe, les femmes aiment qu'un homme soit toujours recherché dans ses vêtements, frappe bien la poudre, ait une main continuellement ouverte, mène hardiment un cheval et sache garder un secret. Voilà qui regarde l'amant; quant à l'époux, il faut qu'il n'oublie pas un seul jour les devoirs du mariage, sans cela, sa femme va trouver le cadi, et du plus loin qu'elle l'aperçoit, elle se met à crier : « O monseigneur, lui dit-elle, il n'y a pas de honte quand on obéit à sa religion ; eh bien ! je viens au nom de ma religion accuser mon mari. Ce n'est pas un homme, il ne me regarde pas ; pourquoi resterais-je avec lui ? »

« Le cadi lui répond : « O ma fille, de quoi te plains-tu ? Il te nourrit bien, il t'habille bien, tu as tout ce que tu veux.

— Non, monseigneur, reprend-elle, je ne suis ni nourrie ni vêtue ; s'il n'accomplit pas ce que lui prescrit notre seigneur Mohammed, je veux divorcer avec lui. »

« Le cadi alors s'écrie : « Tu as raison, la religion des femmes, c'est l'amour. » Et presque toujours le divorce est prononcé. »

Beaucoup de gens s'en vont disant que les femmes sont malheureuses dans la société musulmane. Je n'ai pas posé cette question au Chambi ; mais, si je lui avais dit : « Crois-tu que vos femmes voudraient vivre sous notre loi ? » il m'aurait répondu, j'en suis sûr : « Elles regretteraient l'autorité protectrice du cadi. »

J'étendrais sans fin un sujet dont le principal

mérite doit être la brièveté, si je voulais rapporter ce que l'habitant du désert me débita encore d'observations, de maximes, de poésies. Parmi l'amas de paroles et de pensées mêlées comme de capricieuses arabesques dans ce long entretien, je remarquai cependant une sentence en vers, que je veux à toute force citer, car elle porte l'empreinte de cet orgueil, trait distinctif du caractère arabe, que ne peut méconnaître sans danger quiconque est appelé à traiter avec les populations musulmanes.

> Souviens-toi qu'une once d'honneur
> Vaut mieux qu'un quintal d'or.
> Ne te laisse prendre pour jouet par personne.
> Le pays où souffre ton orgueil,
> Quitte-le, quand ses murailles seraient bâties avec des rubis.

L'auteur du *Cid* aurait aimé, je crois, cette poésie. N'est-elle pas empreinte d'une grandeur qui rappelle cette fierté que le sang castillan a tirée, sans aucun doute, des veines africaines? Mon Chambi allait devenir pour moi un Abencérage, quand je le congédiai en lui donnant un douro. L'Arabe, qui a déjà tiré des leçons de Paris, se montra tout entier alors. Il prit la pièce entre ses doigts, et, l'élevant au-dessus de sa tête :

« Voici ton père, s'écria-t-il, le mien et celui de tout le monde. »

Je raconte ce que j'ai entendu. Quant au soin de tirer des conclusions, je le laisse à ceux qui aiment à débrouiller l'énigme bizarre de l'esprit humain.

CHANT DES ARABES[1]

SUR LA PRISE D'ALGER.

Le peuple arabe ne vit que de traditions; l'histoire est presque tout entière pour lui dans les récits et dans les chants populaires, où son esprit enthousiaste a consigné, pour l'éducation de ses enfants, les faits dans lesquels il a cru voir le doigt de Dieu. Les livres mêmes sont des légendes écrites, et dans tout cela, comme dans la mémoire des vieux Arabes, l'érudition et la politique trouveraient une

---

[1]. Ce chant a été composé par Si-Abd-el-Kader, qui se livrait à l'étude à Alger, où il vivait dans l'une de ses zaouyas. Après l'entrée des Français dans cette ville, il raconta ce qu'il avait vu, et puis il partit pour *Mazouna**, son pays, et tant il avait de chagrin, qu'il ne tarda pas à y mourir.

« Que Dieu lui accorde sa miséricorde ! »

Mazouna, ville située à 2 lieues nord du Chelif, entourée par les *Ouled-Abbes*, les *Ouled-Selama*, les *Meudiouna* et les *Sbeahh*. Elle renfermait autrefois beaucoup de zaouyas et de *madersah*, où les tholbas venaient de tous les pays pour enseigner les sciences, lire les livres saints et même discuter certains points de droit ou de théologie. Ces écoles avaient acquis une telle réputation, qu'en Algérie, quand on voulait exprimer qu'un taleb était très-savant, on disait de lui : *Celui-là, ne nous en inquiétons pas, il a lu les livres à Mazouna.*

mine inépuisable de faits, d'études de mœurs, d'enseignements qu'on a malheureusement trop négligés.

C'est, en un mot, la littérature nationale, et c'est là qu'on peut véritablement trouver l'empreinte du caractère de ce peuple original qui nous ferme son intérieur et dont les habitudes antipathiques aux nôtres nous empêchent de bien apprécier les actes.

Depuis que nous sommes entrés en Algérie, pas une ville n'a été occupée, pas un combat n'a été livré, pas un événement capital n'est arrivé qui n'ait été chanté par quelque poëte arabe.

La prise d'Alger frappa de stupeur les musulmans; elle retentit douloureusement dans le cœur des Arabes, et cette douleur devait inévitablement s'exhaler.

J'ai été assez heureux pour recueillir les lamentations des vaincus; on jugera par la valeur poétique du chant que je reproduis, s'il n'y a pas un intérêt véritable, indépendamment des motifs invoqués plus haut, à sauver ces souvenirs du naufrage.

Commençons par louer Dieu, puis racontons cette histoire!
Demandez pardon et soumettez-vous, ô musulmans!
La prière sur Mohammed, ne l'oubliez pas,
Priez sur lui tant que le monde existera,
Tant que nous vivrons et que vous serez en vie.

Celui qui prie beaucoup sur le glorieux Mohammed,
Les lundi, jeudi et vendredi,
Il retrouvera la prière dans la nuit du tombeau :
Les houris[1] viendront la lui offrir.
Ceux qui prient ont droit aux récompenses ;
Ils louent le fondateur de la religion,
L'Éternel leur en tient compte,
Et au jour où se dressent les balances
Il préserve ses serviteurs de tourment.

Le maître des hommes accorde le pardon des coupables,
C'est le maître des esprits, le seigneur des seigneurs :
C'est aussi le maître des anges,
Priez donc sur lui d'une prière aussi vaste que l'univers.
Priez sur lui mille fois, deux mille fois ;
Méprisez la terre et ses biens,
Et fuyez surtout les conseils du démon le maudit.
Qui croit à mes paroles, obtient la béatitude ;
Qui les taxe de mensonge, est au nombre des damnés !

La fin des temps est arrivée ;
Dorénavant plus de repos,
Le jour des combats a brillé,
Au vivant les chagrins, au mort le bonheur ;
Ces paroles sont pour les sages,
Ils en comprendront le sens.
O regrets sur les temps passés !

Pendant une longue suite d'années,

---

1. *Les houris*, jeunes filles d'une beauté ravissante, d'une virginité toujours renaissante, qui ne peuvent vieillir, et qui sont réservées comme compagnes dans le paradis aux martyrs de la guerre sainte ainsi qu'aux fideles observateurs de la loi de Dieu et du Prophète.

La victoire a suivi les drapeaux d'El-Bahadja la guerrière[1].
Les nations lui donnaient des otages,
Tremblaient, obéissaient et lui payaient des tributs.
O regrets sur les temps passés !

Je suis, ô monde, sur Alger désolé !
Les Français marchent sur elle
Avec des troupes dont Dieu sait le nombre.
Ils sont venus dans des vaisseaux qui vont sur mer en droiture ;
Ce n'est pas cent vaisseaux et ce n'est pas deux cents,
L'arithmétique s'y est perdue,
Les calculateurs en ont été fatigués,
Vous auriez dit une forêt, ô musulmans !

Ils sont arrivés à la nage ;
Mais, les chiens, dès qu'en face du port,
Ils purent voir les canons braqués sur leurs figures,
Ils se dirigèrent vers Sidi-Ferreudj :
Bordj-el-Fenhar[2] les avait terrifiés !

Bientôt la mer et les flots se gonflèrent,
Pour vomir sur notre rivage les Français, fils d'El-Euldja[3].
De tous côtés on les vit piétinants ;

---

1. *El-Babahja*, la blanche, la brillante. Ces épithètes sont parfaitement justifiées. Il n'est personne qui n'ait entendu parler de l'aspect éblouissant que présente Alger vu de la haute mer, avec ses maisons, d'une blancheur éclatante, placées en amphithéâtre.

2. *Bordj-el-Fennar* (le fort de la Lanterne). Ce fort était celui sur lequel était placé le phare du temps des Turcs, et c'est encore celui où il brille aujourd'hui.

3. *Fils d'El-Euldja*. El-euldja est une expression dont on se sert pour désigner toute femme européenne qui n'est pas musulmane.

Le temps les appela, ils vinrent :
Il est connu que chaque chose a son temps.
L'agha Brahim [1] se hâta de monter à cheval
Avec ses drapeaux, ses musiques et ses Turcs aux rudes paroles.
Arabes et Kabyles se mêlèrent,
Cavaliers et fantassins chargèrent :
Le combat devint chaud, ô mes frères !
Son feu brilla les dimanche et lundi,
Et la mitraille tomba sur nos guerriers.

La mort vaut bien mieux que la honte ·
Si la mère des villes est prise,
Que vous restera-t-il, ô musulmans ?

Patience, ne vous effrayez pas,
La mort est notre partage,
Nous sommes tous sa proie.
La mort dans la guerre sainte,
C'est la vie dans l'autre monde :

---

1. *L'agha Brahim.* Cet agha était le gendre du dernier dey d'Alger. Il remplissait les fonctions de ministre de la guerre. C'était un homme très-gros et très-gras, qui ne pouvait presque plus monter à cheval. Il passait pour ne pas être très-brave, et les Turcs disaient en parlant de lui :

BRAHAM ·
LA HEURMA OU LA DRAHAM.
Brahim n'a ni considération ni argent.

Ils voulaient exprimer ainsi qu'il était d'une avarice sordide. Après l'enlèvement du camp de Staouali, il fut destitué et remplacé par le bey *Mustapha-bou-Mezráy* (le père de la lance). Depuis la prise d'Alger, les Arabes ne l'ont plus désigné que sous le nom de *Braham-el-Djahiah* (Braham le Lâche). Ils l'accusent de n'avoir pas su défendre le drapeau musulman.

Les houris du paradis poussent des cris de joie.
Et ses portes commencent à s'entr'ouvrir.
Chacun s'est réjoui de mourir :
On s'embrasse, on se pardonne,
On part, Dieu soit en aide !
Les boulets, les gargousses,
Les mèches sont dans toutes les mains,
Et de la bombe les mortiers sont prêts.
On prépare la mitraille,
Elle forme des murailles ;
Les canons sont braqués sur les remparts
Et les femmes montent sur les terrasses
Pour exciter les combattants.
Le peuple fait ses adieux :
Les uns excitent par la langue,
Les autres s'occupent de leurs devoirs :
Ceux-ci se mettent à prier,
Et ceux-là font des vœux :
O créateur des esclaves ! disaient-ils,
O mon Dieu ! par celui qui t'est soumis,
Fais que l'impie soit humilié !
Le combat tardait trop au gré de leurs désirs,
Car les chrétiens allaient toujours croissants,
Sauterelles venues en leur temps.

Les croyants, d'un commun accord,
Ont juré de sauver Mezeghenna [1].
On entendait les tambours, la musique,
On chargea, les deux rangs se heurtèrent ;

---

1. *Mezeghenna*. Dénomination que les Arabes donnent dans leurs poésies à Alger, parce qu'avant la construction de cette ville, l'emplacement sur lequel elle est bâtie était occupé par une tribu de marabouts que l'on nommait Mezeghenna.

Les musulmans abordèrent les redoutes,
Et joignirent l'infidèle le sabre à la main.
Que de têtes tombées avec leurs chapeaux !
Que de bras et de pieds coupés par le boulet !
Que de fusils éclatés dans les mains !
Plus d'un guerrier resta sans sépulture,
Plus d'un brave aussi délaissa sa famille,
Pour aller épouser les houris.
La bombe portait en tous lieux l'épouvante !
Puis, hélas ! peuple et chefs, tous prirent la fuite.
Les Turcs trahirent leurs régiments et quittèrent Staouali[1]
En laissant jusqu'à leurs tentes au pouvoir des impies;
Le temps des paroles est passé, repentez-vous, ô musulmans!
Alger, tes jours étaient comptés !
L'infidèle gonflé par ce succès,
Ne tarda pas à ruiner le fort Moulaye-Hassan[2]

---

1. *Staouali*, plaine située à cinq lieues ouest d'Alger, où s'est donnée la bataille de ce nom. Staouali vient du mot *sta*, qui, en turc, veut dire habile, et de *ouali*, qui signifie tantôt prince, tantôt marabout, et quelquefois n'est qu'un nom d'homme. Staouali peut donc se traduire ainsi : l'habile prince, l'habile marabout, l'habile ouali.

2. *Le fort Moulaye-Hassan*. La légende arabe sur le Bordj-Moulaye-Hassan, que les Français appellent le fort de l'Empereur, vraie ou fausse, nous a paru merveilleusement propre à donner une idée de la manière dont les faits historiques se conservent chez les musulmans.

Elle remonte à l'an 1541 de notre ère et à la redoutable expédition dirigée par Charles-Quint contre la ville d'Alger, que les corsaires barbaresques commençaient à fortifier pour en faire l'effroi de la chrétienté.

L'empereur, ayant reconnu, sur les mamelons qui dominent la ville au sud, un emplacement convenable pour y établir une

Pour nous cerner ensuite et par terre et par mer.
L'agha perdit la tête, perdit le jugement,

batterie, donna ses ordres pour qu'elle fût élevée le plus promptement possible, car ce point avait pour son armée la plus haute importance. Les pierres et la chaux nécessaires furent préparées à *Aïn-Rebote*, dans la plaine située au bas de Mustapha-Pacha (champ de manœuvres). Deux lignes de fantassins qui, de cette plaine, atteignaient les hauteurs, étaient disposées pour transporter les matériaux, l'une passant les paniers pleins, l'autre les rapportant vides. En une seule nuit, une batterie formidable, entourée de fossés et armée de pièces de gros calibre, était sortie de terre. Les Arabes, voulant conserver le souvenir de cette prodigieuse rapidité, donnèrent à cette construction le nom de *Bou-Leila* (père d'une nuit).

Cette batterie commença à fonctionner, prenant la ville de revers, et lui fit un tel mal que l'épouvante se répandit partout. Enlever une position aussi forte et bien appuyée était chose difficile, et la ville, foudroyée, n'aurait pu tenir longtemps. Dans cette circonstance critique, les *Beni-Mzab*, qui se trouvaient déjà en grand nombre à Alger, résolurent de se dévouer pour sauver la ville. Ils allèrent trouver le pacha et lui dirent que, s'il voulait leur accorder le monopole des bains maures, des boucheries, et leur nommer un amin qui seul aurait la police et la juridiction de leur corporation, ils se chargeraient d'enlever cette batterie. Le pacha, comme on le pense bien, y consentit. Voici la ruse qu'employèrent les *Beni-Mzab* pour arriver sans danger à la position.

Déguisés sous des vêtements de femmes, la figure couverte d'un voile, selon la coutume des Mauresques, afin que la barbe et la moustache ne les trahissent point, cachant sous leurs haïks et sous leurs voiles blancs des pistolets chargés jusqu'à la bouche et des yatagans bien affilés, ils sortirent processionnellement de la ville par la porte Neuve (*Bab-el-Djedid*), se dirigeant sur les menaçantes redoutes. A cette apparition, les Espagnols, qui se trouvaient dans les retranchements, cessèrent immédiatement leur feu, pensant que les gens de la ville, ayant pris la résolution de se rendre, la leur indiquait, selon l'u-

Dieu lui avait ôté son commandement.
Il s'était mis en marche un samedi,

sage des musulmans, par ces processions de femmes suppliantes.

Ainsi accoutrés, les perfides assaillants entrèrent sans encombre dans le fort; mais à peine le dernier d'entre eux y a-t-il mis le pied que, changeant de rôle, ils déchargent leurs armes sur les trop confiants Espagnols, et, le yatagan au poing, livrent un combat épouvantablement acharné qui ne se termina que par la mort du dernier des défenseurs de la position. Mais, malgré cette surprise, la défense ne fut pas moins vigoureuse et terrible, et coûta beaucoup de monde aux Beni-Mzab. A peine ceux-ci furent-ils maîtres du fort que, au signal convenu, une colonne d'infanterie turque, préparée à l'avance derrière Bab-el-Djedid, partit au pas de course et alla s'installer dans Bordj-Bou-Leila.

Ainsi fut sauvée Alger d'une destruction imminente par le dévouement des Beni-Mzab. Les Arabes expliquent la réussite si heureuse de leur entreprise par une diversion qui occupa complétement l'attention de l'armée espagnole. Peut-être n'ont-ils pas voulu laisser à des schismatiques le mérite d'avoir sauvé le boulevard de l'islamisme, le berceau de la piraterie.

Pendant l'attaque de Bordj-Bou-Leila, le bey de Constantine, avec ses goums, occupait la réserve espagnole du côté de l'Harrach, et lui livrait un combat fort brillant. Poussant devant sa nombreuse cavalerie une innombrable troupe de chameaux, il reçut ainsi sans grande perte la première décharge de l'infanterie espagnole, dont le feu épouvantait les Arabes, et, sans perdre de temps, il lança sa cavalerie dans les lignes des chrétiens avant qu'ils eussent rechargé leurs armes. Au milieu du tumulte et du pêle-mêle inévitable causé dans les rangs par l'irruption des chameaux, il en fait un effroyable massacre. Cette défaite et la perte de la batterie des Crêtes, dont les canons furent immédiatement braqués sur la flotte, durent déterminer la retraite précipitée des Espagnols. On sait quels désastres la suivirent.

Après le départ des Espagnols, le Bordj-Bou-Leila conserva son nom jusqu'à ce qu'un chérif du Maroc, parent de l'empereur *Moulaye-Yâzid*, vint à passer par Alger pour se rendre à la

Et le samedi[1] n'est pas un jour heureux pour les musulmans.

Les chrétiens sont entrés dans Alger !

Les palais du sultan et de ses écrivains, ils les ont habités ces maudits,

Et, parmi les musulmans, l'épouvante fut telle que les enfants en blanchirent.

Ces misères, c'est Dieu qui les apporta !

Ils ont enlevé nos armes, nos trésors,

Et l'œil versait des larmes,

Tandis que leurs infâmes juifs[2] en ont poussé des hurlements de joie.

Mecque. Il y entendit raconter l'histoire du siège mémorable soutenu avec la protection de Dieu, et de l'enlèvement de Bou-Leila qui y mit fin. Cet homme enthousiaste et généreux conçut la pensée de donner un caractère plus durable à ce souvenir d'une action glorieuse pour l'islamisme. A cette intention, il fit don au pacha, alors régnant, d'une somme de cinquante mille douros d'Espagne, à la condition que, à la place de la batterie, il bâtirait un fort, digne de l'action dont il rappellerait le souvenir, et qu'il lui donnerait son nom.

Le pacha y consentit. Se mettant à l'œuvre immédiatement, il termina en quatre ans le château qui domine la ville d'Alger, et, fidèle à sa promesse, lui donna le nom de Bordj-Moulaye-Hassan. C'est celui que nous avons appelé fort l'Empereur en souvenir de l'expédition de Charles-Quint

1. *Le samedi.* Comme tous les peuples superstitieux, les Arabes ont une foule de signes heureux et malheureux.

Se mettre en voyage ou entreprendre une expédition un samedi est au nombre des derniers. Cela vient de ce que le samedi est le jour de la semaine férié par les juifs.

2. *Leurs infâmes juifs.* Sous la domination turque, les juifs avaient droit aux bénéfices de la loi moyennant une capitation (djezia), qu'ils étaient obligés de payer au gouvernement. Ils avaient une synagogue, un cimetière à part, pouvaient suivre

S'il eût fallu porter le deuil, nous l'aurions porté,
Et nos femmes l'auraient porté comme nous;
Mais tout est dit, la célèbre Mezeghenna,
Après ses jours de gloire, s'est vue déshonorée.

La tyrannie et l'injustice furent la cause de sa perte;
Le vin y était en honneur et la débauche tolérée.
Le Dieu des créatures est partout, voit et ne s'endort jamais;
Le lieu de la licence peut durer, mais il doit fatalement périr.
Les jours, ô frères! voient changer la fortune;
Le temps tourne sur lui-même et revient.
O regrets sur Alger, sur ses palais,
Et sur ses forts qui étaient si beaux!
O regrets sur ses mosquées, sur les prières qu'on y priait,
Et sur leurs chaires de marbre
D'où partaient les éclairs de la foi!
O regrets sur ses minarets, sur les chants qui s'y chantaient,
Sur ses tholbas[1], sur ses écoles, et sur ceux qui lisaient le Koran[2]!
O regrets sur ses zaouïas[3], dont on a fermé les portes,

leur religion et s'administrer comme ils l'entendaient pour toutes les affaires où le beylik n'était pas en jeu.

1. *Tholbas*, pluriel de taleb qui veut dire lettré, qui sait lire et écrire et peut instruire les enfants.
2. *Koran*. Le Koran est la révélation donnée par Dieu au prophète Mohammed : c'est la loi politique, civile et religieuse.
3. *Zaouyas*. Les zaouyas sont des établissements qui renferment la plupart du temps les tombeaux de leurs fondateurs. On y lit le Koran. La jeunesse s'y instruit dans les dogmes de la religion et les tholbas s'y réunissent, soit pour compléter leur science, soit pour la propager chez les autres. Avec les dons qui

Et sur ses marabouts, tous devenus errants !
O regrets sur ses kadis[1] et sur ses savants muphtis[2],
Honneur de la cité, qui faisaient prospérer la religion !
Ils sont partis, pensifs dans leurs pensées,
Ils se sont dispersés dans les tribus. Oh ! les malheureux !

O regrets sur Alger, sur ses maisons
Et sur ses appartements si bien soignés !
O regrets sur la ville de la propreté
Dont le marbre et le porphyre éblouissaient les yeux !
Les chrétiens les habitent, leur état a changé !
Ils ont tout dégradé, tout gâté, les impurs !
La caserne des janissaires, ils en ont abattu les murs,
Ils en ont enlevé les marbres, les balustrades et les bancs :
Et les grilles de fer qui paraient ses fenêtres,
Ils les ont arrachées pour insulter à nos malheurs.

O regrets sur Alger et sur ses magasins,
Leurs traces n'existent plus !
Que d'iniquités commises par les maudits !

sont faits par les fidèles, on y défraye les pauvres, les malades et les nécessiteux. A côté des zaouyas se trouve ordinairement une mosquée.

Les zaouyas renommées devenaient quelquefois un asile inviolable pour le criminel qui s'y était retiré. Toutes ne jouissaient pas de ce privilége. Parmi celles qui le possédaient, on cite principalement la zaouya de *Sidi-Ali-Embarek*, à Koléah; la zaouya de *Sidi-el-Kebir*, au-dessus de Blidah; la zaouya de *Sidi-Mohamed-Aberkane*, à Médéah; la zaouya de *Sidi-Mohamed-ben-Aouda*, chez les Flitta, et enfin la zaouya de *Sidi-Mohamed-ben-Abderrahman*, au pied du Jurjura.

1. *Cadis*. Le cadi est chargé de rendre la justice; il doit être très-instruit et posséder tous les auteurs musulmans qui ont écrit sur la matière.

2. *Muphtis*. Le muphti est placé au-dessus du cadi; il doit

CHANT SUR LA PRISE D'ALGER. 141

El-Kaysarya[1], ils l'ont nommé Plaça[2]
Quand on y avait vendu et relié des livres saints.
Les tombeaux de nos pères, ils les ont fouillés,
Et leurs ossements ils les ont dispersés
Pour faire passer leurs karreta[3].
O croyants, le monde a vu de ses yeux,
Leurs chevaux attachés dans nos mosquées,
Ils s'en sont réjouis eux et leurs juifs
Tandis que nous pleurions dans notre tristesse.
Patientons pour les jours de deuil,
Cela, c'est ce que Dieu a voulu!

O regrets sur Alger, sur son sultan,
Et sur son drapeau déshonoré!
O regrets sur ses habitants,
Et sur les lieux chéris d'où partait le commandement!
O regrets sur ses armées et sur son divan[4]!

---

posséder une vaste érudition, être probe et suivre exactement sa religion.

Quand un cas douteux se présente et que le cadi n'ose prendre sur lui de le décider, il en réfère au muphti. Ce dernier réunit alors les *aôulamas*, et, tous ensemble, ils prononcent. Cette réunion des aôulamas prend le nom de *medjeless*.

1. *Kaysarya*. C'est le nom que l'on donnait, du temps des Turcs, à la place du Gouvernement. Les tholbas s'y réunissaient habituellement pour copier des livres qu'ils trouvaient à faire relier immédiatement. La place du Gouvernement est l'endroit où tous les Européens se réunissent le soir pour se promener, et la pensée que ces assemblées mondaines se tiennent aujourd'hui dans un lieu réputé saint est une douleur pour les musulmans.

2. *Plaça*. Mot de la langue franque qui veut dire place et que les musulmans ont fait entrer dans leur langage.

3. *Karetta*. Mot de la langue franque qui veut dire charrette.

4. *Divan*. En Arabe dyouan veut dire réunion des chefs, con-

O regrets! Où sont ses gardes, ses chaouchs[1], ses kasbadjyas[2],
Ses amins[3] et ses noubadjyas[4]?
O regrets sur ses beys[5] et sur ses nobles caïds!
Quand la tête tomba, les pieds durent la suivre.

O regrets! comme il était ce port,
De redoutes, de vaisseaux embelli!
O regrets! où sont ces capitaines,
Ces drapeaux de soie qui flottaient,
Et ces corsaires ne rentrant dans la rade

seil. Le divan était présidé par le khasnadji et composé du bitt-el-mal, de l'agha, de l'oukil-el-hardj et d'une trentaine de vieillards à barbe blanche choisis parmi ceux qui, ayant longtemps servi dans les armées turques, ne pouvaient plus être employés activement et avaient acquis une grande expérience. Ces derniers, comme marque distinctive, portaient une calotte en cuir surmontée de plumes de paon, de crins de cheval ou d'une longue bande de drap écarlate.

1. *Chaouchs*. Vient du verbe arabe choueuch, il a pris garde. Fonctionnaires subalternes employés au service de la police.

2. *Kasbadjyas*, fonctionnaires qui passaient toute la journée à la porte de la casbah assis sur des bancs préparés à cet effet. Ils avaient à la ceinture un yatagan à fourreau d'argent et un bâton d'un pied et demi de longueur surmonté d'une grosse pomme. Quand un grand dignitaire venait à passer, il les saluait le premier en portant la main sur son cœur, tous ils se levaient et s'écriaient ensemble d'une voix lente et forte :

SALLAM OU ALIKOUM OU RAHMAT ALLAH!
Que le salut soit sur vous avec la miséricorde de Dieu!

Les kasbadjyas devaient être Turcs.

3. *Amins*, chefs des corporations d'Alger.

4. *Noubadjyas*, Turcs qui alternaient pour le service de garde dans l'ancien palais du dey d'Alger. Ils portaient aussi un yatagan à fourreau d'argent.

5. *Beys*. On donnait ce titre au chef d'une province.

Qu'avec des prises d'esclaves ou de café ?
Ces corsaires devant qui les chrétiens n'étaient plus que des femmes.
Alger était une tenaille pour arracher les dents,
Les plus courageux en avaient peur.

O monde, comment a-t-elle été prise ?
Ce n'est pas ainsi que nous l'avions pensé,
Avec les musulmans des siècles passés.
Je crois que pour Mezeghenna
Beaucoup de gens auraient voulu mourir,
En s'ensevelissant sous ses remparts.
On aurait vu des jeunes hommes s'exciter au péril,
Et dans les fosses et dans les cimetières,
Le sang aurait formé des lacs.
Il l'a prise dans une heure et sans livrer bataille.

O mon Dieu ! rendez la victoire à nos drapeaux,
Faites revivre nos armées et abaissez les impies !
O créateur des esclaves ! ô notre maître !
Envoie-nous un chérif qui aime les musulmans,
Qu'il devienne sultan d'Alger
Et qu'il gouverne par la justice et la loi.
O ouvreur des portes, ouvre-lui ses portes !
Tes serviteurs rentreront dans leur pays,
Et le peuple aura vu le terme de ses maux.
Oui, Dieu prendra pitié des croyants dans la peine,
Il rétablira l'ordre,
Les chrétiens s'éteindront,
Et il chassera nos corrupteurs.

O vous qui pardonnez, pardonnez à l'auteur,
Pardonnez au pauvre Abd-el-Kader,
Combien n'a-t-il pas commis d'erreurs ?

Pardonnez-lui, ô maître du monde !
A lui, à ses parents, à ses amis,
A ceux qui sont présents, à ceux qui sont absents ;
Faites que leur place soit au Paradis !

LA KABYLIE

LA KABYLIE.

I.

L'idée que l'on se fait en général du continent d'Afrique, et l'extension donnée à des renseignements partiels ont accrédité, depuis longtemps, au sujet de l'Algérie, une erreur fort étrange. On la regarde comme un pays de plaines et de marécages, tandis que les accidents et la sécheresse du sol en forment au contraire le trait caractéristique. Le littoral de l'Algérie surtout est presque toujours montueux. Entre la frontière marocaine et la Tafna règne le massif des Traras. Oran a, comme Alger, son Sahel mamelonné.

Depuis l'embouchure du Chélif jusqu'à celle du Mazafran, c'est-à-dire sur une longueur de soixante lieues et sur une profondeur de dix à douze, s'élève, se ramifie la chaîne du Dahra. Celle du petit Atlas s'y rattache par le Zaccar et ferme l'hémicycle de la Mitidja. Arrivé en ce point, le système se rehausse, s'élargit, se complique et garnit toute l'étendue de la côte jusqu'au voisinage de Bone. Ce n'est pas tout : il faut compter, dans l'intérieur, l'Ouarensenis qui fait face au Dahra, le domine en hauteur et le surpasse en étendue ; puis, d'autres grandes masses parallèles aux précédentes, et qui séparent le Tell du Sahara comme celles-ci l'ont isolé de la Méditerranée ; tels sont : le Djebel-Amour[1], les Auress, etc.

Ces régions de montagnes embrassent à peu près la moitié du territoire algérien ; elles sont presque toutes habitées par des Kabyles, race ou agglomération de races entièrement distincte des Arabes. Les différentes Kabylies n'ont entre elles aucun lien politique ; chacune même ne constitue qu'une sorte de fédération nominale où figurent, comme autant d'unités indépendantes, des tribus riches ou pauvres, faibles ou puissantes, religieuses ou guerrières, et subdivisées à leur tour en fractions, en villages également libres. Quoiqu'il existe entre elles une frappante analogie de mœurs, d'origine et d'histoire, la disjonction des faits impose la nécessité de les considérer séparément. Autant de Kabylies, autant de pages détachées : il y aura celle des Traras, de l'Ouarensenis, du Dahra, du petit Atlas, du Jurjura et beaucoup d'autres. C'est la dernière nommée que nous nous proposons d'écrire, l'histoire de la Kabylie du Jurjura, que beaucoup d'écrivains nomment exclusivement la *Kaby-*

1. *Djebel* veut dire montagne.

lie, et que nous appellerons, nous, eu égard à son importance relative, la GRANDE-KABYLIE.

Cette région embrasse toute la superficie du vaste quadrilatère compris entre Dellys, Aumale, Sétif et Bougie, limites fictives, en ce sens qu'elles ne résultent point de la configuration géographique, limites rationnelles au point de vue de la politique et de l'histoire.

Plus qu'aucune autre Kabylie, celle qui va nous occuper a fixé l'attention publique en France. Diverses causes y contribuèrent : son étendue, sa richesse, sa population ; son voisinage d'Alger, source de quelques relations commerciales ; sa vieille renommée d'indépendance et celle d'inaccessibilité faite aux grandes montagnes qui la couvrent ; enfin, depuis ces dernières années, un très-grand partage d'avis sur la politique à suivre envers elle.

Des événements considérables viennent de trancher cette dernière question ; ils ont fait jaillir en même temps des lumières nouvelles qui en éclairent toutes les faces. N'est-ce pas le moment de jeter un double coup d'œil sur l'avenir et sur le passé ? Faisons comme ces voyageurs qui ont marché toute la nuit dans des défilés difficiles ; au point du jour, ils s'arrêtent, ils voient. La route qui leur reste à suivre se dessine claire et sûre devant eux, et, s'ils regardent en arrière, ils ne peuvent contenir un saisissement mêlé de satisfaction, en comptant les obstacles de celle qu'ils ont parcourue dans les ténèbres.

On ne s'accorde point sur l'étymologie du mot *Kabyle*. Des érudits lui assignent une origine phénicienne. Baal est un nom générique de divinités syriennes, et K, dans la langue hébraïque, sert à lier les deux termes d'une comparaison (*k-Baal*, comme les adorateurs de Baal). A l'appui de cette hypothèse, qui déterminerait aussi le berceau primitif des Kabyles, on cite des analogies de noms propres : *Philistins* et *Flittas* ou *Flissas*; *Moabites* et *Beni-Mezzab*[1] ou *Mozabites*; quelques autres encore.

Nous rejetons cette étymologie parce qu'il lui manque la consécration des écrivains de l'antiquité. Dans Hérodote seulement, on trouve le nom *Kbal* appliqué à quelques tribus de la Cyrénaïque, mais on ne le rencontre nulle autre part; aucune trace n'en existe chez les nombreux auteurs de l'époque romaine, historiens ou géographes, qui ont laissé tant de documents sur les Mauritanies.

Les montagnards de l'Afrique septentrionale ne commencent réellement à être appelés *Kabyles* qu'après l'invasion des Arabes ; ce serait donc dans la langue arabe qu'il faudrait chercher de

---

1. *Beni*, c'est-à-dire enfants. *Beni-Mezzab*, les enfants de Mezzab.

préférence l'origine de ce nom. Dès lors on ne peut plus guère hésiter qu'entre les racines suivantes :

Kuebila : tribu.
Kabel : il a accepté.
Kobel : devant.

La première s'expliquerait par l'organisation même des Kabyles en tribus fédérées.

La seconde par leur conversion à l'Islam. Vaincus et refoulés, ils n'auraient eu, comme tant de peuples, aucune autre ressource, pour se soustraire aux violences du vainqueur, que d'embrasser sa religion. Ils auraient *accepté* le Koran.

La troisième n'est pas moins plausible. En appelant les Kabyles ses *devanciers*, l'Arabe aurait seulement constaté un fait en harmonie avec toutes les traditions, et conforme d'ailleurs au génie de l'histoire qui nous montre toujours les autochtones, puis les races vaincues, refoulées tour à tour dans les montagnes par suite des conquêtes successives de la plaine.

Chez les Kabyles, le mélange du sang germain, laissé par la conquête des Vandales, se trahit maintenant encore à des signes physiques : les étymologistes y joignent quelques rapprochements de noms : *Suèves* et *Zouaouas*, *Huns* et *Ouled-Aoun*[1], etc. Nous n'insisterons pas davantage sur

---

1. *Ouled* signifie enfant, descendant. *Ouled-Aoun* : enfant d'Aoun.

toutes ces consonnances plus curieuses que décisives.

La langue est la vraie pierre de touche des nationalités. Les communautés d'origine, les influences étrangères, la grandeur ou la décadence des peuples, l'attraction ou l'antipathie des races, tout cela s'y reflète comme dans un miroir ; et l'on serait tenté de dire, avec l'écrivain allemand : *Une nation est l'ensemble des hommes qui parlent la même langue.*

Cette unité de langage existe, elle établit la parenté la plus certaine entre toutes les tribus kabyles non-seulement de l'Algérie, mais de la côte barbaresque, et cela seul suffirait pour vider sans retour la question des origines. Des tribus parlent exclusivement arabe ; par conséquent elles viennent d'Arabie. D'autres conservent un idiome différent, celui, sans aucun doute, qui régnait dans le pays avant l'invasion. De qui le tiendraient-elles, sinon de leurs ancêtres ?

Les Kabyles dérivent donc d'un seul et même peuple autrefois compact, autrefois dominateur du pays entier ; mais, plus tard, refoulé dans les montagnes, circonscrit par des conquérants qui s'approprièrent les plaines, et morcelé de la sorte en grandes fractions devenues à la longue presque étrangères l'une à l'autre.

Depuis ce moment, la langue aborigène qu'on

nomme *berberïa*, berbère, ou *kebailia*, kabyle, dut subir, en chaque point, des altérations diverses, par suite du contact plus ou moins immédiat, plus ou moins fréquent des Arabes, et par l'absorption variable des premiers conquérants européens. Il en est résulté plusieurs dialectes que voici :

1° Le *Zenatia :* il existe chez les tribus kabyles qui, remontant vers l'ouest, s'étendent depuis Alger jusqu'à notre frontière du Maroc.

2° Le *Chellahya :* c'est celui dont se servent presque tous les Kabyles du Maroc.

3° Le *Chaouiah :* il appartient à toutes les tribus kabyles qui se sont mêlées aux Arabes, et, comme eux, vivent sous la tente, entretiennent de nombreux troupeaux. Comme eux encore, elles comptent plus de cavaliers que de fantassins, et sont nomades sur un territoire délimité. Naturellement, beaucoup de mots arabes se sont glissés dans ce dialecte : il est très-répandu dans la province de Constantine.

4° Le *Zouaouiah :* il est parlé depuis Dellys et Hamza jusqu'à Bone. Il représente l'ancien idiome national dans sa plus grande pureté. On y remarque toutefois, chez les tribus à l'est de Gigelly, une légère altération qui proviendrait du commerce avec les Arabes. Aussi sont-elles traitées, par les Kabyles purs, de *Kebaïls-el-Hadera*, Kabyles de la descente.

Chez toutes les tribus kabyles, mais principalement chez celles qui parlent le *Zouaouïah*, il existe encore un langage que l'on nomme *el Hotsia*, le Caché. C'est une sorte d'argot inventé depuis longtemps déjà par les malfaiteurs de profession. Les voleurs, les assassins, les baladins l'emploient pour converser ensemble, sans que personne puisse les comprendre. En Kabylie, comme chez nous, ce langage de convention est repoussé, flétri par les honnêtes gens.

L'alphabet berbère est perdu. Dans tout le pays kabyle, il n'existe pas aujourd'hui un seul livre écrit en berbère. Les Tholbas[1] kabyles, et ils sont nombreux, prétendent que tous leurs manuscrits, toutes les traces de leur écriture ont disparu lors de la prise de Bougie, par les Espagnols, en 1510. Cette assertion, d'ailleurs, ne supporte point la critique ; mais il est plus facile de la refuter que de la remplacer par une autre.

De nos jours, le berbère ne s'écrit plus qu'avec des caractères arabes. La zaouïa de Sidi-Ben-Ali-Cherif possède, dit-on, plusieurs manuscrits de ce genre.

Un Arabe n'apprend point l'idiome berbère ; il en retient quelques mots pour son usage, s'il a des relations fréquentes avec les Kabyles.

---

1. *Taleb*, savant; au pluriel : *Tholbas*.

Tout Kabyle, au contraire, étudie forcément l'arabe, ne fût-ce que pour réciter des versets du Koran. Celui qui commerce ou voyage éprouve la nécessité de savoir l'arabe vulgaire : bientôt il l'entend et le parle avec facilité. Aucun chef important ne l'ignore.

Les Romains appelaient le Jurjura *Mons Ferratus*, et *Quinque Gentii* les habitants de la région environnante. Ce nom qui signifie les cinq nations ou les cinq tribus, si l'on veut, révèle déjà, dans cette haute antiquité, une sorte de fédéralisme analogue à celui des Kabyles actuels.

Ces *Quinque Gentii* n'écoutèrent quelques prédications chrétiennes que pour embrasser violemment le schisme *donatiste* ou l'hérésie furieuse des *circoncellions*. On voit, vers l'an 300, l'empereur Maximien diriger en personne, contre eux, une guerre d'extermination. Un demi-siècle après, on les retrouve en armes pour soutenir l'anti-César Firmus, et, depuis cette époque jusqu'à l'invasion arabe, aucun conquérant ne paraît se hasarder dans leurs montagnes.

Plusieurs villes romaines ont existé sur les côtes de la Grande-Kabylie : Baga, Choba, Salvæ, Rusucurrum. Tour à tour, on les a placées toutes à Bougie, que les Européens connaissent depuis longtemps ; mais enfin l'opinion du docteur Shaw, confirmée depuis par la découverte d'une inscription romaine, fixe décidément à Bougie la colonie militaire Salvæ. Aujourd'hui encore, des ruines de maisons, et surtout un vieux mur d'enceinte, dont le développement n'excède pas 2500 mètres, constatent en ce point l'existence d'une cité antique mais peu considérable.

L'intérieur du pays renferme également quelques ruines de l'ère romaine ou chrétienne.

A cinq lieues de Bougie, à côté des Beni-Bou-Messaoud, on voit debout six colonnes très-hautes en pierres de taille. Elles portaient des inscriptions devenues illisibles. Tout autour gisent des décombres qui attestent de grandes constructions.

D'un autre côté, à six lieues environ de Bougie, existe une ville souterraine qui renferme plus de deux cents maisons en briques, bien conservées, avec des rues voûtées et des murs très-épais. On y descend par un escalier d'une douzaine de marches. D'après le dire des Kabyles, cette cité ténébreuse, qu'ils nomment Bordj-Nçara, *le fort des Chrétiens*, aurait été bâtie par les Romains de la décadence. Le chef de toutes ces contrées y demeurait, disent-ils, avec ses gardes.

Koukou renferme des ruines sur lesquelles on découvre encore quelques inscriptions.

A Tiguelat, entre les Ayt-Tanzalet et les Fenayas, les traces d'une ville subsistent. Les remparts ont trois à quatre mètres d'élévation. On y voit encore debout une statue, que les Kabyles appellent Sour-el-Djouahla.

Chez les Senadjas, dans un village appelé Tissa, il existe, parmi des ruines importantes, une fontaine très-bien conservée, et une autre pareillement chez les Beni-Bou-Bekheur, à Akontas, village bâti au milieu d'une ancienne enceinte qui, sur certains points, était double.

Chez les Beni-Oudjal, à Aïn-Fouka, on trouve les restes d'une ville surmontée de trois forts. Elle renferme encore une fontaine qui donne beaucoup d'eau. On l'appelle El-Kueseur-el-Djouahla.

Ces ruines et quelques autres, qu'on place à Tighebine, sur le territoire des Beni-Chebanas, comprennent toute l'étendue des renseignements kabyles. Nos excursions nous ont fait reconnaître près d'Akbou des ruines sans importance, et à Toudja, les restes d'un aqueduc romain, quinze ou seize pilastres supportant le conduit qui amenait les eaux de la montagne à Bougie.

En somme, ces vestiges de l'occupation romaine semblent moins répandus en Kabylie que dans aucune autre portion du littoral; on n'y reconnaît point d'ailleurs l'assiette, l'étendue, la magnificence monumentale qui caractérisent de puissantes cités. N'est-il pas permis d'en conclure que la conquête de ce pays fut toujours une œuvre incomplète, même à l'époque des conquérants du monde?

Au v⁰ siècle, l'invasion vandale s'abattit sur Bougie. Genséric en fit, jusqu'à la prise de Carthage, la capitale de son empire naissant. Puis, on recommence à perdre de vue cette ville dans les ténèbres historiques de la grande barbarie, dans le chaos de cette époque où toutes les croyances viennent se heurter confusément.

Mais à la fin du vii⁰ siècle, un vif éclair part du Levant : c'est l'immense invasion arabe, conduite par Okba. Elle balaye toutes les plaines de ses flots successifs, et déborde jusqu'aux montagnes. En 666 d'abord, plus tard en 708, Bougie est enlevée d'assaut. Moussa-Ben-Noseïr en est le conquérant définitif ; les habitants sont massacrés ou convertis.

Ce fut sans doute aussi vers le même temps, et de la même manière, que les Kabyles du voisinage *acceptèrent* la foi musulmane.

Englobée dans le mouvement de l'Islam et soumise à toutes ses révolutions dynastiques, Bougie traverse des phases peu connues et peu intéressantes jusqu'au milieu du xiv⁰ siècle, où on la trouve incorporée dans un vaste empire berbère dont le centre était à Tlemcen. Elle en est alors détachée par Igremor-Solthan, chef de la dynastie des Beni-Isseren, et donnée à son fils Abd-el-Aziz. Elle devient ainsi la capitale d'un petit royaume indépendant. C'est son ère de prospérité. Elle s'enveloppe d'une muraille de 5000 mètres, dont on voit encore les ruines. Le commerce, la piraterie accroissent ses richesses ; mais le pouvoir des Maures y subit à la longue cette décadence qui prépare sa chute universelle au début du xvi° siècle.

Bougie comptait dix-huit mille habitants sous le règne d'Abd-el-Hame, quand une flotte espagnole de quatorze gros bâtiments sortit d'Ivice, une des Baléares, avec cinq mille combattants d'élite et une artillerie formidable. De plus, cette expédition était conduite par le fameux Pierre de Navarre. Son départ avait eu lieu le 1er janvier 1510 ; le 5, elle était devant Bougie. Le roi maure, terrifié, s'enfuit dans les montagnes, quoiqu'il comptât autour de lui huit mille guerriers. Bougie fut prise et livrée au pillage.

Malgré ce facile succès, malgré le coup de main hardi que Pierre de Navarre exécuta trois mois plus tard, en surprenant, au bord de la Summam, le camp du prince maure dont l'équipage et toutes les richesses tombèrent en son pouvoir, les rudes montagnards ne cessèrent d'inquiéter les Espagnols jusque dans Bougie même ; et cette guerre d'embuscade obligea les vainqueurs à s'abriter derrière des forts. Celui de Moussa fut bâti près des ruines d'un château romain ; un autre s'éleva sur l'emplacement de la Casbah actuelle ; enfin, au bord de la mer, à l'endroit où se trouve aujourd'hui le fort Abd-el-Kader, on restaura celui qui existait déjà.

Ces défenses procurent aux Espagnols une certaine sécurité dans la ville ; mais ils y sont hermétiquement bloqués et tenus sous la menace perpétuelle du prétendant maure.

En ce moment, de nouveaux acteurs viennent prendre part à la lutte religieuse de l'Orient contre l'Occident, et le bassin de la Méditerranée, qui lui sert d'immense théâtre, voit déborder les Turcs demi-sauvages à l'une de ses extrémités, tandis qu'à l'autre s'évanouissent les Maures chevaleresques.

Deux aventuriers, fils de renégat et corsaires, Baba-Aroudj et Khair-ed-Din[1], livrent leur voile errante au vent de la fortune musulmane qui les porte sur la côte d'Alger pour en faire deux pachas célèbres. Mais ces terribles écumeurs de mer ne sont pas toujours et partout également heureux. Deux fois Baba-Aroudj se présente devant Bougie (1512, 1514), et deux fois il est repoussé, malgré la coopération des Kabyles de l'intérieur. Quarante-deux ans après, Salah-Raïs, son deuxième successeur, venge glorieusement ces échecs (1555). Vingt-deux galères bloquent le port, trois mille Turcs et une nuée de Kabyles attaquent les remparts : les forts Moussa, Abd-el-Kader, sont enlevés tour à

---

1. *Baba* signifie père. *Baba-Aroudj*, le père Aroudj. Nous en avons fait Barberousse. *Khair-ed-Din*, veut dire le bien de la religion. Ce nom est devenu Chérédin.

tour. Enfermé dans le grand château (aujourd'hui la Casbah), le gouverneur D. Alonso de Peralta signe une capitulation qui stipulait, pour tous les Espagnols, la vie sauve, la liberté et le transfert dans leur patrie. Ces clauses ne furent respectées que pour lui et une vingtaine des siens. On les reconduisit en Espagne ; mais (telle était l'animosité de la lutte) Charles-Quint, irrité d'un si grand revers, livra le malheureux gouverneur à des juges qui le condamnèrent, et sa tête roula sur la place de Valladolid.

Loin de reprendre, sous le gouvernement des pachas, son ancienne splendeur, Bougie déclina de plus en plus, se dépeupla, se couvrit de ruines. Trois compagnies turques de l'Oudjak y exerçaient un pouvoir despotique et inintelligent. Par leur état de guerre continuel avec les tribus de la montagne, elles anéantirent le commerce de la ville et ne lui laissèrent pour ressource que les chances aléatoires de la piraterie. Ce port fut en effet signalé à l'attention spéciale des croisières françaises pendant le règne de Louis XIV.

La grande Kabylie, qui ne s'était jamais liée beaucoup aux destinées de sa capitale, en resta séparée complétement depuis la conquête espagnole. Elle donna longtemps asile et prêta son concours à l'ancienne famille régnante, dans toutes ses entreprises de restauration. Enfin, le vœu d'une nationalité distincte éclata encore dans quelques tentatives assez obscures qui semblent remonter à cette époque. Plusieurs personnages influents s'efforcèrent, à diverses reprises, de reconstituer un royaume kabyle et d'en placer la capitale en quelque point de l'intérieur. Ce fut ainsi que Sidi-Ahmed-Amokhrane, ancêtre des khalifas actuels de la Medjana, releva ou bâtit, il y a quatre siècles, la ville de Kuelâa, l'arma de plusieurs canons venus des chrétiens, on ne sait trop comment ; enfin joua, dans ce district, le rôle d'un véritable souverain.

Un nommé Bel-Kadi fit en tout point la même chose à Djemâat-Sahridje, petite ville qui subsiste encore.

Sous une influence pareille, Koukou vit quelques habitations se relever au milieu de son enceinte romaine ; il en reste à peu près cinquante aujourd'hui.

L'avortement de tous ces essais d'unité servit bien la cause des Turcs. Ils s'emparèrent de Djemâa-Saridje; Kuelâa, fatiguée de ses petits sultans, se rangea volontairement sous leur pouvoir. Mais ni ces points d'appui, ni la sanction morale que leur prêtait l'autorité religieuse du sultan de Constantinople ne réussirent à fonder leur domination sur une base solide. Ils y ajoutèrent des forts sans plus de résultat, n'ayant pu les porter assez loin dans le pays kabyle.

Les plus avancés qui restassent, en 1830, étaient, sur le versant septentrional, Bordj-Sebaou et Bordj-Tiziouzou ; sur le versant méridional, Bordj-el-Boghni ; et Bordj-Bouira, dans le district de Hamza. Ce dernier, du reste, marquait une double retraite : deux forts plus éloignés avaient été successivement détruits par les gens de la montagne. Bien plus, sous le règne d'Omar-pacha, une petite armée turque, envoyée pour réduire les Beni-Abbas, n'avait réussi à brûler quelques-uns de leurs villages qu'en essuyant des pertes écrasantes suivies d'une véritable défaite.

En somme, les Turcs n'exercèrent jamais d'autorité durable, ne prélevèrent d'impôts proprement dits que sur quelques fractions kabyles des pentes inférieures, obligées de cultiver en plaine, et, par conséquent, saisissables dans leurs personnes ou dans leurs biens. Mais celles-là se trouvaient en butte aux mépris des tribus voisines, pour avoir préféré le déshonneur à la mort. Il n'était sorte d'avanies dont on ne les abreuvât. La plus commune consistait à s'emparer de quelqu'un des leurs : on l'affublait d'un vêtement complet de vieille femme ; on lui faisait un collier avec les intestins d'un animal, et on le promenait ainsi dans les marchés, au milieu des huées générales. Cet usage est encore en vigueur.

Au demeurant, les Kabyles disaient volontiers la

prière pour le sultan de Constantinople, mais on n'en tirait pas d'autre tribut ; il fallait négocier pour obtenir à des gens du pacha le passage sur leur territoire. S'élevait-il un différend ? on le vidait par les armes, comme avec un peuple étranger ; souvent on préférait s'en venger par des vexations sur ceux qui fréquentaient les marchés de la plaine ; il en résultait même de longues interruptions dans le commerce.

Si incomplète que soit cette esquisse des précédents historiques de la grande Kabylie, elle aura suffi pour prouver que ses fiers habitants possèdent, en effet, quelque droit à se vanter, comme ils le font, de leur indépendance immémoriale.

II.

La Société kabyle.

Si nous prétendions suivre une marche chronologique dans cet exposé, il est incontestable que le tableau de la société kabyle devrait être relégué aux dernières pages de ce récit et faire suite à la conquête. En effet, la conquête seule nous a livré les secrets du pays avec une entière certitude.

Toutefois, les lumières qu'un exposé préalable des mœurs et des institutions pourra jeter sur cette question, nous semblent tellement indispensables, que nous n'y saurions renoncer. En les mettant à profit pour lui-même, notre lecteur ne devra pas perdre de vue que ni le gouvernement français, ni surtout ses premiers agents, ne les avaient pas pour se guider au début de l'occupation. Dans le principe, un malheureux esprit d'induction conduisit toujours à conclure du fait arabe qu'on connaissait peu, au fait kabyle qu'on ignorait entièrement et qui ne lui ressemblait en rien. Des années s'écoulèrent avant qu'une observation intelligente, dirigée soit de Bougie[1], soit d'Alger, inaugurât enfin la vérité.

Ici, pour mieux la mettre en évidence, nous opposerons fréquemment la physionomie du Kabyle à celle de l'Arabe, que le hasard de la conquête a beaucoup plus vulgarisée en France.

L'Arabe a les cheveux et les yeux noirs. Beaucoup de Kabyles ont les yeux bleus et les cheveux rouges ; ils sont généralement plus blancs que les Arabes.

L'Arabe a le visage ovale et le cou long. Le Kabyle, au contraire, a le visage carré ; sa tête est plus rapprochée des épaules.

L'Arabe ne doit jamais faire passer le rasoir sur sa figure. Le Kabyle se rase jusqu'à ce qu'il ait atteint vingt à vingt-cinq ans ; à cet âge, il devient homme et laisse pousser sa barbe. C'est l'indice du jugement acquis, de la raison qui devient mûre.

L'Arabe se couvre la tête en toute saison, et, quand il le peut, marche les pieds chaussés. Le Kabyle, été comme hiver, par la neige ou le soleil, a toujours les pieds, la tête nus. Si, par hasard, on

---

1. Nous devons surtout mentionner les ouvrages d'un commandant supérieur de Bougie, M. Lapène, aujourd'hui général d'artillerie. En parcourant l'intérieur du pays, nous nous sommes étonnés plus d'une fois de l'exactitude des renseignements qu'il avait su se procurer, sans sortir jamais de la place, si ce n'est les armes à la main. Sur plusieurs points, nous n'avons pu nous dispenser de coïncider entièrement avec lui.

en trouve un chaussé, c'est accidentellement et d'une simple peau de bête fraîchement abattue. Ceux qui avoisinent les plaines portent quelquefois le chachia. Le Kabyle a pour tout vêtement la *chelouhha*, espèce de chemise de laine qui dépasse les genoux et coûte de sept à huit francs ; il garantit ses jambes avec des guêtres sans pied, tricotées en laine, que l'on appelle *bougherous*. Pour le travail, il met un vaste tablier de cuir, coupé comme celui de nos sapeurs. Il porte le burnous quand ses moyens le lui permettent ; il le garde indéfiniment, sans aucun souci de ses taches ni de ses déchirures ; il l'a tenu de son père, il le lègue à son fils.

L'Arabe vit sous la tente ; il est nomade sur un territoire limité. Le Kabyle habite la maison ; il est fixé au sol. Sa maison est construite en pierres sèches ou en briques non cuites, qu'il superpose d'une façon assez grossière. Le toit est couvert en chaume, en tuiles chez les riches. Cette espèce de cabane s'appelle *tezaka*. Elle se compose d'une ou de deux chambres. Le père, la mère et les enfants occupent une moitié du bâtiment, à droite de la porte d'entrée. Ce logement de la famille se nomme *dounès*. L'autre partie de la maison, que l'on appelle *adaïn*, située à gauche, sert d'étable, d'écurie pour le bétail et les chevaux. Si l'un des fils de la maison se marie et doit vivre en ménage, on lui bâtit son logement au-dessus.

L'Arabe se couvre de talismans; il en attache au cou de ses chevaux, de ses levriers, pour les préserver du mauvais œil, des maladies, de la mort, etc. Il voit en toutes choses l'effet des sortiléges. Le Kabyle ne croit point au mauvais œil et peu aux amulettes. « Ce qui est écrit par Dieu, dit-il, doit arriver; il n'est rien qui puisse l'empêcher. » Cependant, il concède à certaines vieilles femmes un pouvoir d'influence sur les ménages, sur les amours; il admet les sorts propres à faire aimer, à faire haïr un rival, à faire divorcer la femme que l'on désire, etc.

Ses superstitions d'un autre ordre sont nombreuses. Nous indiquerons les principales :

Quiconque entreprend un voyage, doit partir le lundi, jeudi ou samedi; ces jours sourient aux voyageurs. Heureux celui qui commence sa route le samedi. Le Prophète préférait ce jour aux deux autres. On voyage, il est vrai, le mercredi, le vendredi et le dimanche; mais l'inquiétude ne quitte pas le voyageur pendant toute sa course.

Ne livrez jamais de combat un mardi.

C'est le jeudi qu'il faut choisir pour introduire sa future sous le toit conjugal; cela sera d'un bon augure, parce que la femme s'y réveillera un vendredi, qui est le jour férié des musulmans.

Ne plaignez pas celui qui meurt pendant le rhamadan¹ ; car, pendant le rhamadan, les portes de l'enfer sont fermées, et celles du paradis toujours ouvertes.

Voir un chacal en se levant, présage heureux ; deux corbeaux au moment de se mettre en route, signe d'un voyage prospère.

Voir un lièvre le soir, mauvais augure ; apercevoir un corbeau seul, avant que de se mettre en route, motif d'inquiétude.

Les Kabyles, si incrédules au sujet des sortiléges, le sont beaucoup moins sur la question des démons. Ils disent qu'il y en a en toute saison, excepté dans le rhamadan, parce que Dieu les force à rester en enfer, pendant le mois sacré. Ils les craignent horriblement ; jamais un Kabyle ne sortira la nuit de sa maison, sans les conjurer, au nom de Dieu le puissant, le miséricordieux. Il en fera autant quand il passera près d'un endroit où il y a eu du sang versé ; car les démons qui aiment le sang n'ont pas manqué de s'y donner rendez-vous.

Il existe aussi, si ce n'est un préjugé, du moins un mépris général de l'ânesse ; et à un tel point que, dans certaines tribus, un Kabyle, pour rien au monde, ne voudrait en voir une entrer dans sa maison. On raconte une légende qui expliquerait

1. *Rhamadan* : mois sacré des musulmans, pendant lequel on jeûne jusqu'au coucher du soleil.

cette aversion par un acte hors nature du temps des anciens Kabyles.

L'Arabe déteste le travail, il est essentiellement paresseux : pendant neuf mois de l'année il ne s'occupe que de ses plaisirs. Le Kabyle travaille énormément et en toute saison; la paresse est une honte à ses yeux.

L'Arabe laboure beaucoup; il possède de nombreux troupeaux qu'il fait paître; il ne plante point d'arbres. Le Kabyle cultive moins de céréales, mais il s'occupe beaucoup de jardinage. Il passe sa vie à planter, à greffer; il a chez lui des lentilles, des pois chiches, des fèves, des artichauts, des navets, des concombres, des ognons, des betteraves, du poivre rouge, des pastèques, des melons. Il cultive le tabac à fumer; il plante des pommes de terre depuis quelque temps; il possède des fruits de toute espèce : olives, figues, noix, oranges, poires, pommes, abricots, amandes, raisins.

La principale richesse du pays consiste dans les oliviers dont beaucoup sont greffés et qui atteignent quelquefois les dimensions du noyer. Les olives d'excellente qualité entrent pour une grande part dans la nourriture des Kabyles; mais il en reste énormément à vendre soit comme fruit, soit comme huile. Celle-ci s'exporte dans des peaux de bouc, à Alger, à Bougie, à Dellys, à Sétif, sur tous les marchés de l'intérieur.

La terre de labour n'étant pas très-abondante, eu égard à la population, les Kabyles n'en négligent aucune parcelle. Ils donnent deux façons à la terre et la couvrent d'engrais, mais ne lui laissent presque aucun repos; on la trouve rarement en jachères; ils ne pratiquent point l'assolement.

Leurs champs sont en général assez bien nettoyés, et quelques-uns rendent jusqu'à 25 pour 1. Le blé, battu de la façon la plus barbare, au moyen de taureaux qui travaillent en cercle sur l'aire, et vanné grossièrement avec un bout de planche, ne passe point au crible; il est conservé comme celui des Arabes dans des silos (en arabe : *metmora*), ou bien encore dans de grands paniers en osier, qui sont très-évasés en bas et étranglés du haut.

L'Arabe voyage quelquefois pour trouver des pâturages; mais il ne sort jamais d'un certain cercle. Chez les Kabyles, un des membres de la famille s'expatrie toujours momentanément pour aller chercher fortune; aussi en trouve-t-on à Alger, à Sétif, à Bône, Philippeville, Constantine, Tunis, partout. Ils travaillent comme maçons, jardiniers, moissonneurs; ils font paître les troupeaux.... Lorsqu'ils ont amassé un peu d'argent, ils rentrent au village, achètent un fusil, un bœuf, et puis se marient.

L'Arabe n'a point d'industrie, proprement dite,

quoiqu'il confectionne des selles, des harnachements, des mors, etc. Le Kabyle, au contraire, est industrieux : il bâtit sa maison, il fait de la menuiserie, il forge des armes, des canons et des batteries de fusil, des sabres (*flissas*), des couteaux, des pioches, des cardes pour la laine, des socs pour la charrue. Il fabrique des bois de fusil, des pelles, des sabots, les métiers pour tisser. Chez lui se travaillent les burnous et les habayas, vêtements de laine, les haikhs de femme, les chachias blanches ; sa poterie est renommée. Il fait de l'huile avec les olives qu'il récolte dans sa propriété, et confectionne lui-même les meules de ses pressoirs. La forme la plus commune des pressoirs est celle-ci : un vaste bassin en bois, d'un seul morceau ; à chaque extrémité de l'un de ses diamètres, un montant vertical qui s'entrave dans une barre horizontale ; celle-ci, percée au milieu, laisse passer une vis en bois, terminée par une meule d'un diamètre un peu inférieur à celui du bassin. La vis exerce une pression sur les olives placées sous la meule et qu'on a d'abord fait bouillir.

Les Kabyles dressent encore des ruches pour les abeilles ; ils font la cire, et ne se servent pour les pains, que de moules travaillés chez eux. Ils savent cuire les tuiles dont le cent coûte de deux francs à deux francs cinquante centimes. Dans certaines localités, on confectionne des dalles de liége.

Ils connaissent la chaux ; ils en sont, du reste, fort avares, et ne l'emploient que pour blanchir les mosquées et les koubbas des marabouts. Pour leurs maisons, ils utilisent le plâtre, qui paraît abonder chez eux. La carrière de Thisi, chez les Beni-Messaoud, à une lieue et demie de Bougie, en fournit une grande quantité.

Ils font du savon noir avec l'huile d'olive et la soude des varechs ou la cendre de laurier-rose, tressent des paniers pour porter les fardeaux, confectionnent des nattes en palmier nain, ou bien encore filent des cordes en laine et en poils de chèvre ; enfin, ils poussent l'habileté industrielle jusqu'à produire de la fausse monnaie. Nous allons nous étendre sur quelques-unes des branches d'industrie précitées. Commençons par la dernière.

Depuis un temps immémorial, les Kabyles établis à Ayt-el-Arba, village considérable de la tribu des Beni-Ianni, se livrent à cette coupable industrie. D'autres ateliers moins considérables se trouvent encore au village d'Ayt-Ali-ou-Harzoun, à quinze lieues sud-est d'Ayt-el-Arba, éloigné lui-même d'Alger d'une quarantaine de lieues.

La position du repaire de ces faux monnayeurs est au sommet d'une montagne protégée par un défilé très-étroit et presque inaccessible. C'est là, qu'à l'abri de toute attaque, ils imitent les monnaies de cuivre, d'argent et d'or de tous les pays du monde. Les matières premières leur sont fournies en partie par des mines voisines. Le cuivre, l'argent leur viennent de tous les points du pays barbaresque, du Sahara même, par des hommes qui, non-seulement apportent à Aÿt-el-Arba, les produits de leur pays, mais encore viennent y acheter des espèces falsifiées. On les paye avec des monnaies de bon aloi sur le pied de vingt-cinq pour cent. La simple inspection d'une pièce contrefaite prouve que le procédé employé, pour l'obtenir, est généralement celui de la fusion. En effet, toutes les pièces présentent un diamètre tant soit peu inférieur à celui des modèles, résultat forcé du retrait qu'elles ont subi par le refroidissement, à la sortie d'un moule provenant des pièces véritables. Le relief des figures, des lettres, est ordinairement mal accusé, et l'aspect du métal est terne ou cuivreux. Il faut le dire cependant, et tous ceux qui en ont vu l'affirmeront, la plupart de ces fausses pièces tromperaient le premier coup d'œil : quelques-unes exigent un examen assez minutieux.

Les moyens de répression, employés sous les Turcs pour s'opposer à l'invasion des fausses monnaies, étaient en tout conformes aux procédés despotiques et arbitraires que pouvait alors se permettre l'autorité.

Les gens d'Aÿt-el-Arba et ceux d'Ali-ou-Harzoun, ne sortant jamais de leur retraite, étaient obligés de confier à d'autres le soin de colporter leurs produits ; car si les Kabyles protégent les fabricants de fausse monnaie, ils sont impitoyables pour celui qui chercherait à la mettre en circulation dans le pays. Il fallait donc la faire sortir de la Kabylie. C'étaient les Beni-Ianni, les Beni-Menguelat, les Beni-Boudrar, les Beni-Ouassif qui étaient ordinairement chargés de cette mission. De là vient sans doute l'éloignement des autres Kabyles pour ces tribus. Tous ces gens étaient surveillés d'une manière particulière, et ne pouvaient voyager dans l'intérieur sans la permission du caïd de Sebaou, qui ne l'accordait pas sans percevoir un droit de deux douros d'Espagne. Faute de présenter ce permis, qu'on refusait d'ailleurs aux gens suspects du trafic des monnaies, le premier voyageur venu subissait la confiscation de ses marchandises, mulets, etc.

Trois ans avant l'entrée des Français à Alger, la fausse monnaie s'était multipliée d'une manière effrayante. L'Agha-Yahia, qui jouissait d'une grande réputation chez les Arabes, furieux de voir sa surveillance en défaut, fit arrêter, un même jour, sur les marchés d'Alger, de Constantine, de Sétif et de Bône, les hommes de toutes les tribus connues pour se livrer à cette émission. On incarcéra de la sorte une centaine d'individus que le pacha annonça devoir mettre à mort, si on ne lui livrait les moules ou matrices qui servaient à la fabrication. Les gens d'Ayt-el-Arba, pour sauver leurs frères, envoyèrent tous leurs instruments, et les prisonniers ne furent encore mis en liberté qu'après avoir payé une forte amende. Cet échec éprouvé par les faux monnayeurs ne les dégoûta point du métier. Ayt-el-Arba ne perdit rien de sa prospérité, et le nombre de commerçants qui viennent s'y approvisionner de tous les points, du Maroc, de Tunis, du Sahara, de Tripoli, n'en fut aucunement diminué.

Un Kabyle pris en flagrant délit d'émission de fausse monnaie était mis à mort, sans aucune forme de procès. C'était le seul cas pour lequel la justice fût inexorable, et dans lequel l'argent, qui rachetait tous les autres crimes, ne pût faire incliner sa balance.

Des industries plus honorables, ne piquant pas autant la curiosité, sont peut-être un peu moins connues. La fabrication de la poudre est concentrée dans la tribu des Reboulas ; elle s'y fait en grand et par des procédés analogues aux nôtres. Le salpêtre abonde dans les cavernes naturelles ; il effleurit sur leurs parois. Recueilli comme le salpêtre de houssage, il est lavé, puis obtenu par l'évaporation. Le charbon provient du laurier-rose et il jouit des meilleures propriétés ; le soufre arrive du dehors.

Le dosage est réglé comme chez nous ; le séchage s'opère au soleil. Cette poudre kabyle, un peu moins forte que la nôtre, n'est ni lisse, ni égale, mais elle ne tache point la main et elle satisfait aux conditions d'une bonne poudre de guerre. Les cartouches kabyles sont bien roulées ; elles se vendent en plein marché. Le prix moyen de la cartouche est quarante centimes, ce qui doit paraître excessif.

Les balles sont en plomb et fort irrégulières. L'exploitation du plomb a lieu, sur une échelle très-considérable, dans la tribu des Beni-Boulateb, près Sétif. On en trouve aussi dans une montagne près de Msila, et dans un autre endroit nommé Agouf, encore chez les Reboulas ; ce dernier passe pour argentifère. Dans tous les cas, on l'obtient par la simple fusion, et on l'exporte en saumon ou en balles.

Le cuivre se rencontre également en Kabylie. On l'extrait, on l'emploie dans les bijoux de femme. Fondu avec le zinc, il compose un laiton fort utile pour les poires à poudre, montures de flissas, manches de poignards, etc.

Deux mines de fer très-abondantes sont signalées dans la grande Kabylie : l'une chez les Berhachas, l'autre chez les Beni-Slyman.

Le minerai en roche est traité par le charbon de bois dans un bas fourneau, à l'instar de la méthode catalane; les soufflets sont en peau de bouc et fonctionnent à bras d'hommes.

La tribu des Flissas confectionne l'arme blanche qui porte son nom avec le fer des Berbachas et de l'acier venu d'Orient. Les principaux fabricants d'armes à feu sont les Beni-Abbas : leurs platines, plus renommées que leurs canons, réunissent l'élégance et la solidité ; elles s'exportent jusqu'à Tunis. Leurs bois de fusil sont en noyer. Ils montent l'arme tout entière.

A côté de cette vaste industrie des hommes, les femmes ne restent point oisives; elles filent la laine et tissent avec cette matière l'étoffe blanche qui sert à vêtir les deux sexes. Leurs métiers sont établis sur le modèle de ceux d'Alger.

Le lin, recueilli en petites bottes, puis séché sur l'aire, est broyé, filé par les femmes, et procure une grosse toile employée à divers usages.

Les femmes concourent à la confection des burnous qui, dans quelques tribus, Beni-Abbas et Beni-Ourtilan, par exemple, dépassent de beaucoup les besoins locaux et deviennent un objet d'exportation.

L'Arabe ne s'occupe point d'entretenir ses armes ; cela lui demanderait quelques soins : un chien noir, dit-il, mord aussi bien qu'un chien blanc. Le Kabyle, au contraire, met tout son luxe dans son fusil. Il le préserve de la rouille, et, quand il le sort de son étui, il le tient avec un mouchoir pour ne pas le salir.

L'Arabe, paresseux de corps, se ressent un peu, dans tous les mouvements du cœur, de cette inertie physique. Chez les Kabyles, la colère et les rixes atteignent d'incroyables proportions. En voici un récent exemple :

Un homme de la tribu des Beni-Yala rencontre, au marché de Guenzate, un autre Kabyle qui lui devait un barra (sept centimes). Il lui réclame sa dette. « Je ne te donnerai point ton barra, répond le débiteur. — Pourquoi ? — Je ne sais. — Si tu n'as point d'argent, j'attendrai encore. — J'en ai. — Eh bien ! alors ? — Eh bien ! c'est une fantaisie qui me prend de ne point te payer. »

A ces mots, le créancier, furieux, saisit l'autre par son burnous et le renverse à terre. Des voisins prennent part à la lutte. Bientôt deux partis se forment, on court aux armes. Depuis une heure de l'après-midi jusqu'à sept heures du soir, on ne peut séparer les combattants. Quarante-cinq hommes sont tués, et cela pour un sol et demi. Cette querelle date de 1843 ; mais la guerre soulevée par elle n'est point encore éteinte. La ville, depuis, s'est divisée en deux quartiers hostiles, et les maisons qui se trouvaient sur la limite sont devenues désertes.

L'Arabe est vaniteux. On le voit humble, arrogant tour à tour. Le Kabyle demeure toujours drapé dans son orgueil. Cet orgueil prête de l'importance aux moindres choses de la vie, impose à tous une grande simplicité de manières, et, pour tout acte de déférence, exige une scrupuleuse réciprocité. Ainsi, l'Arabe baise la main et la tête de son supérieur avec force compliments et salutations, s'inquiétant peu, du reste, qu'on lui rende ou non ses politesses. Le Kabyle ne fait pas de compliments ; il va baiser la main, la tête du chef ou du vieillard ; mais quelle que soit la dignité, quel que soit l'âge de celui qui a reçu cette politesse, il doit la rendre immédiatement. Si-Saïd-Abbas, marabout des Beni-Haffif, se trouvait un jour au marché du vendredi des Beni-Ourtilan ; un Kabyle, nommé Ben-Zeddam, s'approcha de lui et lui baisa la main. Le marabout, distrait sans doute, ne lui rendit pas ce salut : « Par le péché de ma femme, dit Ben-Zeddam, qui se campa bien en face de Si-Saïd, son fusil à la main, tu vas me rendre ce que je t'ai prêté tout à l'heure, ou tu es mort. » Et le marabout s'exécuta.

L'Arabe est menteur. Le Kabyle regarde le mensonge comme une honte.

Les Arabes, dans la guerre, procèdent le plus souvent par surprise et par trahison. Le Kabyle prévient toujours son ennemi, et voilà comment il le fait : le gage de la paix entre deux tribus consiste dans l'échange d'un objet quelconque, d'un fusil, d'un bâton, d'un moule à balles, etc. C'est ce qu'on appelle le *mezrag* : la lance. Tout porte à croire qu'avant l'invention des armes à feu, le dépôt d'une lance était effectivement le symbole de trêve et de bonne amitié. Quand une des deux tribus veut rompre le traité, son chef renvoie simplement le mezrag, et la guerre se trouve déclarée.

Les Arabes se contentent de la *dia*, prix du sang, en expiation d'un meurtre commis sur l'un des membres de leur famille. Chez les Kabyles, il faut que l'assassin meure. Sa fuite ne le sauve pas; car la vengeance est une obligation sacrée. Dans quelque région lointaine que le meurtrier se retire, la vendette le suit.

Un homme est assassiné, il laisse un fils en bas-âge. La mère apprend de bonne heure à ce dernier le nom de l'assassin. Quand le fils est devenu grand, elle lui remet un fusil et lui dit : « Va venger ton père! » Si la veuve n'a qu'une fille, elle publie qu'elle ne veut point de dot[1] pour elle, mais qu'elle la donnera seulement à celui qui tuera l'assassin de son mari.

L'analogie est saisissante entre ces mœurs et celles de la Corse, elle se dessine encore davan-

---

1. Les Kabyles achètent leurs femmes; on le verra plus loin.

tage dans les traits suivants. Si le vrai coupable échappe à la vendette et lasse sa persévérance, alors celle-ci devient *transversale;* elle tombe sur un frère ou l'un des parents les plus proches, dont la mort nécessite à son tour de nouvelles représailles. Par suite, la haine entre les deux familles devient héréditaire. De part et d'autre des amis, des voisins l'épousent. Il en sort des factions; il peut en résulter de véritables guerres.

Les Arabes donnent l'hospitalité; mais ils y mettent plus de politique et d'ostentation que de cœur. Chez les Kabyles, si l'hospitalité est moins somptueuse, on devine au moins dans ses formes l'existence d'un bon sentiment; l'étranger, quelle que soit son origine, est toujours bien reçu, bien traité. Ces égards sont encore plus grands pour le réfugié que rien au monde ne pourrait forcer à livrer. Les Turcs, l'émir Abd-el-Kader ont toujours échoué dans leurs demandes ou leurs efforts contraires à ce noble principe.

Citons encore une coutume généreuse. Au moment où les fruits, les figues, les raisins, etc., commencent à mûrir, les chefs font publier que, pendant quinze ou vingt jours, personne ne pourra, sous peine d'amende, enlever aucun fruit de l'arbre. A l'expiration du temps fixé, les propriétaires se réunissent dans la mosquée, et jurent sur les livres saints que l'ordre n'a pas été violé. Celui qui ne jure pas paye l'amende. On compte alors les pauvres de la tribu, on établit une liste, et chaque propriétaire les nourrit à tour de rôle, jusqu'à ce que la saison des fruits soit passée.

La même chose a lieu dans la saison des fèves, dont la culture est extrêmement commune en Kabylie.

A ces époques, tout étranger peut aussi pénétrer dans les jardins, et a le droit de manger, de se rassasier, sans que personne l'inquiète; mais il ne doit rien emporter, et un larcin, doublement coupable en cette occasion, pourrait bien lui coûter la vie.

Les Arabes, dans les combats, se coupent la tête; les Kabyles, entre eux, ne le font jamais.

Les Arabes volent partout où ils peuvent, et surtout dans le jour. Les Kabyles volent davantage la nuit, et ne volent que leur ennemi. Dans ce cas, c'est un acte digne d'éloges; autrement, l'opinion le flétrit.

L'Arabe a conservé quelques traditions en médecine et en chirurgie. Le Kabyle les a négligées; aussi, rencontre-t-on chez lui beaucoup de maladies chroniques.

L'Arabe ne sait pas faire valoir son argent; il l'enfouit, ou s'en sert pour augmenter ses troupeaux. Le Kabyle, contrairement à la loi musulmane, prête à intérêts, à très-gros intérêts, par exemple à 50 pour 100 par mois; ou bien il achète, à bon marché et à l'avance, les récoltes d'huile, d'orge, etc.

Les Arabes classent les musiciens au rang des bouffons : celui d'entre eux qui danserait, serait deshonoré aux yeux de tous. Le Kabyle aime à jouer de sa petite flûte, et chez lui, tout le monde danse, hommes et femmes, parents et voisins. Les danses s'exécutent avec ou sans armes.

Chez les Arabes, quand on célèbre un mariage, on exécute des jeux équestres avant d'emmener la fiancée. Chez les Kabyles, les parents ou amis du marié tirent à la cible. Le but est ordinairement un œuf, un poivron, une pierre plate. Cet usage donne lieu à une grande explosion de gaieté : ceux qui manquent le but sont exposés à de nombreuses plaisanteries.

Lorsqu'un Kabyle veut se marier, il fait part de son désir à un de ses amis qui va trouver le père de la jeune fille recherchée, et transmet la demande. On fixe la dot qui sera payée par le mari; car ce dernier achète littéralement sa femme, et le grand nombre des filles est regardé comme une richesse de la maison. Ces dots s'élèvent moyennement à une centaine de douros. Il arrive quelquefois que le futur mari ne possède point la somme tout entière; on lui accorde, pour la réunir, un ou deux mois; et, pendant ce temps, il peut fréquenter la maison de celle qui doit être sa femme. Quand il s'est acquitté, il l'emmène en qualité de fiancée, la promène d'abord dans le village, armée d'un yatagan, d'un fusil et d'une paire de pistolets, puis l'amène sous son toit. Cette cérémonie se fait en grande pompe. Chaque village a sa musique composée de deux espèces de clarinettes turques et de tambours. Ces musiciens figurent dans le cortége nuptial; ils chantent en s'accompagnant; les femmes, les enfants font retentir l'air de leurs cris joyeux : *you! you! you!* On tire une multitude de coups de fusil, et les jeunes gens du village, en totalité ou en partie, selon la richesse de l'époux, sont conviés à un grand repas.

Chez les Arabes, quand il naît un enfant mâle on se réjouit, on se complimente, mais la fête reste en famille; si la mère est accouchée d'une fille, les femmes seules font une réjouissance. Chez les Kabyles, la naissance d'un enfant mâle donne lieu à la convocation de tous les voisins et des amis des villages environnants. On fait des décharges d'armes, on tire à la cible. Sept jours après, le père donne un grand repas. La circoncision n'a pas lieu avant six ou huit ans, bien qu'elle devienne alors plus douloureuse. Si c'est une fille qui vient au monde, on ne change rien aux habitudes de la vie, à l'aspect de la maison, parce qu'elle n'accroît en rien la force de la tribu : l'enfant devenu grand se mariera et quittera peut-être le pays pour suivre un nouveau maître.

Chez les Arabes, lorsqu'une famille perd quelqu'un des siens, les amis et voisins assistent à l'inhumation, et puis chacun s'en retourne à ses affaires. Chez les Kabyles, tout le village est présent aux funérailles. Personne ne doit travailler; tous se cotisent, à l'exception des parents du défunt, pour donner l'hospitalité aux Kabyles des autres villages qui sont venus apporter leur tribut de douleur. Les morts ne sont points déposés dans une bière. Après les avoir soigneusement lavés, on les enveloppe d'une espèce de drap ; puis, on les confie à la terre.

Les femmes kabyles ont une plus grande liberté que les femmes arabes.

Ainsi, la femme kabile se rend au marché pour faire les provisions de la maison, pour vendre, pour acheter. Son mari aurait honte d'entrer, comme l'Arabe, dans de semblables détails.

La femme arabe ne peut paraître aux réunions avec les hommes; elle garde toujours son mouchoir, ou se voile avec le haïk. La femme kabyle s'assied où elle veut; elle cause, elle chante, son visage reste découvert. L'une et l'autre portent, dès l'enfance, de petits tatouages sur la figure ; mais le tatouage de la femme kabyle présente une particularité bien remarquable : il affecte ordinairement la forme d'une *croix*. Sa place habituelle est entre les deux yeux ou sur une narine. Les Kabyles perpétuent cet usage, sans pouvoir en faire connaître l'origine, qui semble dériver de l'ère chrétienne. Un fait digne de remarque appuierait cette conjecture en apparence : c'est qu'aucun taleb ou marabout n'épouse une femme, ainsi tatouée, sans lui faire disparaître le signe par une application de chaux et de savon noir. Mais il convient aussi de remarquer que tous les tatouages sont défendus par le Koran, qui les flétrit du nom de *ketibet el chytan*, écriture du démon.

La femme arabe ne mange pas avec son mari, encore moins avec ses hôtes. La femme kabyle prend ses repas avec la famille; elle y participe même lorsqu'il y a des étrangers.

La femme arabe n'est jamais réputée libre de ses actions. La femme kabyle, abandonnée par son mari, rentre dans la maison de son père ou de son frère; et, tant que son isolement dure, elle jouit d'une entière liberté de mœurs. La femme divorcée se trouve dans le même cas. Cette licence expliquerait la prétendue coutume que plusieurs historiens attribuent aux Kabyles, d'offrir leurs femmes ou leurs filles à des hôtes de distinction.

L'existence, dans chaque tribu, d'un certain nombre de femmes libres, semble avoir préservé les Kabyles d'un genre de débauche contre nature, si fréquent parmi les Arabes, et qui, chez eux, serait puni de mort.

Dans certaines tribus, notamment chez les Yguifsal, les femmes et les filles livrées à la prostitution payent, chaque année, au jour de l'an, une espèce de patente, qui ne s'élève pas à moins de cinq douros : cet argent est versé au trésor public. Elles cessent de payer quand elles se marient ou renoncent à leur état. Mais cet usage n'est pas général. D'après ce qui précède, on sera médiocrement surpris d'apprendre que les Kabyles affichent beaucoup moins haut que les Arabes leurs prétentions à la virginité des jeunes filles qu'ils épousent.

La femme arabe qui est sans nouvelles de son mari depuis un an ou deux, ou qui n'a point de quoi vivre chez lui, demande le divorce, et la loi prescrit au cadi de le prononcer.

La femme kabyle ne peut se remarier que lorsqu'elle a la preuve certaine de la mort de son époux. Si sa position est malheureuse, on lui donne du travail, ou la tribu vient à son secours. Le divorce toutefois est très-usité chez les Kabyles ; mais il est pour ainsi dire livré au caprice du mari. Celui qui veut divorcer, dit à sa femme : *je te quitte pour cent douros*, et la femme se retire avec cette somme chez ses parents. Si elle se remarie, elle doit rendre l'argent à son premier époux ; mais si elle ne contracte pas de nouveaux liens, elle le conserve en toute propriété pour subvenir à ses besoins. Ce qui rend cette mesure nécessaire, c'est que les filles n'ont aucun droit à l'héritage de la famille. La raison en est que la femme étant forcée de suivre son mari, pourrait augmenter les ressources d'une tribu étrangère. Le Kabyle est d'autant plus riche qu'il a plus de filles, puisqu'il reçoit une dot pour chacune, et qu'il ne leur donne jamais rien.

La femme du peuple, chez les Arabes, est ordinairement sale. La femme kabyle est plus propre; elle doit faire deux toilettes par jour : le matin, elle se lave; le soir, elle se pare de tous ses ornements; elle met du henné, etc. Cette coutume vient de ce qu'elle paraît à la table des hôtes. Il est possible que cette recherche ait contribué à établir la réputation qu'ont les femmes kabyles de surpasser les femmes arabes en beauté. Toujours est-il que ce renom existe ; il se rapporte principalement à la distinction des formes.

Enfin, non-seulement les femmes kabyles sont plus libres, plus considérées, plus influentes que les femmes arabes ; mais elles peuvent même aspirer aux honneurs et au pouvoir dévolus à la sainteté. La Koubba de Lella Gouraya, qui domine Bougie, éternise la mémoire d'une fille célèbre par sa science et sa piété. La légende raconte qu'elle revenait, après sa mort, instruire les disciples fidèles, qui s'assemblaient encore sur son tombeau

Il y a dans la Kabylie d'autres koubbas consacrées à des femmes; et, sans sortir des exemples vivants, on peut citer, comme jouissant d'une haute réputation de ce genre, la fille du fameux marabout Sidi Mohamed-ben-Abder-Rhaman[1] el Kafnaouï, qui reçoit elle-même les offrandes religieuses au tombeau de son père, et que tous les Kabyles connaissent sous le nom de *bent-el-cheikh*[2] : la fille du cheikh.

1. *Sid*, ou *si* par abréviation : sieur, seigneur. *Sidi :* monseigneur.
Abd : serviteur; *rhaman* : miséricordieux. Abd-er-Rhaman : serviteur du miséricordieux.
2. *Cheikh* : vieux, vénérable; et, par suite, chef.

III.

Institutions kabyles.

Politiquement parlant, la Kabylie est une espèce de *Suisse sauvage.* Elle se compose de tribus indépendantes les unes des autres, du moins en droit, se gouvernant elles-mêmes comme des cantons, comme des états distincts, et dont la fédération n'a pas même de caractère permanent, ni de gouvernement central. Autant de tribus, autant d'unités; mais ces unités se groupent diversement selon les intérêts politiques du jour. Il en résulte des ligues offensives et défensives qui portent le nom de *soff* (rang, ligne). Les tribus ainsi alliées disent: nous ne faisons qu'un *rang*, qu'une seule et même *ligne*. Des intérêts communs, des alliances anciennes ou nouvelles, des relations de voisinage, de transit, de commerce, telles sont les causes qui déterminent la formation d'un *soff*.

Le soff oblige les tribus contractantes à partager la bonne et la mauvaise fortune. Il se proclame dans une assemblée générale de leurs chefs. On y règle aussi le plan des opérations militaires, le nombre, l'ordre des combattants, leur point de réunion ; enfin on élit un chef. Quand c'est une tribu qui a particulièrement réclamé le soff pour se garantir ou se venger d'un ennemi, c'est elle qui fournit en général le chef de l'expédition. Toutefois les auxiliaires qui viennent combattre sur le territoire et pour la cause d'un allié n'en apportent pas moins leurs vivres et leurs munitions. La tribu secourue ne les fournit que dans le cas où, la guerre se prolongeant au delà des prévisions, elle prierait ses défenseurs de demeurer chez elle, après qu'ils auraient consommé leur approvisionnement.

Certaines tribus passent fréquemment d'un soff dans un autre, soit par inconstance d'humeur, soit par une mobilité politique inhérente à leur situation, quelquefois parce qu'elles se laissent gagner à prix d'argent. Dans ce dernier cas, elles perdent beaucoup dans l'estime publique ; on s'en sert en les méprisant. Il se forme des soffs par suite d'inimitiés communes à plusieurs tribus. Ceux-là se font la guerre entre eux. C'est l'image de la ligue des cantons catholiques contre les cantons protestants en Suisse.

Il y a des soffs accidentels, momentanés ; d'autres ont des motifs si stables qu'ils durent depuis des siècles. En cas de péril universel, il se constitue spontanément de grands soffs pour assurer la défense commune. Que les marabouts prêchent le *djehad* (guerre sainte), que l'on redoute l'invasion des chrétiens, et toute la Kabylie ne forme plus qu'un soff. Il en naîtra plusieurs, mais animés du même esprit, si l'on apprend que l'ennemi doit déboucher par un certain nombre de points à la fois. Les tribus menacées dans chaque direction se concentrent alors en autant de soffs particuliers qui cherchent, autant que possible, à lier leurs opérations ensemble. Mais l'égoïsme et les rivalités s'y opposent presque toujours. Dans les réunions trop nombreuses, certaines familles rivales aspirent au commandement ; l'amour-propre et l'intrigue se mettent de la partie. Tantôt on se sépare sans avoir rien pu décider, tantôt des dissidents abandonnent la cause commune.

Il existe en effet chez les Kabyles (étrange disparate au milieu des mœurs les plus républicaines), il existe quelques grandes familles d'origine religieuse ou militaire, dont l'influence incontestée domine plusieurs tribus tout à la fois. Ce sont elles qui fournissent des chefs à tous les soffs un peu considérables ; devant leurs membres, tout autre candidat se retire. C'est aussi dans leur sein que tous les gouvernements prétendant à la domination sur les Kabyles se sont efforcés de prendre leurs intermédiaires ; ils ont alors conféré à ceux-ci des titres de khalifas, d'aghas [1], etc. Cette politique fut celle des pachas turcs et ensuite d'Abd-el-Kader ; elle est devenue la nôtre par la force des choses.

Il importe ici de constater, c'est le caractère essentiellement mobile des confédérations, l'absence de tout lien permanent, de toute administration centrale, et d'en conclure qu'il faut descendre au sein de la tribu proprement dite, pour commencer à trouver l'apparence d'un gouvernement régulier.

On appelle *arch* ou *kuebila* une tribu entière. Les fractions, *ferka*, de la tribu se nomment encore *krarouba*, *fekhed*, *areg*, caroube, cuisse, veine.

Ces fractions se décomposent quelquefois à leur tour en *déchera*, villages.

Au dire du Kabyle, la tribu, *arch*, est le corps de l'homme ; *fekhed*, *areg*, en sont les membres ou les veines ; et *déchera*, les doigts qui terminent les pieds ou les mains.

La tribu et ses fractions trouvent également leur image dans le fruit du caroubier, car il se compose d'une cosse où sont contenues plusieurs graines, *krarouba*.

---

1. **Khalifa :** lieutenant. Employé seul, ce mot signifie lieutenant du chef suprême, ou même du Prophète. Dans ce dernier sens, nous l'avons traduit par : *Calife*.

Agha, chef immédiatement inférieur, presque toujours militaire.

Chaque déchera se nomme un chef, que l'on appelle *amine*[1]. Cette élection repose sur le suffrage universel : tout Kabyle y prend part, et la volonté générale ne s'y voit renfermée dans aucune limite ; cependant on sait, là comme ailleurs, l'influencer en faveur des droits de la naissance, l'intimider par l'entourage, la séduire par les richesses, la captiver par l'éloquence.

Ces grandes assemblées sont des djemmâs[2] ; mais, dans un sens plus spécial, la djemmâ d'une tribu est l'assemblée de tous les amines élus, comme il vient d'être dit, par ses diverses fractions, et délibérant en commun sur les intérêts nationaux, rendant les jugements, prenant des mesures générales, etc.

Cette même djemmâ procède à l'élection d'un président parmi les membres qui la composent ; celui-ci porte le nom d'*amin el oumena*, amine des amines. Il devient ainsi le chef régulier de toute la tribu, et le commandement des guerriers qu'elle met sur pied lui appartient dans un jour de combat. Ses prérogatives restent d'ailleurs fort limitées, à moins qu'une illustre naissance ne lui en confère d'autres fondées sur l'appui moral de l'opinion publique. Dans tous les cas, et ne fût-ce

---

1. Ce titre répond à celui de caïd chez les Arabes.
2. *Djemmâ* veut dire aussi mosquée.

que pour la forme, il prend l'avis de la djemmâ sur les moindres affaires. En elle, à proprement parler, réside le gouvernement.

La durée du pouvoir dévolu aux chefs n'est pas la même dans toutes les circonscriptions territoriales. Chez certaines tribus ils sont renouvelés tous les six mois, chez d'autres tous les ans; mais, dans toutes, une mauvaise conduite peut appeler leur destitution immédiate, de même que les services signalés autorisent souvent une prolongation. Dans tous les cas, c'est le peuple qui prononce.

Les amines sont chargés du maintien de l'ordre public, ainsi que de l'observance des lois et des coutumes. Ici, nous allons constater une série de faits toute particulière aux Kabyles.

Seuls parmi les nations musulmanes ils possèdent un code à eux, dont les prescriptions ne dérivent ni du Koran, ni des commentaires sacrés, mais d'usages antérieurs qui se sont maintenus à travers les siècles, à travers même les changements de religion. C'est ce droit coutumier que les amines consultent en toute occasion. Les vieillards, les savants l'ont reçu traditionnellement; ils en conservent le dépôt pour le transmettre intact à leurs enfants. Voici les dispositions pénales pour les délits les plus fréquents :

1° Tirer son yatagan sans frapper...... 8 boudjous.
2° ..... id .... et frapper...... 16   »

3° Armer son fusil sans tirer..........	10	»
4° ..... id....... et tirer..	30	»
5° Lever son bâton sans frapper.......	1	»
6° ..... id........ et frapper.......	3	»
7° Brandir une faucille sans frapper....	2	»
8° ..... id........:... et frapper....	4	»
9° Faire le geste de frapper avec une pierre........................	1	»
10° ..... id.............. et frapper.	6	»
11° Frapper à coups de poings.........	0	1/4
12° Injures sans motifs................	4	»
13° Être convaincu de vol.............	100	»
14° Entrer dans une maison dont le maître est absent.................	100	»
15° Ne pas monter sa garde...........	1	»
16° Paraître au lavoir des femmes......	2	»

Chez les Arabes, les hommes et les femmes se trouvent mêlés à la fontaine. Chez les Kabyles, on désigne une fontaine pour les hommes, une fontaine pour les femmes. Toutefois, l'étranger qui se présenterait à cette dernière ne serait passible d'aucune amende pour cette infraction à la loi, parce qu'il est censé pouvoir l'ignorer.

Toutes ces amendes, ce sont les amines qui les imposent et les perçoivent jusqu'à un certain taux, au-dessus duquel ils doivent en déposer le montant chez l'amine des amines. Ce dernier l'emploie à acheter de la poudre. Le jour du combat, cette poudre sera distribuée aux plus nécessiteux de la tribu. Le reste est employé à secourir les pauvres. Rien n'en demeure jamais abandonné au gaspillage des chefs, comme dans l'administration arabe.

En toute circonstance, et quelque autorité qu'il ait, un amine est contraint de se renfermer dans l'application rigoureuse du texte légal. Nul arrêt arbitraire ne peut être rendu ; l'égalité devant la loi forme aussi le premier article de la charte kabyle. Cette charte n'est pas écrite, mais elle est observée depuis deux mille ans.

On a pu remarquer qu'il existe une pénalité pour le vol; il n'en existe pas pour le recel. Des recéleurs autorisés, qu'on nomme *oukaf*, vendent publiquement les effets dérobés. Il semble que le but de cette législation blessante soit de faciliter au propriétaire lésé le rachat de son bien à bas prix. On conçoit qu'autrement, vu les petites dimensions de chaque État, tous les produits du vol seraient exportés de suite, et leur recouvrement deviendrait impossible.

Nous n'avons point parlé du meurtre : la loi kabyle, à ce sujet, mérite bien l'attention d'un peuple civilisé. On sait que le Koran prescrit d'une manière absolue la peine du talion : « Dent pour dent, œil pour œil. » Cependant la djemmâ kabyle ne prononce jamais une sentence de mort : l'exécuteur des hautes œuvres n'est pas connu dans cette société barbare. Le meurtrier cesse d'appartenir à sa tribu; sa maison est détruite, ses biens sont confisqués, un exil éternel le frappe : voilà la vindicte publique. Mais le champ reste encore libre à la vengeance particulière : c'est aux parents de la victime à appliquer le talion dans toute sa rigueur. La loi ferme les yeux sur ces sanglantes représailles; l'opinion les exige, et le préjugé les absout.

Il ne nous reste plus qu'une remarque à faire sur le code précédent : la bastonnade n'y figure point. Contrairement aux idées reçues chez les Arabes, cette punition est infamante aux yeux des Kabyles; aucun amine n'oserait l'ordonner dans l'étendue de son commandement. On juge par là combien il pourrait être dangereux d'employer des agents peu familiarisés avec les mœurs des différentes races algériennes.

On a dû remarquer que le rôle des amines se borne à la police intérieure des tribus; leurs priviléges sont assez restreints; leur influence ne suffirait pas pour maintenir l'ordre et la paix publique dans le pays. Aussi n'ont-ils point à sortir de leurs petites attributions. Pour les grandes affaires, il existe un vaste pouvoir, fort au-dessus de leur autorité précise : c'est le pouvoir des marabouts.

Marabout[1] vient du mot *mrabeth*, lié. Les marabouts sont des gens liés à Dieu.

1. Les Français ont donné par extension le nom de marabouts

Lorsque des inimitiés s'élèvent entre deux tribus, les marabouts seuls ont le droit d'intervenir, soit pour rétablir la paix, soit pour obtenir une trêve plus ou moins longue. A l'époque de l'élection des chefs, ce sont les marabouts qui ont l'initiative pour proposer au peuple ceux qui lui paraissent les plus dignes. Il disent ensuite le fatah[1] sur les élus.

Lorsqu'une tribu considérable a remporté un avantage sur une autre plus faible, et que cette dernière est résolue à périr plutôt que de se rendre, les marabouts obligent la tribu victorieuse à se déclarer vaincue. Admirable entente du cœur humain qui a su donner à chacun sa part de vanité. Les faits de ce genre ne sont pas rares; et tel est le caractère de ce peuple, qu'il n'est pas d'autre moyen d'empêcher le faible orgueilleux de se faire anéantir.

Lorsque des circonstances graves nécessitent une réunion de tribus, les chefs en ordonnent la publication dans les marchés; à l'exception des malades, des vieillards, des femmes et des enfants, personne ne manque au rendez-vous, si grande que soit la distance à parcourir. Au jour fixé, les

---

aux petits monuments qui renferment des tombeaux de marabouts, et qui s'appellent en réalité *koubbas* : dômes.

1. *Fatah :* prière spéciale pour appeler le succès sur une entreprise quelconque.

tribus étant groupées séparément, les marabouts s'avancent au centre et font expliquer par le crieur public le but de la réunion, en demandant le conseil à suivre. Chacun a la parole, chacun est écouté, quelle que soit sa classe. Les opinions diverses étant recueillies, les marabouts se réunissent en comité, et le crieur public fait connaître au peuple leur décision. S'il ne s'élève aucune voix pour faire de nouvelles réclamations, on invite l'assemblée à battre des mains en signe de consentement. Cela fait, tous les Kabyles déchargent leurs armes, ce que l'on nomme *el meïz* : la décision.

Les choses que l'on raconte de l'influence des marabouts dans le pays kabyle sont tellement surprenantes, qu'on hésite à les croire. Les montagnards, dit-on, ne craindraient pas d'égorger leurs propres enfants, s'ils en recevaient l'ordre d'un marabout. Le nom de Dieu, invoqué par un malheureux que l'on veut dépouiller, ne le protége pas; celui d'un marabout vénéré le sauve.

Les marabouts commandent aux marchés, et l'autorité des amines s'efface devant la leur.

Les marchés sont libres, exempts d'impôts, de taxes ou de droits, et de plus, ils sont inviolables. Chez les Arabes, un homme qui a commis un délit ou un crime peut être arrêté en plein marché ; sur le leur, les marabouts ne tolèrent ni arrestation, ni vengeance, ni représailles, pour quelque motif que ce soit.

Cette influence des marabouts est d'autant plus remarquable, que le peuple kabyle est bien loin des idées religieuses du peuple arabe. Il ignore les prières, il observe mal le jeûne et les ablutions ; il borne à peu près toute sa religion à ceci : « Il n'y a qu'un seul Dieu, et Mahomet est son prophète. » On dit qu'il y a des tribus kabyles où les gens pauvres ne craignent point de manger du sanglier. Ils boivent presque tous de l'eau-de-vie de figue fabriquée par les juifs qui sont en grand nombre dans le pays. Les préceptes de la religion ne sont suivis que par les chefs, les marabouts et les tolbas.

La cause de cette obéissance passive du peuple est donc tout entière dans son esprit industriel, qui lui fait comprendre à quel point l'ordre et la paix importent au commerce.

Les marabouts, du reste, ont profité de ce respect général pour instituer une des belles coutumes du monde, l'*anaya*, que nous ferons connaître un peu plus loin.

La vénération publique pour les marabouts ne se traduit pas seulement en honneurs, en déférence, en priviléges. Ils vivent sur le peuple et par le peuple ; on pourrait dire que tous les biens de la nation leur appartiennent. Leurs zaouïas ou habitations communes, dont nous parlerons ailleurs, sont réparées, pourvues, sans qu'ils aient à s'en occuper, sans qu'ils aient besoin même d'exprimer un désir. On prévient tous leurs vœux, on s'occupe de tous les détails de leur vie privée ; on leur apporte l'eau, le bois, la nourriture, etc. Vont-ils quêter dans les villages, chacun s'empresse au-devant d'eux, s'enquiert de leurs besoins, leur offre des montures, les comble de présents.

Les Kabyles paient des impôts. Ce sont la *zekkat* et l'*achour*, prescrits par le Koran, et fixés au centième pour les troupeaux, au dixième pour les grains. Mais, contrairement aux Arabes qui donnent ces contributions à leur sultan, les Kabyles, organisés en républiques, les apportent à leurs mosquées. On les emploie à défrayer les écoles, à secourir les pauvres, à nourrir les voyageurs, à entretenir le culte, à donner l'hospitalité, à acheter de la poudre et des armes pour les malheureux de la tribu qui sont appelés, comme les autres, à marcher le jour du combat.

Car, chez le peuple kabyle, dès qu'il s'agit de venger une injure ou de repousser une agression, tous doivent se lever, armés ou non. Ceux qui n'ont point de fusil prennent des bâtons, lancent des pierres, et se tiennent à portée des combattants ; leur devoir est d'emporter les morts ou les blessés. Les femmes même, quelquefois, assistent à ces drames sanglants, afin d'encourager leurs frères, leurs maris ; elles leur apportent des munitions, et si l'un des guerriers vient à fuir, elles lui font avec du charbon une large marque sur son burnous ou sur sa chemise de laine, pour le désigner au mépris de tous.

On régularise le concours général à la défense publique par une formalité qui se rapproche beaucoup de notre recrutement. Lorsqu'un garçon a accompli son premier rhamadan, c'est-à-dire 14 ou 15 ans, suivant sa constitution, il se présente à la djemmâ. Alors il est déclaré bon pour porter un fusil. On l'inscrit au nombre des défenseurs de la tribu, dont il aura désormais à courir les bonnes ou les mauvaises chances. On lit sur lui le fatah, et, si son père est pauvre, on lui achète un fusil sur les fonds publics.

Par conséquent, tout homme doit être considéré comme un soldat qui sert depuis quinze ans jusqu'à soixante au moins. C'est donc une méprise étrange, et trop commune pour être tue, que celle d'évaluer la population kabyle d'après la quantité de fusils, ou réciproquement, sur le pied d'un guerrier par six personnes, comme on fait en Europe. Les combattants, dans ce pays, doivent former le tiers de la population complète, en calculant sur cette base, on se trompera peu.

Les Kabyles sont en outre assujettis à la corvée, *touiza*, mais non point comme les Arabes qui la doivent pour faire valoir les biens du beylik. Le Kabyle ne connaît la touiza que pour sa mosquée, ses marabouts, la fontaine commune, les chemins qui peuvent être utiles à tous. Il fait encore la corvée pour creuser la tombe de l'un de ses compatriotes.

Voilà toutes les dettes du Kabyle envers l'État. On voit comment il contribue de sa personne et de sa bourse au maintien de la chose publique; mais ce qu'on cherche vainement, c'est une administration capable de régulariser tous ces efforts et d'en tirer le meilleur parti possible; ce qu'on ne trouve pas non plus, c'est la force publique en mesure de les exiger au besoin. Il semble que l'opinion soit le seul tribunal auquel puissent être renvoyés tous les délits contre l'État.

Telle est la fierté kabyle, tel est son penchant instinctif pour l'égalité absolue et peut-être aussi son ombrageuse défiance, qu'il a pris à tâche, pour ainsi dire, de supprimer tous les dépositaires du pouvoir social. Les marabouts qui en possèdent la principale part, l'exercent avec ménagement et par voie de persuasion. Quant aux amines, le moindre abus d'autorité se heurte promptement à un refus d'obéissance exprimé dans les termes les plus énergiques : *enta cheikh, ana cheikh;* littéralement : toi chef, moi chef.

Si l'on se faisait une idée de la vie réelle des Kabyles d'après les conséquences vraisemblables d'un gouvernement comme celui qui vient d'être esquissé, quel effrayant tableau n'aurait-on pas sous les yeux? point d'unité dans le pouvoir, point de cohésion dans les masses; partout l'intrigue et les rivalités politiques, partout la prérogative privée bravant l'intérêt général; nulle hiérarchie sociale, nulle autorité préventive, prévoyante, douée d'initiative; l'opinion sans consistance, l'impunité du fort, l'oppression du faible, tous les désordres à leur comble : voilà ce que l'on attendrait. Mais heureusement cette société primitive se sauve par un phénomène inverse de celui qui caractérise les vieilles nations. Tandis que nos formes gouvernementales les plus savantes, les plus sages, sont faussées scandaleusement par l'atteinte de nos mauvaises mœurs, ici tout au contraire, des institutions religieuses, des coutumes inviolables, corrigent admirablement l'insuffisance du rouage politique. Ainsi, ce peuple républicain jusqu'à l'individualisme a cependant une providence terrestre et un sultan. Sa providence, c'est l'institution des *zaouïas;* et son sultan, c'est une coutume sacrée qui porte le nom d'*anaya*. Nous nous efforcerons de les mettre au grand jour.

Toute zaouïa se compose d'une mosquée, d'un dôme (*koubba*) qui couvre le tombeau du marabout dont elle porte le nom, d'un local où on ne lit que le Koran, d'un second réservé à l'étude des sciences, d'un troisième servant d'école primaire pour les enfants, d'une habitation destinée aux élèves et aux tolbas qui viennent faire ou perfectionner leurs études ; enfin, d'une autre habitation où l'on reçoit les mendiants et les voyageurs ; quelquefois encore d'un cimetière destiné aux personnes pieuses qui auraient sollicité la faveur de reposer près du marabout. La zaouïa est tout ensemble une université religieuse et une auberge gratuite : sous ces deux points de vue, elle offre, avec le monastère du moyen âge, une multitude d'analogies dont il est impossible qu'on ne soit pas frappé à la lecture des détails suivants.

Tout homme riche ou pauvre, connu ou inconnu dans le pays, qui se présente à la porte d'une zaouïa quelconque, y est reçu et hébergé pendant trois jours. Nul ne peut être éconduit : l'exemple d'un refus de ce genre n'existe même pas. Ni le matin, ni le soir, les gens de la zaouïa ne prendront leur repas sans s'être assurés que les hôtes ont eu leurs besoins satisfaits. Le principe d'hospitalité s'étend même si loin dans ce lieu, qu'un cheval, un mulet égarés, y arrivant sans conducteur et par hasard, seront toujours reçus, installés et nourris jusqu'à ce qu'on vienne les réclamer.

Cet accueil absolu dans la maison de Dieu fait

que les tourments de la faim et le vagabondage proprement dit restent ignorés des Kabyles. La vie du pauvre devient un long pèlerinage de zaouïas en zaouïas.

Considérées sous le rapport universitaire, les zaouïas renferment, toutes, trois degrés d'instruction.

L'école primaire est ouverte à tous les enfants kabyles ou arabes. Quelques parents en envoient de très-loin, plutôt que d'avoir recours aux petites écoles des tribus. On paye six douros de première mise pour chaque enfant, moyennant quoi il est nourri, logé et habillé aux frais de l'établissement, jusqu'à l'époque de son départ : ceci est la règle commune ; mais nous verrons plus tard que les gens riches ajoutent à ce versement des cadeaux très-considérables. L'enfant apprend d'abord la formule religieuse de l'Islam : « Il n'y a de Dieu que Dieu, et Mahomet est son prophète ; » puis une demi-douzaine de prières et quelques versets du Koran. La plupart des Kabyles n'en savent pas plus long ; ils rentrent au sein de la famille, pour prendre part à ses travaux dès que leur développement physique le permet.

Ceux qui prolongent leur éducation apprennent à lire et à écrire, à réciter le texte du Koran, etc. Après six ou sept ans, cette instruction secondaire leur permet de rentrer dans les tribus comme tolbas, et d'y ouvrir de petites écoles pour les enfants du peuple.

Quand l'élève quitte la zaouïa, ses maîtres se rassemblent; un d'eux lit le fatah sur lui. Le jeune homme, à son tour, les remercie, et il le fait ordinairement par cette formule à peu près consacrée: « O mon maître, vous m'avez instruit, mais vous vous êtes donné pour moi beaucoup de mal. Si je vous ai causé quelque peine, je vous en demande le pardon au jour de la séparation. »

Il convient d'ajouter en passant que le voisinage des zaouïas se ressent quelquefois de la turbulence propre aux nombreuses réunions de jeunes gens. Ce sont des querelles, des vols; c'est la fréquentation des femmes kabyles que la loi a émancipées, etc. Les chefs des zaouïas passent leur vie à arranger les contestations que soulève chaque jour quelque nouvelle folie de leurs disciples.

Enfin, les études transcendantes réunissent, surtout dans quelques zaouïas plus renommées, des tolbas de toutes les régions. Il en vient, non-seulement des divers points de l'Algérie, mais de Tunis, de Tripoli, du Maroc et de l'Égypte même. Ces savants payent, à leur entrée, quatre boudjous[1] et demi pour toute la durée du séjour qui reste entièrement à leur discrétion.

---

1. *Boudjou* : pièce d'argent de la valeur d'environ un franc soixante et quinze centimes.

On apprend dans les zaouïas :

1° La lecture et l'écriture.

2° Le texte du Coran, jusqu'à le réciter intégralement sans une faute, et avec la psalmodie ou l'intonation convenable qui sert à maintenir la pureté du langage.

3° La grammaire arabe (*djayroumia*). On n'enseigne le berbère nulle part : ses éléments n'existent plus.

4° Les diverses branches de la théologie (*touhhid il tassaououf*).

5° Le droit, c'est-à-dire le commentaire du Koran au point de vue légal, par sidi Khelil, qui fait foi dans tout le rite Maleki, et, en conséquence, chez les Arabes.

6° Les conversations du Prophète (*hadite sidna Mohammed*).

7° Les commentaires sur le Koran (*tefessir el Koran*), c'est-à-dire l'interprétation du texte saint. On compte sept à huit commentaires ayant autorité : El Khazin est le plus estimé.

8° L'arithmétique (*haçal eb ghrobari*); la géométrie (*haçab el-member*); l'astronomie (*aem-el-faleuk*).

9° Enfin, la versification (*Alem-el-Aaroud*). Presque tous les tolbas sont poëtes.

Les différentes zaouïas nourrissent entre elles des dissidences et des rivalités universitaires ; l'opinion les classe, l'esprit de corps s'en mêle, un taleb n'émigrerait point de la sienne dans un autre : il n'y serait pas même accueilli.

Les zaouïas les plus fameuses sont :
Sidi Ben-Ali-Chérif (chez les Ioullen).
Sidi-Moussa Tinebedar (chez les Beni Ourghlis).
Sidi Abd-er-Rhaman (près de Bordj el Boghni).
Sidi-Ahmed-Ben-Driss (chez les Ayt-Iboura).

Celles-là comptent un personnel considérable. Sidi Ben-Ali-Chérif, par exemple, renferme en permanence deux ou trois cents tolbas et élèves, avec un nombre variable de passagers, dont la moyenne journalière peut être évaluée à plus d'un cent, et le maximum au quadruple.

Les zaouïas sont donc, à proprement parler, des institutions de bienfaisance; elles fournissent l'hospitalité gratuitement, l'éducation presque pour rien; elles le font sur une vaste échelle et nécessairement à grands frais. En quoi consistent leurs ressources?

Les zaouïas sont un objet de vénération particulière pour le peuple. C'est là que les Kabyles provoquent le serment, lorsqu'ils ont quelques réclamations, ou quelque discussion à propos de dettes, vols, etc. Les Kabyles, sur lesquels viennent fondre plusieurs malheurs, s'y rendent de très-loin en pèlerinage, pour demander à Dieu, par l'intermédiaire des saints marabouts, la fin des maux qui les affligent. La mère qui ne peut élever ses enfants, qui les voit mourir en bas âge, vient prier Dieu de les lui conserver. La femme stérile s'y fait conduire par son père ou son mari, espérant la grâce d'une postérité.

La mosquée de Koukou est la plus renommée pour les miracles de ce dernier genre. On les attribue au bâton de Sidi Ali-Taleub, que la femme stérile doit agiter en tout sens, dans un trou pratiqué au milieu même de la mosquée. On en frotte également le dos des malades pour les guérir. D'après la tradition, Sidi-Ali-Taleub n'avait qu'à mettre en joue son ennemi, avec ce bâton merveilleux, pour le faire tomber roide mort. Les malades emploient aussi, comme remède, la pierre du tombeau sacré qu'ils broient et qu'ils avalent.

Les croyances superstitieuses varient pour chaque zaouïa. Dans les époques de sécheresse, autour de toutes indistinctement, on fait de grandes processions pour demander la pluie. (Frappant rapport avec nos Rogations!) Enfin, quoique chaque tribu ait sa mosquée, les gens religieux ne manquent jamais d'aller faire leur prière du vendredi dans la zaouïa la plus proche.

Celle-ci reçoit, dès lors, une portion de l'achour et de la zekkat dévolus aux mosquées. En outre, elle a certaines tribus du voisinage qui se sont déclarées ses *serviteurs*, et tiennent à honneur de lui faire des présents (*ziarah*); elles lui apportent continuellement de l'huile, du miel, des raisins secs, des figues, des poules, etc.; elles envoient des moutons, des chèvres, quelquefois même de l'argent. Les pèlerins et surtout ceux qui implorent une faveur céleste, font de riches présents. Une famille dont les enfants s'instruisent à la zaouïa, lui donne également en raison de ses moyens. Voilà pour le casuel.

Les zaouïas ont de plus des propriétés foncières, soit que les fondateurs les aient constituées sur un bien à eux appartenant, soit quelles en aient acquis par des extinctions de *habous*[1]. Elles confient la culture de ces terres à leurs propres serviteurs, ou, selon l'usage arabe, à des métayers qui prélèvent le cinquième de tous les produits.

Au besoin, elles font appel à la piété des croyants, et ceux-ci leurs fournissent alors une corvée générale (*touiza*). Mais les revenus fixes n'entrent pas en comparaison avec le produit des offrandes volontaires. Telle zaouïa ne possède pas un pouce de terrain, qui l'emporte en richesse sur les mieux lotis.

Chaque zaouïa est placée sous l'autorité d'un

---

1. Le *habous* est une donation d'immeuble faite à une institution religieuse, avec maintien de la jouissance usufruitière pour les héritiers du testateur. Quand la famille s'éteint, le bien retourne aux légataires.

chef suprême, et cette autorité passe héréditairement de mâle en mâle dans la famille du fondateur. Quand celle-ci vient à s'éteindre, tous les tolbas de la zaouïa se réunissent; l'un d'eux est élu chef pour un an seulement. Si ce personnage justifie le choix dont il a été l'objet, s'il maintient à l'établissement sa réputation de sainteté, il conserve le pouvoir et devient la souche d'une nouvelle famille de chefs. Dans le cas contraire, on renouvelle l'élection chaque année, jusqu'à ce qu'elle soit tombée sur un homme vraiment digne de l'emploi.

C'est le chef permanent de la zaouïa qui l'administre dans les moindres détails, par l'intermédiaire de ses tolbas et de ses serviteurs; mais quand le chef est seulement annuel, les tribus qui desservent la zaouïa choisissent elles-mêmes l'administrateur de ses biens.

On sait qu'il existe chez les musulmans des ordres religieux, et qu'ils sont répandus en Algérie. Parmi les zaouïas kabyles, un petit nombre seulement compte des frères (*kouan*); nous en dirons néanmoins quelques mots.

L'ordre le plus répandu de beaucoup est celui de Sidi Mohammed Ben Abd-er-Rhaman, *bou kobereïn*[1]. Ce surnom est fondé sur une légende

---

1. *Bou* veut dire père, maître, possesseur. *Bou kobereïn*, qui a deux tombes.

merveilleuse, quoique assez récente. Sidi Mohammed venait de mourir et de recevoir la sépulture dans le Jurjura, lorsque des habitants d'Alger, où ses vertus étaient en grand renom, allèrent prier la nuit sur sa tombe. On négligea de les surveiller, et ceux-ci, par une fraude pieuse, s'approprièrent le corps du marabout qu'ils vinrent déposer près de la route du Hammâ, un peu avant d'arriver au *Café des Platanes*, au lieu où s'élève aujourd'hui la koubba de ce marabout. Mais bientôt la rumeur publique apprit cet événement aux Kabyles; ils en conçurent une indignation terrible, et de longues vengeances se seraient sans doute exercées, quand on leur donna le conseil d'ouvrir la tombe qu'ils possédaient chez eux. Ils l'ouvrirent, et, chose miraculeuse! les restes du marabout s'y trouvèrent aussi.

Les *derkaouas* ou révoltés sont les puritains de l'islamisme, en révolte, en lutte perpétuelle contre l'autorité des sultans, contre la hiérarchie sociale. Dans la Kabylie on les trouve surtout près de Zamora, chez les Beni-Yala. Leur chef est un homme important, Hadj-Moussa bou hamar (maître de l'âne), que nous verrons plus loin entrer en lutte contre l'Émir.

On appelle *dérouïches* (*détachés*), les hommes détachés du monde; sous ce rapport, les derkaouas sont des espèces de dérouïches; mais il existe en Kabylie une secte beaucoup plus digne de ce nom, et remarquable par son affinité avec nos solitaires ascétiques de la Thébaïde. Dans le pays des Beni-Raten, un marabout célèbre, Cheikh-el-Madhy, prétend conduire ses disciples à l'état de sainteté de la manière suivante : chacun d'eux est rigoureusement renfermé dans une petite caverne ou cellule qui lui permet à peine quelques mouvements, à peine la position droite. Sa nourriture est diminuée progressivement pendant quarante jours, jusqu'à ne point dépasser le volume d'une figue ; il en est même dont la subsistance pour vingt-quatre heures, ne consiste que dans une cosse de caroubier. A mesure qu'ils subissent cet entraînement hors de la vie matérielle, les disciples acquièrent la seconde vue ; il leur vient des songes d'en haut ; enfin, la relation mystique finit par s'établir entre le marabout et eux lorsque leurs rêves coïncident, lorsqu'ils rencontrent les mêmes visions. Alors Cheikh-el-Madhy donne un burnous, un haïk, un objet quelconque, en signe d'investiture, à l'adepte accompli, et l'envoie par le monde faire des prosélytes. Il existe, en effet, des succursales de l'établissement modèle chez les Beni-Ourghliss, chez les Beni-Abbas, chez les Beni-Yala : on en compterait peut-être une cinquantaine. Leurs pratiques reposent toujours sur l'ascétisme le plus rigoureux : la proscription de tout plaisir, des femmes, du tabac, s'y maintient scrupuleusement. L'état de prière ou de contemplation est l'état perpétuel.

Les initiés font remonter cette institution à Sidi Ali-ben-Ali-Thaleb, le fameux gendre du Prophète. Ce qu'il y a de sûr, c'est qu'elle fut apportée de l'Égypte par Sidi ben-Abd-er-Rhaman, disciple de Sidi-Salem-el-Hafnaoui, et que le christianisme a laissé dans l'Égypte la puissante tradition des extases mystiques, des abstinences prodigieuses et de la solitude cellulaire.

L'anaya est le sultan des Kabyles; aucun sultan au monde ne lui peut être comparé; il fait le bien et ne prélève point d'impôt. Un Kabyle abandonnera sa femme, ses enfants, sa maison, mais il n'abandonnera jamais son anaya.

Tels sont les termes passionnés dans lesquels le Kabyle exprime son attachement pour une coutume véritablement sublime, qu'on ne trouve chez nul autre peuple.

L'anaya tient du passe-port et du sauf-conduit tout ensemble, avec la différence que ceux-ci dérivent essentiellement d'une autorité légale, d'un pouvoir constitué, tandis que tout Kabyle peut donner l'anaya; avec la différence encore, qu'autant l'appui moral d'un préjugé l'emporte sur la surveillance de toute espèce de police, autant la sécurité de celui qui possède l'anaya dépasse celle dont un citoyen peut jouir sous la tutelle ordinaire des lois.

Non-seulement l'étranger qui voyage en Kabylie sous la protection de l'anaya défie toute violence instantanée, mais encore il brave temporairement la vengeance de ses ennemis, ou la pénalité due à ses actes antérieurs. Les abus que pourraient entraîner une extension si généreuse du principe sont limités, dans la pratique, par l'extrême réserve des Kabyles à en faire l'application.

Loin de prodiguer l'anaya, ils le restreignent à leurs seuls amis; ils ne l'accordent qu'une fois au fugitif; ils le regardent comme illusoire s'il a été vendu; enfin ils en puniraient de mort la déclaration usurpée.

Pour éviter cette dernière fraude, et en même temps pour prévenir toute infraction involontaire, l'anaya se manifeste en général par un signe ostensible. Celui qui le confère délivre, comme preuve à l'appui, quelque objet bien connu pour lui appartenir, tel que son fusil, son bâton; souvent il enverra l'un de ses serviteurs; lui-même escortera son protégé, s'il a des motifs particuliers de craindre qu'on ne l'inquiète.

L'anaya jouit naturellement d'une considération plus ou moins grande, et surtout il étend ses effets plus ou moins loin, selon la qualité du personnage qui le donne. Venant d'un Kabyle subalterne, il sera respecté dans son village et dans les environs; de la part d'un homme en crédit chez les tribus voisines, il y sera renouvelé par un ami qui lui substituera le sien, et ainsi de proche en proche. Accordé par un marabout, il ne connaît point de limites. Tandis que le chef arabe ne peut guère étendre le bienfait de sa protection au delà du cercle de son gouvernement, le sauf-conduit du marabout kabyle se prolonge même en des lieux où son nom serait inconnu. Quiconque en est porteur peut traverser la Kabylie dans toute sa longueur, quels que soient le nombre de ses ennemis ou la nature des griefs existants contre sa personne. Il n'aura, sur sa route, qu'à se présenter tour à tour aux marabouts des diverses tribus; chacun s'empressera de faire honneur à l'anaya du précédent, et de donner le sien en échange. Ainsi, de marabout en marabout, l'étranger ne pourra manquer d'atteindre heureusement le but de son voyage.

Un Kabyle n'a rien plus à cœur que l'inviolabilité de son anaya : non-seulement il y attache son point d'honneur individuel, mais ses parents, ses amis, son village, sa tribu tout entière en répondent aussi moralement. Tel homme ne trouverait pas un second pour l'aider à tirer vengeance d'une injure personnelle, qui soulèvera tous ses compatriotes s'il est question de son anaya méconnu. De pareils cas doivent se présenter rarement, à cause de la force même du préjugé; néanmoins, la tradition conserve cet exemple mémorable :

L'ami d'un zouaoua[1] se présente à sa demeure pour lui demander l'anaya. En l'absence du maître, la femme, assez embarrassée, donne au fugitif une chienne très-connue dans le pays. Celui-ci part avec le gage de salut. Mais bientôt la chienne revient seule; elle était couverte de sang. Le zouaoua s'émeut, les gens du village se rassemblent, on remonte sur les traces de l'animal, et l'on découvre le cadavre du voyageur. On déclare la guerre à la tribu sur le territoire de laquelle le crime avait été commis; beaucoup de sang est versé, et le village compromis dans cette querelle caractéristique porte encore le nom de *dacheret el kelba*, village de la chienne.

L'anaya se rattache même à un ordre d'idées plus général. Un individu faible ou persécuté, ou sous le coup d'un danger pressant, invoque la protection du premier Kabyle venu. Il ne le connaît pas, il n'en est point connu, il l'a rencontré par hasard; n'importe, sa prière sera rarement repoussée. Le montagnard, glorieux d'exercer son patronage, accorde volontiers cette sorte d'anaya accidentel. Investie du même privilége, la femme,

---

1. *Zouaoua* : nom d'une tribu kabyle. On le donne aussi, par extension, à toutes celles de la crête du Jurjura, entre Dellys et Bougie.

naturellement compatissante, ne refuse presque jamais d'en faire usage. On cite l'exemple de celle qui voyait égorger par ses frères le meurtrier de son propre mari. Le malheureux, frappé de plusieurs coups et se débattant à terre, parvint à lui saisir le pied, en s'écriant : « Je réclame ton anaya! » La veuve jette sur lui son voile ; les vengeurs lâchent prise.

Il est connu dans tout Bougie qu'au mois de novembre 1833, un brick tunisien fit côte, en sortant de la rade, et que ses naufragés furent tous mis à mort, comme amis des Français, à l'exception de deux Bougiotes, plus compromis encore que les autres, mais qui eurent la présence d'esprit de se placer sous la sauve-garde des femmes.

Ces traits épars, et qu'il serait facile de multiplier, indiquent une assez large part faite aux sentiments de fraternité, de merci. Leur présence au milieu d'une société musulmane, si âpre d'ailleurs ne saurait être constatée sans éveiller quelque surprise. Chez un peuple très-morcelé, très-peu gouverné, fier, et toujours en armes, où doivent abonder par conséquent les dissensions intestines, il était nécessaire que les mœurs suppléassent à l'insuffisance des moyens de police, pour rendre à l'industrie et au commerce la sécurité du transit. L'anaya produit cet effet. Il assoupit en outre bien des vengeances, en favorisant l'évasion de ceux qui les ont suscitées. Enfin, il étend sur tous les Kabyles un immense réseau de bienfaits réciproques.

Nous voilà certes loin de cet inexorable fatalisme, de cet abus rigoureux de la force, de ce sacrifice complet des individualités qui partout ont suivi la marche du Koran sur le globe. D'où viennent donc ici des tendances plus humaines, des velléités charitables, des compassions subites? Ne sommes-nous pas en droit de les considérer avec attendrissement comme une lueur affaiblie de la grande clarté chrétienne, qui a jadis illuminé l'Afrique septentrionale?

Nous venons d'esquisser à grands traits un tableau général de la société kabyle. Ou nous nous trompons fort, ou ce tableau ne parlera point seulement aux yeux; il dévoilera clairement à l'esprit le grand amalgame de races et de croyances qui s'est élaboré, pendant les siècles, sur ce point peu connu de la côte d'Afrique. De cet ensemble, une seule impression résulte : elle est facile à résumer.

Les indigènes que nous avons trouvés en possession du sol algérien constituent réellement deux peuples. Partout ces deux peuples vivent en contact, et partout un abîme infranchissable les sépare; ils ne s'accordent que sur un point : le Kabyle déteste l'Arabe, l'Arabe déteste le Kabyle.

Une antipathie si vivace ne peut être attribuée qu'à un ressentiment traditionnel, perpétué d'âge en âge entre la race conquérante et les races vaincues. Corroborée par l'existence indélébile de deux langues distinctes, cette conjecture passe à l'état de certitude.

Physiquement, l'Arabe et le Kabyle offrent une dissemblance qui constate leur diversité de souche. En outre, le Kabyle n'est point homogène; il affecte, selon les lieux, des types différents, dont quelques-uns décèlent la lignée des barbares du Nord.

Dans les mœurs, mêmes divergences. Contrairement aux résultats universels de la foi islamite, en Kabylie nous découvrons la sainte loi du travail obéie, la femme à peu près réhabilitée, nombre d'usages où respirent l'égalité, la fraternité, la commisération chrétiennes.

Passons à l'examen des formes sociales et des lois; le phénomène s'y révèle encore mieux. Tandis que tous les musulmans s'en tiennent au Koran, comme au code complet, universel, qui embrasse la vie entière de l'homme, et règle jusqu'aux moindres détails de sa conduite publique ou privée, les Kabyles, par exception, observent des statuts particuliers qu'ils tiennent de leurs ancêtres, qu'ils font remonter à des temps antérieurs. Sur plusieurs points fort importants, tels que la répression du vol, du meurtre, etc., ces statuts ne s'accordent point avec les arrêts du Koran; ils semblent incliner davantage vers nos idées en matière pénale ; enfin, ces statuts portent un nom qui conserve admirablement le cachet de leur origine chrétienne, ils s'appellent *kanôuns*[1].

Ainsi, l'on constate d'abord une dualité nationale qui résiste, au bout des siècles, à la communauté religieuse et au contact le plus multiplié ; indice irrécusable de l'incompatibilité des races. Celles-ci, comme certains métaux, ne pouvaient former un alliage ; la force et le hasard ne réussirent qu'à les amalgamer.

Puis, si l'on abandonne ce parallèle pour approfondir spécialement les mystères de la société kabyle, plus on creuse dans ce vieux tronc, plus, sous l'écorce musulmane, on trouve de séve chrétienne. On reconnaît alors que le peuple kabyle, en partie autochthone, en partie Germain d'origine, autrefois chrétien tout entier, ne s'est pas complétement transfiguré dans sa religion nouvelle. Sous le coup du cimeterre, il a accepté[2] le Koran, mais il ne l'a point embrassé ; il s'est revêtu du dogme ainsi que d'un burnous, mais il a gardé, par dessous, sa forme sociale antérieure, et ce n'est pas uniquement dans les tatouages de sa figure qu'il étale devant nous, à son insu, le symbole de la Croix.

---

1. Du mot grec *kanôn*, règle. Les canons de l'Église.
2. *Il a accepté*. Kebel, Kabyle ; l'une des étymologies.

IV.

Les Zouaouas.

Nous voici parvenus au but que nous nous étions tracé. Peindre l'état de la société kabyle, suivre ses phases historiques depuis l'arrivée des Français en Algérie jusqu'aux jours où nous sommes. telle était notre tâche; et, si imparfaite qu'en soit l'exécution, nous devons la considérer comme finie. Pouvons-nous cependant nous borner là cet essai? L'étude attentive du passé n'entraîne-t-elle pas impérieusement après elle quelques réflexions sur l'avenir ?

Notre conquête de la grande Kabylie n'est ni absolument complète, ni encore tout à fait inébranlable.

Nos armes n'ont point encore pesé sur les Zouaouas, pas davantage sur une confédération voisine qui s'étend jusqu'au bord de la mer; toute cette région reste insoumise et ignorée. D'autres points nous sont seulement inconnus, mais leur situation retirée les désignant comme des foyers naturels de révolte, il est bon de s'accoutumer à l'idée d'opérer contre eux. Nous nous efforcerons de donner ici, sur les Zouaouas, tous les renseignements propres à en faciliter au besoin l'attaque.

D'une autre part, s'il est vrai de dire que l'ensemble de la Kabylie nous appartient dès à présent, ne doit-on pas ajouter aussi qu'elle sera prospère ou misérable, se complaira dans une soumission paisible ou nous fatiguera de ses révoltes incessantes, selon les principes de gouvernement dont nous lui ferons l'application ? Quelques avis d'hommes pratiques sur cette matière délicate ne manqueraient donc pas d'utilité.

Le pays des Zouaouas embrasse la portion la plus haute, la plus aride des montagnes. Les terres cultivables y sont très-rares : on les travaille à la pioche, et il s'en faut de beaucoup qu'elles fournissent le grain nécessaire à l'alimentation des habitants. Ceux-ci mêmes les consacrent de préférence au jardinage; ils en tirent des artichauts, des lentilles, des fèves, des pois, des haricots, des navets, du poivre rouge ; ils ont aussi des plantations de lin et de tabac ; ils entretiennent des ruches à miel. Les fruits ne manquent pas : on trouve des kharoubes, des olives, des figues, du raisin, des grenades, des coings, des abricots, des pêches, des poires et des pommes. Le gland doux abonde surtout : il est un des principaux éléments de la nourriture des

Zouaouas, qui le mangent grillé ou en font une espèce de kouscoussou par le mélange de sa farine avec celle de l'orge.

La chasse leur vient en aide, surtout à certaines époques. Ils se servent de petit plomb qu'ils fabriquent ou nous achètent, ou le remplacent par du gravier fin; ils poursuivent le lièvre, le lapin, la perdrix, la caille, la colombe, le pigeon, la grive, l'étourneau. S'ils diffèrent en cela des Arabes, qui ne font ces chasses qu'au piége, comme eux ils sont accoutumés à traquer la grosse bête. Le lion est très-rare dans le pays, à cause de la grande population : la panthère y est plus répandue. On la détruit souvent au moyen d'une espèce de machine infernale, composée de plusieurs fusils dont les canons entre-croisés abritent un morceau de viande correspondant à leurs batteries par des fils propres à en déterminer le jeu. L'animal se plaçant en face pour tirer sa proie, produit lui-même l'explosion qui le tue.

Les montagnes des Zouaouas renferment en outre beaucoup d'hyènes, de sangliers, de chacals, de renards et de hérissons ; le singe y est particulièrement répandu en quantité prodigieuse, et y exerce des dégâts notables. Des troupes de singes, en quelque sorte disciplinées, détachant à distance des sentinelles qui les avertissent du danger, viennent s'abattre à l'improviste sur les jardins et les dépouillent, à moins que, surprises à leur tour, elles n'y soient égorgées en masse.

Toutefois, les ressources en fruits, en légumes, en produits de chasse, seraient loin de suffire aux besoins de la population ; mais elle cultive en outre l'industrie, dont elle a grand besoin pour vivre.

Les Zouaouas fabriquent de la poudre, des bois et des batteries de fusil (mais non pas les canons), des pioches, des haches, des socs de charrue, des faucilles, des mors ; ils confectionnent des kabayas (chemises en laine), des burnous, des chachias blanches, des cardes pour la laine, des chapeaux de paille, des nattes, des paniers (kouffa), des cordes en laine, en paille, en palmier nain, en poil de chèvre ou de chameau, des sacs en cuir, des peaux de bouc, des bâts de mulets. Leurs ouvriers en bois livrent des portes, des coffres, des plats d'une seule rondelle, des sabots, de grandes plaques en chêne-liége pour couvrir les maisons. On trouve encore chez eux des tanneurs, des teinturiers, des maçons, des tuiliers, des potiers et même des cordonniers. La plupart de tous leurs produits se vendent au dehors. Deux industries dominent toutes les précédentes par leur extension : la fabrication de l'huile au moyen de pressoirs grossiers, et celle de la fausse monnaie, que nous avons fait connaître en détail. On cite aussi quelques fractions de tribus fort peu considérées par ce motif, dont la seule industrie consiste à fournir des musiciens dans toute l'Algérie. Leurs instruments sont : deux sortes de flûtes ; l'une ayant quelque analogie avec la clarinette, l'autre faite avec un roseau et d'une dimension très-courte ; ensuite plusieurs espèces de tambours : le *deuf*, qui est le plus petit de tous, le *derbouka*, où la peau est tendue sur un vase en terre cuite ; puis un troisième, qui ressemble beaucoup à notre tambour de basque.

Mais de tous les moyens qu'emploient les Zouaouas pour lutter contre la misère de leur pays natal, le plus commun, comme le plus infaillible, est l'émigration temporaire. Ils sont les Auvergnats de la grande Kabylie. Leurs pérégrinations s'exercent même sur une échelle plus étendue que celle de nos besoigneux montagnards. En effet, non-seulement on les voit en tournée lointaine, s'engager comme domestiques, maçons, moissonneurs ou soldats, amasser un petit pécule et revenir alors au pays pour s'y marier ; non-seulement chaque famille compte presque toujours un de ses fils en excursion prolongée de ce genre ; mais encore beaucoup d'autres exercent, à proprement parler, le métier de colporteurs entre la montagne et la plaine. Ils partent avec un chargement d'épicerie (*atria*) et quelques articles de toilette, de verroterie ; par exemple, ils emportent du piment, du poivre rouge et noir, du henné pour teindre les ongles, du musc, du fil et des aiguilles, des couteaux, des ciseaux, du sulfure d'antimoine, du soufre, etc. Ils brocantent ces articles de marchés en marchés arabes, et finissent par rentrer chez eux après les avoir transformés en laine, en ânes, en bœufs et en argent.

Il règne au pays des Zouaouas une multitude de dissensions politiques. On s'attendrait facilement à ce qu'il en fût ainsi de tribus à tribus, ou de fractions à autres; mais quelquefois ces germes d'implacable hostilité subsistent dans l'intérieur d'un même village. Il n'est pas rare alors de voir bâtir un mur qui le sépare en deux parties, de voir s'élever des tours d'où chacun observe les mouvements de son ennemi, et peut saisir, pour lui faire du mal, l'instant où ses troupeaux vont paître, où l'on fait la provision d'eau, etc.

Les Zouaouas ne sauraient rester longtemps encore en dehors de notre autorité: il faudra que, bon gré mal gré, ces intrépides montagnards courbent la tête devant la puissance de nos baïonnettes. Or, les Zouaouas soumis, on peut considérer la Kabylie comme conquise, on peut l'affirmer aujourd'hui que presque toute la contrée nous est connue. A part quelques mois rigoureux, nos colonnes sont en état d'opérer dans ces montagnes en toute saison; elles y rencontreront toujours de beaux villages qui ne peuvent nous fuir comme des camps arabes, le matériel, les produits industriels, les jardins et les arbres; au printemps, elles y trouveront de plus les vallées garnies à perte de vue d'abondantes récoltes. Une région si vulnérable n'est qu'à vingt lieues d'Alger ; nous l'abordons en outre directement par ses quatre angles : Dellys, Bougie, Sétif, Aumale; ne sommes-nous pas en droit de dire qu'elle est dans notre main ?

La conquête achevée, que deviendra la Kabylie ?

La consolidation de notre œuvre dépendra évidemment de l'organisation administrative donnée au peuple vaincu; la meilleure sera celle qui tiendra compte des instincts nationaux.

Maintien des formes républicaines de la tribu, délégation de l'exercice du pouvoir à ses amines, à ses marabouts; emploi judicieux des soffs et des grandes familles qui les dominent pour appuyer notre centralisation sur celle même que les tribus acceptent, et investir de notre autorité précisément les hommes dont l'influence personnelle est déjà reconnue; respect aux lois antiques du pays, à ces kanôuns traditionnels qui d'ailleurs ne froissent en rien nos grands principes de droit public ; ces bases une fois posées, notre édifice n'aura plus de secousse à craindre que sur le terrain des impôts.

La politique intéressée des marabouts a développé chez les Kabyles une profonde horreur du tribut envers l'étranger. Cela se conçoit sans peine : les marabouts sont les premières victimes de l'impôt, puisque tout le superflu du peuple leur revient immanquablement. Toutefois, si nos exigences restent légères, si nous les compensons par des travaux d'utilité publique, tels que routes, ponts, viaducs, barrages, desséchements. Avec l'impulsion nouvelle donnée à l'industrie et au commerce, la richesse du pays augmentera, et ceux qui en bénéficieront le plus nous seront attachés par l'intérêt; ils deviendront nos alliés contre ces chérifs turbulents, leurs rivaux naturels, dont le métier consiste à parcourir la terre musulmane en y prêchant la guerre sainte.

Notre domination ne court aucun péril à s'associer les marabouts, sûre qu'elle est de les absorber tôt ou tard. Leur influence repose sur un besoin d'ordre et non sur un instinct de fanatisme; qu'arrivera-t-il à la longue? les Kabyles s'habitueront à reconnaître peu à peu qu'en nous réside tout principe de force et de stabilité; cependant, leur foi religieuse n'aura pas acquis plus d'ardeur; ainsi, le temps fera perdre aux marabouts une partie de leur utilité terrestre, et n'ajoutera rien à leur autorité divine. Sous notre domination habilement exercée, comme il vient d'être dit, la Kabylie atteindrait, c'est notre conviction intime, un haut degré de prospérité. La richesse intérieure, se développant par le concours d'agents et de capitaux français, viendrait affluer largement aux deux ports de Bougie et de Dellys, et offrir des échanges considérables à nos produits nationaux.

L'instinct commercial du peuple conquérant a si bien partagé cette conviction qu'il s'est précipité au-devant d'un tel avenir avec une incroyable ardeur. Depuis que la Kabylie nous est ouverte, Bougie, qui ne possédait naguère qu'un pauvre moulin à huile qui ne vivait que sur la récolte minime des oliviers compris dans la ligne de nos avant-postes, est devenu un vaste entrepôt des huiles de la contrée. Ce sont là d'heureux présages pour l'avenir.

Le mouvement commercial se développe également dans de notables proportions à Dellys.

Au point de vue maritime, la nature a fait quelque chose pour l'une de ces localités, beaucoup pour l'autre. Toutes deux obtiendront, moyennant une dépense modique, un port de commerce assez vaste; Bougie conservera de plus un des meilleurs mouillages de la côte algérienne, celui de Sidi-Yahia, qui peut abriter une escadre.

Ces deux comptoirs deviendront rationnellement des centres de populations européennes adonnées à l'industrie et au commerce, tandis que la production agricole restera confiée aux mains des indigènes, moins dispendieuses que les nôtres. Il y aurait de la sorte, à l'intérieur, une nation kabyle en voie de progrès, et sur la côte, une colonie française en pleine prospérité. Ainsi, la force liante du gouvernement et la vive attraction des intérêts privés associeraient deux races dont la destinée, jusqu'ici, semblait être de s'entre-détruire [1].

1. Voy. *la grande Kabylie*, par le colonel Daumas et le capitaine Fabar. (1847, libr. Hachette et comp.)

LE SAHARA

LE SAHARA.

I.

Le Sahara algérien.

Nous avons consulté beaucoup de livres, et beaucoup de tholbas (lettrés) pour trouver la définition et l'étymologie du mot Sahara.

Les livres nous ont donné cette définition : « Le Sahara est une contrée plate et très-vaste, où il n'y a que peu d'habitants, et dont la plus grande partie est improductive et sablonneuse: »

Les tholbas nous ont donné cette étymologie :

« On appelle sehaur ce moment presque insaisissable qui précède le point du jour (fedjer), et pendant lequel nous pouvons encore, en temps de jeûne, manger, boire, fumer. L'abstinence la plus rigoureuse doit commencer, dès qu'on peut distinguer un fil blanc d'un fil noir.

« Le sehaur est donc une nuance entre la nuit et le point du jour qu'il nous est important de saisir, de préciser, et sur laquelle a dû se porter l'attention de nos marabouts. Un d'entre eux, Ben-el-Djirami, en partant de ce principe que le sehaur est plus facilement et plus tôt appréciable pour les habitants des plaines, dont rien ne borne l'horizon, que pour les habitants des montagnes, enveloppés qu'ils sont dans les plis du terrain, en a conclu que du nom du phénomène on avait formé celui du pays où il était plus particulièrement apparent, et qu'on l'avait nommé Sahara, le pays du sehaur. »

Cette étymologie, si elle n'est pas sévèrement grammaticale, car l'un des deux mots commence par un *çâd* et l'autre par un *sin*, n'en est pas moins ingénieuse, et nous la donnons à défaut d'autres.

Elle serait confirmée par celle du mot *tell*, qu'on s'accorde généralement à faire dériver de *tellus*, terre cultivable; mais qui, selon le même savant, serait tout simplement un dérivé du mot arabe *tali*, qui signifie *dernier*, et désignerait ainsi le pays en arrière du Sahara, où le sehaur n'apparaîtrait qu'en *dernier*. Cette phrase : *Enta Tellia ou Saharaoui ?* qui, vulgairement, veut dire : *Es-tu des gens du Tell ou des gens du désert ?* représenterait celle-ci : *Es-tu des premiers ou des derniers à voir le sehaur ?*

Un autre taleb (savant), Fekbreus-el-Ghragi, dit la même chose dans un opuscule estimé, et il ajoute que *tali el tell*, le dernier après le dernier, signifie la mer, à cause de sa position en arrière du Tell.

Quoi qu'il en soit, le mot Sahara n'entraîne point nécessairement l'idée d'une immensité déserte. Habité sur certains points, il s'appelle Fiafi; habitable sur certains autres, il prend le nom de Kifar, mot dont la signification est la même que celle du mot vulgaire Khrela, abandonné; inhabité et inhabitable sur d'autres encore, on le nomme Falat.

Ces trois mots représentent chacun un des caractères du Sahara.

Fiafi, c'est l'oasis où la vie s'est retirée autour des sources et des puits, sous les palmiers et les arbres fruitiers, à l'abri du soleil et du choub (simoun).

Kifar, c'est la plaine sablonneuse et vide, mais qui, fécondée un moment par les pluies de l'hiver, se couvre d'herbes (âacheb) au printemps, et où les tribus nomades, campées ordinairement autour des oasis, vont alors faire paître leurs troupeaux.

Falat, enfin, c'est l'immensité stérile et nue, la mer de sable, dont les vagues éternelles, agitées aujourd'hui par le choub (simoun), demain seront amoncelées, immobiles, et que sillonnent lentement ces flottes appelées caravanes.

D'après les observations de M. Fournel, la lisière

du Sahara, contrairement à toutes les opinions jusqu'à présent acceptées, ne serait que très-peu élevée au-dessus du niveau de la mer.

« J'ai fait à la lisière du désert, dit le savant ingénieur, une soixantaine d'observations barométriques, qui, comparées à celles qui se faisaient simultanément à Constantine, me donnent soixante-quinze mètres pour la hauteur de Biskra au-dessus du niveau de la mer.

« A partir du littoral, le terrain s'élève successivement jusqu'à un point qui est à une ou deux lieues de Bathna, et que j'ai trouvé être de mille quatre-vingt-trois mètres. Par ce point passe la ligne de partage des eaux ; à partir de là, on redescend vers le Sahara, dont la lisière est assez peu élevée (soixante-quinze mètres), pour qu'on puisse supposer que les grands lacs de l'intérieur sont, comme la mer Caspienne, au-dessous du niveau de la Méditerranée. »

Ajoutons que le sol du désert se relève dans la région placée au sud d'Oran et de Tlemsen, entre le 32° et le 29° de latitude, sous le nom de Djebel-Batten. La ligne de partage des eaux suit cette arête, et présente alors deux grandes pentes, l'une, de l'est à l'ouest, vers l'Océan ; l'autre, de l'ouest à l'est, vers l'intérieur du Sahara.

Selon Strabon, Cnéius Pison comparait le désert

à une peau de léopard. Il y a longtemps que l'on vit sur cette comparaison, moins exacte que poétique. Celui qui, le premier, l'a comparé à un océan parsemé d'îles, et nous ne savons à qui en revient l'honneur, a été plus heureux. Disons, toutefois, en continuant la métaphore, que ces îles, pressées en archipels dans la zone nord, entre les 36° et 29° de latitude, ne sont plus, en partant de-là, que des points égarés dans l'espace, et disparaissent enfin tout à fait jusqu'aux archipels inconnus du Soudân.

A partir du 29° de latitude, nous sommes dans le désert proprement dit, El Falat. La vie semble cesser jusqu'au 27°, où elle reparaît un moment dans les montagnes des Touareg, et disparaît enfin tout à fait jusqu'au pays des nègres. Les Touareg, ces géants pillards, se hasardent seuls dans ces vastes solitudes, où ils guettent les caravanes, les protégent ou les pillent, selon qu'elles payent un droit de passage et de protection, ou qu'elles cherchent à passer en contrebande.

Nous n'avons à nous occuper ici que de cette partie du Sahara qui fait face à nos possessions, et qui, comprise, à l'est et à l'ouest, entre deux lignes qui prolongeraient les frontières de Tunis et du Maroc, est bornée au sud par une ligne brisée sur laquelle se trouvent Nefta, Çouf, Ouargla et Inçalah. Nous ne l'esquisserons qu'à grands traits :

les détails de sa physionomie ressortiront du cadre de cet ouvrage.

Dans son ensemble, le Sahara présente sur un fond de sable, ici des montagnes, là des ravins; ici des marais, là des mamelons; ici des villes et des bourgades, là des tribus nomades dont les tentes en poil de chameau sont groupées comme des points noirs dans l'espace fauve.

Les montagnes, toujours parallèles à la mer, sont dans la zone nord, élevées, rocheuses, accidentées à l'est; mais elles s'abaissent graduellement en courant à l'ouest, et se fondent enfin par une succession de mamelons et de dunes mouvantes que les Arabes appellent arouq (veines) ou chebka (filet), selon que le système en est simple ou composé. Presque toutes sont abruptes sur le versant qui fait face au Tell; et, du côté du sud, toutes, après plus ou moins de convulsions, vont mourir de langueur dans les sables.

De ces montagnes descendent, à la saison des pluies, d'innombrables cours d'eau, dont les lits, desséchés au premier soleil, usurpent, huit mois de l'année, le nom de rivière (oued). L'hiver, c'est un réseau de torrents; l'été, c'est un réseau de ravins. Tous ces oued, à l'exception de l'Oued Djedi et de l'Oued Mïa, qui sont encaissés entre des montagnes parallèles à la mer, offrent cette particularité qu'ils coulent du nord au sud, et qu'ils se perdent dans les sables.

L'hiver laisse inégalement réparties, dans le Sahara, des flaques d'eau que les chaleurs de l'été dessèchent; quelques-unes sont des marais salants bordés de végétation marine.

Dans la première zone du Sahara, les centres de population, quoique beaucoup plus nombreux que dans le Tell, sont quelquefois séparés entre eux par des espaces complétement nus, complétement stériles et distants de plusieurs journées de marche. Cependant, sur toutes les lignes, dans toutes les directions, des puits échelonnés servent à la fois de lieu de station et d'indication pour les routes. Il est rare de voyager trois jours sans en trouver un; et d'ailleurs l'eau ne manquera jamais avec deux outres pleines pendues aux flancs du chameau qui fait trente lieues par jour, et peut rester trois jours sans boire.

Chaque grande oasis du Sahara a sa ville principale, autour de laquelle rayonnent les ksours (villages) de sa dépendance et les tentes des tribus ses alliées, errantes au printemps pour faire paître leurs troupeaux, émigrant pendant l'été pour aller acheter des grains dans le Tell, toujours de retour en novembre pour les emmagasiner, pour cueillir les dattes ou s'en approvisionner, et passer l'hiver en famille sous la maison de poil.

Une observation frappe tout d'abord : comment trouvons-nous dans la Sahara tant de populations sédentaires? Pourquoi les hommes s'y sont-ils pour la plupart groupés dans des enceintes? Pourquoi tous n'y vivent-ils pas de la vie nomade?

Un double motif a concouru, selon nous, à établir cet ordre de choses.

D'abord, c'est que les soins incessants à donner aux palmiers ont dû grouper les populations autour du pied de l'arbre qui les nourrit. Il est remarquable ensuite que celles-ci ne sont point de race arabe : leurs pères vivaient autrefois, sur le littoral, dans des villes et des villages; chassés par les invasions successives, refoulés dans l'intérieur, ils y ont porté leurs instincts sédentaires, et se sont établis où nous retrouvons leurs enfants, là seulement où la vie leur devenait possible. Après ces premiers occupants, sont arrivés les Arabes, apportant, eux aussi, leurs instincts éminemment vagabonds, comme ceux de tous les peuples pasteurs, et auxquels se prêtait merveilleusement la configuration du sol qui, pour eux, allait devenir une patrie nouvelle. Dédaigneux de la vie sédentaire et même agricole, ce qu'il fallait à leur indépendance, c'était l'espace sans limites : que leur importait une étroite oasis où leurs troupeaux n'eussent pu tenir? où, pour vivre, il leur eût fallu descendre au travail du jardinier? « Nos pères n'ont jamais touché la terre, nous ferons comme eux. »

Aussi tous tiennent-ils en mépris, non-seulement leurs voisins les sédentaires, mais leurs frères dégénérés du Tell. Les gens du Tell disent des Sahariens :

« O les Arabes malpropres, buveurs de lait caillé, vous êtes toujours en marche comme les sauterelles, votre métier est celui de pillards ; vous ne mangez que des dattes ; si nous vous fermions nos marchés, vous mourriez de faim : nous vous tenons par le ventre. Vous n'avez pas de bains, pas de mosquées, pas de bois. Vous faites des dieux de vos moutons et de vos chameaux ; ils vous font oublier vos prières et les ablutions. Comment les feriez-vous ? vous avez à peine assez d'eau pour boire.

« Nous, au contraire, nous avons de l'orge, du blé, du miel, du bois et de l'eau ; des bains et des mosquées, des marchés et des fondouks, des draps, des cotonnades, du sucre, du café, du savon, des parfums, des fers et des aciers, tout en abondance. Nous sommes heureux. Campés à la tête de la source, nous y vivons tranquilles, sans être obligés de courir chaque jour après chacun de nos besoins. »

Cette querelle est vieille entre les gens du Tell et ceux du Sahara, et ceux-ci leur répondent :

« O les nus, les mendiants! toujours en quête de la laine, du poil de chameau et des dattes! Quelle vie que votre vie! Le Sahara vous fournit et vos vêtements et vos tentes. Vous campez toujours au même endroit, au milieu des ordures et mangés par les puces. Votre métier est celui de domestiques; vous travaillez sans cesse : l'hiver vous labourez, l'été vous moissonnez.

« Presque tous vous allez à pied sur un terrain qu'il faut toujours ou monter ou descendre, en se heurtant aux arbres, en s'écorchant aux buissons. Votre pays est le pays des crimes, des lions, de la peste, de la grande maladie et des sultans, qui vous mènent en esclaves et vous font dévorer par le makhzen. O les dégénérés! notre père Ismaël ne voudrait pas vous reconnaître pour ses enfants!

« Les gens du Tell n'ont de bon chez eux que leur orge, leur blé, leurs eaux; mais si, dans le Sahara, nous sommes *loin de notre pain et près de notre soif,* parce que les grains et les pluies sont rares, Dieu nous a pourvus d'autres biens :

« Sa main nous a donné ces vaisseaux de la terre, *gouareub el beurr,* ces nombreux chameaux qui peuvent, en un soleil, nous transporter du pays de l'Injustice au pays de l'Indépendance.

« D'innombrables moutons, d'innombrables brebis, qui sont nos silos ambulants, *metamores ra-*

hala, car nous vivons de leur dos, de leurs côtes, de leurs mamelles.

« Des juments belles et bonnes, dont nous vendons cher les poulains aux habitants du Tell; plus sobres que les chevaux, elles supportent mieux la chaleur, la soif et la fatigue, et, ne hennissant point comme eux, elles ne trahissent pas la ghrazia.

« Nos tentes sont vastes, bien garnies et toujours neuves; la laine et le poil de chameau ne nous manquent point pour les renouveler ou les réparer tous les ans.

« Nos femmes, toutes jolies, ont le cou long et les dents blanches, et n'ont point de gros ventres comme les gourmandes du Tell. Montées sur des chameaux dans les aâtatiches, elles assistent à nos fantasia qu'elles embellissent, à nos combats qu'elles animent.

« Chaque jour nous apporte une joie, une émotion, une fête : c'est une noce où l'on brûle de la poudre; c'est une caravane qui part, qui passe, qui revient; ce sont des hôtes bienvenus, et jamais un invité de Dieu n'a couché dehors; c'est le conseil qui s'assemble, c'est la tribu qui change de campement; c'est la chasse à l'autruche, au lerouy, à l'antilope, à la gazelle, avec des slouguis en relais; au lièvre, à la perdrix, à l'outarde, avec l'oiseau de race (le faucon). »

L'Arabe de la tente croirait déchoir s'il donnait sa fille en mariage au plus riche habitant des ksours.

Toutefois, forcés de vivre côte à côte et d'une vie qui se complète par l'association, il est arrivé de leurs relations habituelles que les uns et les autres sont devenus propriétaires sur le même sol, dans la même enceinte : mais le nomade qui possède ne cultive pas : il est seigneur, le citadin est son fermier. Par contre, celui-ci s'est donné des troupeaux qu'il a confiés aux bergers de la tribu. Pendant que le nomade les conduira dans les pâturages, l'habitant de la ville ou du ksar veillera sur les grains en dépôt et cultivera les palmiers.

Il y a d'ailleurs entre eux double solidarité d'intérêt, car les dattes ne peuvent suffire à la nourriture commune, non point qu'il ne s'en récolte pas assez, mais parce que, mangées sans mélange, elles deviennent nuisibles.

Or, nous l'avons dit déjà, les céréales manquent presque absolument aux habitants du Sahara; de là nécessité de venir en demander au Tell.

Ces approvisionnements périodiques se font chaque année à l'époque des moissons. Les tribus arabes, campées autour des villes, quittent alors leurs campements pour se rapprocher du nord, où leurs troupeaux qui, avec le soleil, ont dévoré toutes les herbes du sud, trouveront des pâturages, et, moyennant un impôt, Lazma, Eussa, qu'il nous importe de régulariser, elles se rendent sur les marchés du Tell, pour y échanger contre des grains les produits de leur sol ou de leur industrie : dattes, haïks fins, bernous, plumes d'autruche et objets venus du Soudân.

Les nomades ne sont pas seuls cependant à accomplir ces pérégrinations : les marchands des villes se mettent sous leur protection et les suivent. Pendant que leurs frères de la tente font leurs achats, ils vont, eux, dans les villes du littoral, se fournir d'objets manufacturés en Europe, et tous ensemble ils reprendront la route de leur oasis, de leurs villages, de leurs ksours, où les blés achetés par les nomades seront emmagasinés, d'où les blés achetés par les marchands s'écouleront, soit en détail, soit par caravanes, sur toute la surface du Sahara et jusque dans le Soudân.

Le Tell est le grenier du Sahara dont nous tenons les habitants par la famine ; ils le savent si bien, ils l'ont si bien compris qu'ils s'en expriment franchement par cette phrase, devenue proverbiale : « Nous ne pouvons être ni musulmans, ni juifs, ni chrétiens ; nous sommes forcément les amis de notre ventre. »

De toutes ces observations, maintenant acquises à l'histoire, il résulte cette conséquence importante :

Que les habitants du Sahara sont forcément soumis au peuple qui tient le Tell, de quelque religion qu'il soit : « La terre du Tell est notre mère, disent les Sahariens ; celui qui l'a épousée est notre père. »

Si donc la sûreté des routes, si la protection et la justice leur assurent chez nous des garanties qu'elles ne trouvent ni à Tunis ni à Fês (Fas), le prix de nos marchandises n'étant pas d'ailleurs plus élevé que dans les États musulmans, ces populations viendront à nous ; non point que nous puissions espérer en faire de longtemps encore nos alliées de cœur; mais, soumises d'abord, elles payeront l'impôt, et, en cas de querelle entre nous et leurs voisins, elles resteront neutres par intérêt ; plus tard, et à mesure qu'une politique intelligente nous les attachera, elles deviendront nos auxiliaires[1].

1. Voy. le *Sahara algérien, études statistiques et historiques*, par le lieutenant-colonel Daumas, directeur central des affaires arabes. (1845, libr. Hachette et comp.)

II.

Généralités du désert.

Dans les études qui m'ont occupé, une chose surtout m'a frappé, c'est l'analogie de la vie du désert avec la vie du moyen âge, c'est la ressemblance qui existe entre le cavalier du Sahara et le chevalier de nos légendes, de nos romans et de nos chroniques.

L'observation des caractères accessoires que je veux rapidement esquisser rendra cette analogie peut-être plus réelle encore, cette ressemblance plus frappante.

Par Arabe du Sahara, je ne veux pas désigner l'habitant des ksours. Celui-là, les nomades le raillent autant que l'habitant du Tell, et lui prodiguent les épithètes moqueuses. Engraissé qu'il est par les habitudes casanières et la vie mercantile, ils l'appellent « le père du ventre, l'épicier, le marchand de poivre, *Sekakri*. »

Cet éleveur de poules (celui qui s'abrite sous la tente ne possède point de poules), cet éleveur de poules, ce boutiquier ressemble au bourgeois de tous les pays, de tous les temps ; c'est, au fond, le vilain, le manant du moyen âge, c'est le Maure citadin d'Alger : même physionomie placide, apathique et ruseuse.

J'entends parler du maître de la tente, de celui qui ne reste pas quinze ou vingt jours sans changer de place, le vrai nomade, celui qui ne va dans le *Tell ennuyeux* qu'une fois par an pour acheter des grains.

Mon cavalier, mon chasseur, mon guerrier, est cet homme à la constitution sèche et nerveuse, au visage bruni par le soleil, aux membres bien proportionnés, grand plutôt que petit, faisant bon marché toutefois de cet avantage d'une haute taille, « de cette peau de lion sur le dos d'une vache, *djeld sebaa ala dohor el beugra* » lorsqu'on n'y joint pas l'adresse, l'agilité, la santé, la vigueur et le courage surtout.

S'il estime le courage, il plaint et ne méprise pas, n'outrage jamais ceux à qui manque le foie, *keubda*. Ce n'est pas leur faute, Dieu ne l'a pas voulu.

Il est d'une extrême sobriété; mais, se pliant à toutes les circonstances, il ne négligera pas l'occasion de bien et beaucoup manger. Sa nourriture de tous les jours est simple et peu variée, mais il sait, quand il le faut, dignement festoyer ses hôtes. Vienne *el ouada*, la fête patronale d'une tribu, d'un douar, où se trouvent ses amis, il ne leur fera pas l'injure d'y manquer ; et, fût-ce à trente ou quarante lieues, il faut qu'il aille y rassasier son ventre. D'ailleurs, ils savent bien qu'il est tout prêt à leur rendre la pareille, qu'ils n'ont pas affaire à l'un de ces ladres *mercanti* des villes, dont tout l'effort d'hospitalité va jusqu'à l'offre de quatre pieds carrés pour s'asseoir, d'une pipe de tabac et d'une tasse de café sans sucre ou sucré, après maintes paroles préliminaires soigneusement débitées sur le café sans sucre.

Tout chez l'Arabe concourt à la puissance de la manifestation de la vie extérieure ; nerveux, endurci, sobre, quoique à l'occasion de vigoureux appétit, il a l'œil perçant et sûr ; à deux ou trois lieues, il se vante de distinguer un homme d'une femme, à cinq ou six lieues un troupeau de chameaux d'un troupeau de moutons. Est-ce fanfaronnade ? Non certes ; l'étendue et la netteté de la vue ne lui peuvent-elles venir, comme à nos marins, de l'incessante habitude de regarder au loin dans des espaces immenses et dénudés. Puis fait aux objets et aux scènes qui, toujours les mêmes, l'entourent dans un certain rayon, il sera difficile qu'il ne les puisse pas reconnaître par tous les temps.

Néanmoins, les maladies d'yeux sont fréquentes,

la réfraction du soleil, la poussière, la sueur, causent une foule d'accidents, des taies et des ophthalmies, par exemple, et les aveugles et les borgnes sont nombreux dans beaucoup de localités du désert, chez les Beni-Mzab, à El-Ghrassoul, à Ouargla et à Gourara[1].

L'homme du désert a, dans son enfance et dans sa jeunesse encore, les dents belles, blanches et bien rangées, mais les dattes, comme nourriture habituelle et presque exclusive, les lui gâtent à mesure qu'il avance en âge.

Quand une dent est gâtée tout à fait, c'est aux armuriers et aux maréchaux qu'il faut avoir recours, ce sont eux qui sont en possession de martyriser le patient, de lui briser la mâchoire avec une pince, et d'enlever les gencives, en même temps que la dent douloureuse.

Le véritable grand seigneur, le chef important, quitte rarement la selle, et ne va presque jamais à pied; il met des bottes (*temag*) et des savates; mais l'homme du peuple est infatigable marcheur; il parcourt en une journée des distances incroyables; son pas ordinaire est ce que nous appelons le pas gymnastique; il l'appelle, lui, le trot du chien. Généralement, en pays plat, il ôte ses

---

1. J'ai, plus haut, indiqué l'usage que les Arabes font du koheul, c'est, avec les saignées aux pieds et à la tête, le seul moyen curatif employé pour les maladies d'yeux.

chaussures, quand il en a, pour aller plus vite et plus commodément, et aussi pour ne pas les user; par suite, tous ont le pied des statues antiques, large, bien posé à plat, l'orteil nettement écarté. Ils ne connaissent pas les cors, et plus d'une fois un chrétien qui s'était introduit dans une caravane, s'en est vu expulsé, dénoncé par ce signe infaillible. La plante des pieds acquiert une telle dureté que le sable ou les pierres ne les blessent plus; une épine pénètre quelquefois de plusieurs lignes sans qu'ils s'en aperçoivent.

Néanmoins, dans le désert proprement dit, pendant les grandes chaleurs de l'été, le sable est si brûlant qu'il est impossible de marcher pieds nus, à tel point qu'on est contraint de ferrer les chevaux si on ne veut voir leurs pieds promptement endoloris et en mauvais état. La crainte de la piqûre du *lefá*, vipère qui donne la mort, contraint également à porter des brodequins montant jusque au-dessus de la cheville du pied.

Les maladies des pieds les plus communes sont les *cheygag*, gerçures qu'on guérit en oignant la partie malade de graisse, et en la cautérisant avec un fer rouge. Quelquefois ces gerçures sont tellement larges et profondes qu'on est obligé de les coudre. Les fils sont des nerfs de chameaux desséchés au soleil et divisés en parties aussi fines que la soie, ou bien encore des poils de chameau filés.

Tous les habitants du désert se servent de ces fils appelés *el aâgueub* pour réparer leurs selles, brides, plats de bois ; chacun d'eux porte toujours sa trousse, un couteau, et une aiguille à passer.

Cette qualité d'admirables marcheurs est mise à profit par quelques-uns pour qui elle devient une profession ; elle produit les coureurs, porteurs de messages, qui se sanglent étroitement d'une ceinture de course. Ceux qu'on appelle *rekass* se chargent des affaires pressées, ils font en quatre jours la course que les coureurs ordinaires font en dix ; ils ne s'arrêtent presque jamais ; quand ils éprouvent le besoin de se reposer, ils comptent soixante aspirations et repartent aussitôt. Un *rekass* qui a fait soixante lieues et a reçu quatre francs, se croit largement récompensé.

Dans le désert, un courrier extraordinaire voyage nuit et jour, il ne dort que deux heures sur vingt-quatre ; lorsqu'il se couche, il attache à son pied un morceau de corde d'une certaine longueur, auquel il met le feu ; lorsque la corde est sur le point d'être consumée, le feu le réveille.

Au reste, on comprend ce salaire modeste du moment où il est payé en valeur monnayée ; le numéraire est rare, et c'est la portion la moins considérable de la fortune arabe ; la circulation très-restreinte, la facilité de pourvoir à la plus grande partie des besoins de la vie sans acheter ni vendre, en recourant seulement aux échanges, et ce dans des cas très-peu fréquents, sont loin d'abaisser la valeur des espèces monétaires.

Pour peu qu'un Saharien soit à son aise, il ne fait absolument rien ; travailler, c'est une honte. Il se rend aux réunions, aux assemblées de la djemâa ; il chasse, se promène à cheval, surveille ses troupeaux, il prie, etc.... Il n'a que les occupations politiques, guerrières, religieuses.

Labourer, moissonner, cultiver les jardins, c'est l'affaire des gens des ksours.

Sous une grande tente, les travaux d'intérieur sont confiés aux nègres esclaves, qui sont à bon marché et nombreux ; les négresses vont à l'eau, vont au bois, préparent les repas.

Sous une tente à demi-fortune, les travaux sont laissés aux femmes :

Elles ont à traire les brebis et les chamelles ;

A faire le beurre ;

A moudre les grains ;

A seller et desseller le cheval ;

A lui mettre la couverture ;

A le faire boire, à lui donner l'orge ;

A tenir l'étrier quand l'homme descend ou monte ;

A faire le bois et l'eau ;

A préparer les aliments ;

A traire les chamelles, aidées par le berger.

Elles tissent les lits, les coussins, les sacs à fardeaux, les étoffes en laine teinte en rouge, en bleu, en jaune, dont on voile les aâtatiches; les rideaux qui séparent les hommes des femmes, les bâts de chameaux, la musette, la besace, la couverture à cheval, les entraves, les filets qui servent à préserver de l'agneau la brebis dont on veut conserver le lait; elles font des cordes en laine, en poil de chèvre et de chameau, en feuilles de palmier, en aâlfâ.

Elles préparent les peaux de bouc où seront mis le lait, le beurre, l'eau.

Elles fabriquent, avec de la terre glaise, de la poterie, des vases à boire, des fourneaux, des plats à faire cuire le pain, le kouskuessou, la viande.

Pour les déménagements, elles lèvent la tente, la roulent en paquet, la chargent sur un chameau. Dans la migration, elles marchent à pied, souvent conduisant à la main la jument que suit un poulain, toujours fagotant du bois en route et ramassant de l'herbe pour le bivouac du soir. — A l'arrivée, elles dressent les tentes.

Li ma ikhedem ousifa,	Celui qui n'a pas une négresse,
Ou la iergoud fi guetifa,	Et qui ne dort pas sur un lit,
Isa-lou cheurr hasifa,	La misère lui réclame une vengeance.

Encore, celui-là même est-il moins malheureux

qu'un malheureux du Tell. — Il se met serviteur d'une grande famille ; il répare les sacs, les harnachements ; il fait griller les moutons des diffa, et, dans ses longs loisirs, il va de tentes en tentes, partout où sont des hôtes, échangeant ses services contre les débris des repas.

On demandait à un Arabe saharien qui voyageait à la grâce de Dieu : « Comment fais-tu pour vivre?

— Celui qui a créé ce moulin, répondit-il en montrant ses dents blanches, n'est pas embarrassé pour lui fournir la mouture. »

Un marabout a fait ces vers :

> L'Arabe nomade est campé dans une vaste plaine,
> Autour de lui rien ne trouble le silence,
> Le jour, que le beuglement des chameaux,
> La nuit, que le cri des chacals et de l'ange de la mort.
> Sa maison est une pièce d'étoffe tendue
> Avec des os piqués dans le sable.
> Est-il malade, son remède est le mouvement.
> Veut-il se régaler et régaler ses hôtes,
> Il va chasser l'autruche et la gazelle.
> Les herbages que Dieu fait croître dans les champs
> Sont les herbages de ses troupeaux.
> Sous sa tente, il a près de lui son chien
> Qui l'avertit si le voleur approche.
> Il a sa femme, dont toute la parure
> Est un collier de pièces de monnaie,
> De grains de corail et de clous de girofle.
> Il n'a pas d'autres parfums que celui du goudron

Et de la fiente musquée de la gazelle ;
Et cependant ce musulman est heureux ;
Il glorifie son sort et bénit le Créateur.
Le soleil est le foyer où je me chauffe ;
Le clair de lune est mon flambeau ;
Les herbes de la terre sont mes richesses,
Le lait de mes chamelles est mon aliment,
La laine de mes moutons mon vêtement.
Je me couche où me surprend la nuit ;
Ma maison ne peut pas crouler,
Et je suis à l'abri du caprice du sultan.
Les sultans ont les caprices des enfants
Et les griffes du lion : défiez-vous-en.
Je suis l'oiseau aux traces passagères ;
Il ne porte avec lui nulle provision ;
Il n'ensemence pas, il ne récolte pas,
Dieu pourvoit à sa subsistance.

C'est bien à Dieu qu'ils s'en remettent en effet du soin de pourvoir à leur subsistance.

Les maréchaux sont dans le Sahara des artistes et non des artisans. Les priviléges dont ils jouissent en font une corporation à part.

Quant à ce qu'on pourrait appeler des armuriers, ce sont des ouvriers qui ne fabriquent pas, mais seulement réparent les armes. Les Arabes du désert sont en général plus mal armés que ceux du Tell, quoique leurs chefs ne le cèdent à personne en faste et en luxe. Cela se conçoit, ils font venir leurs armes de *Tunis* par *Tougourt*, et du Maroc par le pays de *Gourara;* la longue distance à par-

GÉNÉRALITÉS DU DÉSERT.

courir empêche que ces armes ne soient réparées à temps, et l'inhabileté de ceux qui sont chargés de ce soin ne permet pas que ces réparations soient convenables. Beaucoup de Sahariens sont encore armés de lances qu'ils n'emploient guère qu'en poursuivant les fuyards. Cette lance est un morceau de bois de six pieds avec un fer plat et tranchant des deux côtés ; elle se porte ordinairement en bandoulière.

L'Arabe du Sahara est très-fier de cette vie, qui, pour être exempte du travail monotone auquel est soumis l'habitant du Tell, n'en est pas moins active et agitée, pleine de variété et d'imprévu. Si la barbe blanchit vite au désert, la cause n'en est pas à la chaleur, à la fatigue, aux voyages et aux combats, mais aux peines, aux soucis, aux chagrins. Celui-là seul ne blanchit point qui « a le cœur large, » sait se résigner et dit : « Dieu l'a voulu. »

Cette fierté pour son pays et pour son genre de vie va jusqu'au dédain pour le Tell et celui qui l'habite. Je n'ai pas besoin de rappeler ici les sarcasmes qu'échangent les habitants du désert et ceux du Tell, et que j'ai cités plus haut ; mais ce dont s'enorgueillit surtout l'homme du désert, c'est de son indépendance ; car dans son pays la terre est vaste et il n'y a pas de sultan. Le chef de la tribu administre et rend la justice. Tâche peu compliquée, car les délits sont peu nombreux et tous prévus, et les pénalités sont fixées d'avance.

Celui qui vole une brebis, dix boudjous d'amende.

Celui qui entre dans une tente pour voir la femme de son voisin paye dix brebis.

Celui qui tue, la mort; s'il s'est enfui, la confiscation de tout ce qui lui appartient, moins la tente qu'on laisse à sa femme et à ses enfants.

Les amendes sont conservées par la djemâa pour défrayer les voyageurs, les marabouts, et faire des présents aux étrangers.

Les vols dans l'intérieur de la tribu sont sévèrement punis; commis sur une autre tribu, ils sont tolérés; sur une tribu ennemie, ils sont encouragés.

Les femmes font la cuisine, tissent des tapis appelés *ferache*, des *tags*, tapis pour faire les séparations dans les tentes, des *hamal*, des *ghrerayres*, sacs pour les grains, *el feldja*, étoffe dont se font les tentes, *el djellale*, couvertures de chevaux, *el haouya*, des bâts de chameau, *el aamayre*, des musettes; les négresses vont au bois, à l'eau ; les *bernouss*, les *haïcks*, et les *habaya* se font dans les ksours.

Riche, l'Arabe est généreux; riche ou pauvre, il est hospitalier et charitable; rarement il prête son cheval; mais ce serait une injure de le lui renvoyer. A tout cadeau il répond par un cadeau de bien plus grande valeur. Il est des hommes qu'on cite comme n'ayant jamais refusé. Un proverbe dit :

Kasod el djouad maïrodouchy khraib.

« Celui qui s'adresse aux nobles ne revient jamais la main vide. »

Je n'ai pas besoin de parler des aumônes : tout le monde sait qu'après la guerre sainte, et sur la même ligne que le pèlerinage, l'aumône est l'acte le plus agréable à Dieu. Quand un Arabe est en train de manger, s'il passe un mendiant qui s'écrie : *Mtâ rebi ia el moumenin* (de ce qui appartient à Dieu, ô croyants), le croyant partage son repas s'il est suffisant pour deux, ou l'abandonne tout entier.

Un étranger se présente devant un douar ; il s'arrête à quelque distance et prononce ces paroles : *Dif rebi* (hôte envoyé par Dieu) : l'effet est magique ; quelle que soit sa condition, on se précipite, on s'arrache l'étranger, on lui tient l'étrier pour qu'il descende, les domestiques s'emparent de sa monture dont il ne doit plus se préoccuper, s'il est bien élevé ; l'homme est entraîné dans la tente, on lui sert immédiatement à manger ce qui peut être prêt, en attendant le festin.

Les attentions ne sont pas moindres pour l'homme à pied.

Le maître de la tente tient compagnie à son hôte

toute la journée, et ne le quitte que lorsque vient le sommeil.

Jamais une question indiscrète, celle-ci surtout : D'où es-tu? où vas-tu?

Il est sans exemple qu'il soit arrivé un accident à un homme ainsi reçu en hospitalité, fût-ce un ennemi mortel : mais en partant le maître de la tente dit : « Suis ton bonheur. » Lorsque l'hôte est éloigné, celui qui l'a reçu n'est plus responsable de rien.

En sortant du repas de l'hospitalité, si l'on passe devant un douar et qu'on soit aperçu, l'on est forcé de se rendre aux offres réitérées qui vous sont faites.

Deux tribus sont cependant signalées pour leur inhospitalité : les Arbaa et les Saïd.

Quelques hommes vivent toute leur vie de ces aumônes et de cette hospitalité; ce sont les derviches. Toujours en prière, ces pieux personnages sont l'objet de la vénération de tous. « Prenez garde de leur faire injure, Dieu vous punirait. » Jamais une demande faite par eux n'est repoussée.

A côté de ces moines mendiants qui retracent si au vif certains côtés de notre moyen âge, il convient, ce me semble, de placer ces *tholbas* (savants), ces femmes expérimentées qui remplissent dans le Sahara le rôle qu'avaient à l'époque dont je parle les magiciens, les alchimistes, les sorciers, tous ces personnages qu'ont chantés le Tasse et l'Arioste, et dont s'est moqué Cervantes. C'est à ces tolbas et à ces vieilles femmes qu'hommes et femmes vont demander le philtre, composé d'herbes diverses préparées avec des invocations et des pratiques effrayantes et grotesques, qu'on mêle aux aliments de celui ou de celle dont on veut se faire aimer.

Ce sont eux qui, sur un papier et sur un os de mort pris au cimetière, écriront avec le nom de votre ennemi des formules magiques, puis enterreront os et papier qu'ira rejoindre votre ennemi « le ventre rempli de vers. »

Ils vous enseigneront les formules qu'il faut prononcer en fermant un couteau pour trancher la vie de votre ennemi; celles qu'il faut jeter dans le fourneau où cuisent les aliments du ménage où vous voulez porter le trouble; celles qu'il faut écrire sur une plaque de cuivre ou sur une balle aplatie que vous irez jeter dans le ruisseau où va boire la femme dont vous voulez vous venger; prise d'une dyssenterie aussi rapide que le ruisseau, elle mourra ou se donnera à vous; mais pour la guérir il faudra contrarier le premier sort par un autre sort.

Puis vient tout le cortége des spectres, les fantômes de ceux qui sont morts de mort violente, *lergou*. A celui qui te poursuit, hâte-toi de dire : « Allons, rentre dans ton trou, tu ne me fais pas peur; tu ne m'as pas fait peur quand tu avais les armes. » Il te suit un peu, mais se lasse. Si la terreur te prend et si tu fuis, tu entendras en l'air des cliquetis d'armes, derrière toi un cheval qui te poursuit, des cris, un épouvantable fracas, jusqu'à ce que tu tombes épuisé de fatigue.

Allez dans le Maroc, sur les bords de l'ouad Noun, à vingt jours de marche ouest de Souss, vous trouverez les plus célèbres sorciers, une école d'alchimistes et de nécromanciens, de sciences occultes, une montagne qui parle, toutes les merveilles enfin du monde magique.

C'est à ces superstitions qu'est arrivé le bas peuple; les gens riches, les marabouts, les tolbas des zaouias, les cheurfaa suivent très-exactement les préceptes religieux et lisent les livres saints, mais la foule est plongée dans l'ignorance. On y connaît à peine deux ou trois prières et le témoignage du Prophète; on y prie rarement et on ne fait les ablutions que lorsqu'on trouve de l'eau.

Les chefs s'efforcent de remédier à cette ignorance; ils font exactement, même en voyage, proclamer l'heure de la prière par des moudden; ils établissent des écoles sous la tente; mais la vie de fatigues, de migrations et de voyages fait promptement oublier aux Arabes les enseignements de leur enfance.

Tous se plaisent cependant à les entendre rappeler sous une forme poétique par les *meddah*, bardes, trouvères religieux qui vont dans les fêtes chanter les louanges des saints et de Dieu, la guerre sainte, et qui s'accompagnent du tambourin et de la flûte. On leur donne de nombreux cadeaux.

III.

Chevaux du Sahara

> A la nage, les jeunes gens, à la nage
> Les balles ne tuent pas;
> Il n'y a que la destinée qui tue,
> A la nage, les jeunes gens, à la nage!
> CHANT DES ANGADES.

Chez un peuple pasteur et nomade, qui rayonne sur de vastes pâturages, et dont la population n'est pas en rapport avec l'étendue de son territoire, le cheval est une nécessité de la vie. Avec son cheval, l'Arabe commerce et voyage, il surveille ses nombreux troupeaux, il brille aux combats, aux noces, aux fêtes de ses marabouts; il fait l'amour, il fait la guerre; l'espace n'est plus rien pour lui.

Aussi les Arabes du *Sahara* se livrent-ils encore avec passion à l'élève des chevaux; ils savent ce que vaut le sang, ils soignent leurs croisements, ils améliorent leurs espèces. L'état d'anarchie dans lequel ils ont vécu dans ces derniers temps, a bien pu modifier quelques-unes de leurs habitudes; mais il n'a rien changé à cette condition de leur existence : l'élève, le perfectionnement et l'éducation des chevaux.

L'amour du cheval est passé dans le sang arabe. Ce noble animal est le compagnon d'armes et l'ami du chef de la tente, c'est un des serviteurs de la famille; on étudie ses mœurs, ses besoins; on le chante dans des chansons, on l'exalte dans les causeries. Chaque jour, dans ces réunions en dehors du douar, où le privilége de la parole est au plus âgé seul, et qui se distinguent par la décence des auditeurs assis en cercle sur le sable ou sur le gazon, les jeunes gens ajoutent à leurs connaissances pratiques les conseils et les traditions des anciens. La religion, la guerre, la chasse, l'amour et les chevaux, sujets inépuisables d'observations, font de ces causeries en plein air de véritables écoles où se forment les guerriers, et où ils développent leur intelligence en recueillant une foule de faits, de préceptes, de proverbes et de sentences, dont ils ne trouveront que trop l'application dans le cours de la vie pleine de périls qu'ils ont à mener. C'est là qu'ils acquièrent cette expérience hippique que l'on est étonné de trouver chez le dernier cavalier d'une tribu du désert. Il ne sait ni lire ni écrire et pourtant chaque phrase de sa conversation s'appuiera sur l'autorité des savants commentateurs du Koran ou du Prophète lui-même. Notre seigneur *Mohamed* a dit... *Sidi-Ahmed-ben-Youssef* a ajouté.... *Si-ben-Dyab* a raconté.... Et croyez-le sur parole, ce savant ignorant; car tous ces textes, toutes ces anecdotes, qu'on ne trouve le plus souvent que dans les livres, ils les tient, lui, des *tolbas* ou de ses chefs, qui s'entendent ainsi, sans le savoir, pour développer ou maintenir chez le peuple l'amour du cheval, les préceptes utiles, les saines doctrines ou les meilleures règles hygiéniques. Le tout est bien quelquefois entaché de préjugés grossiers, de superstitions ridicules : c'est une ombre au tableau. Soyons indulgents; il n'y a pas si longtemps qu'en France on proclamait à peu près les mêmes absurdités comme vérités incontestables.

Je causais un jour avec un marabout de la tribu des Oulad-Sidi-Chikh des chevaux de son pays; et, comme j'affectais de révoquer en doute les opinions qu'il avait émises : « Vous ne pouvez comprendre cela, vous autres chrétiens, me dit-il en se levant brusquement, les chevaux sont nos richesses, nos joies, notre vie, notre religion. Le Prophète n'a-t-il pas dit :

« Les biens de ce monde, jusqu'au jour du jugement dernier, seront pendus aux crins qui sont entre les yeux de vos chevaux. »

— J'ai lu le Koran, lui répondis-je, et je n'y ai point trouvé ces paroles.

— Vous ne les trouverez pas dans le Koran, qui est la voix de Dieu, mais bien dans les conversations de notre seigneur Mohamed (*Hadite sidna Mohamed*).

— Et vous y croyez? repris-je.

— Avant de vous quitter, je veux vous faire voir ce qui peut arriver à ceux qui croient. »

Et mon interlocuteur me raconta gravement l'histoire suivante :

« Un homme pauvre, confiant dans les paroles du Prophète que je viens de vous citer, trouva un jour une jument morte; il lui coupa la tête et l'enterra sous le seuil de sa porte, en disant : Je deviendrai riche s'il plaît à Dieu (*Anchallah*). Cependant les jours se suivaient et les richesses n'arrivaient pas; mais le croyant ne douta point. Le sultan de son pays étant sorti pour visiter un lieu saint, vint à passer par hasard devant la modeste demeure du pauvre Arabe; elle était située à l'extrémité d'une petite plaine bordée de grands arbres et fécondée par un joli ruisseau. Le lieu lui plut; il fit faire halte à sa brillante escorte, et mit pied à terre pour se reposer à l'ombre. Au moment où il allait donner le signal du départ, son cheval, qu'un esclave était chargé de surveiller, impatient de dévorer l'espace, se mit à hennir d'abord, à piaffer ensuite, et fit si bien enfin qu'il s'échappa. Tous les efforts des *saïs*[1] pour le rattraper furent long-

---

[1]. Palefreniers.

temps inutiles, et l'on commençait à en désespérer, quand on le vit tout à coup s'arrêter de lui-même sur le seuil d'une vieille masure qu'il flairait en la fouillant du pied. Un Arabe, jusque-là spectateur impassible, s'en approcha alors sans l'effrayer, comme s'il en eût été connu, le caressa de la voix et de la main, le saisit par la crinière, car sa bride était en mille pièces, et, sans difficulté aucune, le ramena docile au sultan étonné.

« Comment donc as-tu fait, lui demanda Sa Grandeur, pour dompter ainsi l'un des plus fougueux animaux de l'Arabie? — Vous ne serez plus surpris, seigneur, répondit le croyant, quand vous saurez qu'ayant appris que tous les biens de ce monde jusqu'au jour du jugement seront pendus aux crins qui sont entre les yeux de nos chevaux, j'avais enterré sous le seuil de ma maison la tête d'une jument que j'avais trouvée morte. Le reste s'est fait par la bénédiction de Dieu. »

« Le sultan fit à l'instant creuser dans l'endroit désigné, et, quand il eut ainsi vérifié les assertions de l'Arabe, il s'empressa de récompenser celui qui n'avait pas craint d'ajouter une foi entière aux paroles du Prophète. Le pauvre reçut en présent un beau cheval, des vêtements superbes et des richesses qui le mirent à l'abri du besoin jusqu'à la fin de ses jours.

« Vous savez maintenant, ajouta le marabout,

ce qui peut arriver à ceux qui croient; » et sans attendre ma réponse, il me salua des yeux, à la manière des Arabes, et sortit.

Cette légende est populaire dans le Sahara, et les paroles du Prophète, sur lesquelles elle est fondée, y sont un article de foi. Que le Prophète les ait dites ou non, elles n'atteignent pas moins sûrement le but que s'est proposé leur auteur. Le peuple arabe aime les honneurs, le pouvoir, les richesses; lui dire que tout cela tient aux crins de son cheval, c'était le lui rendre cher, le lier à lui par l'attrait de l'intérêt personnel. Le génie du Prophète allait plus loin encore, sans aucun doute; il avait compris que la mission de conquête qu'il a léguée à son peuple ne pouvait s'accomplir que par de hardis cavaliers, et qu'il fallait développer chez eux l'amour pour les chevaux en même temps que la foi dans l'islamisme.

Ces prescriptions, qui toutes tendent vers un même but, revêtent toutes les formes : le marabout et le taleb les ont réunies en sentences et légendes, le noble (*Djieud*) en traditions, et enfin l'homme du peuple en dictons et proverbes. Plus tard, proverbes, traditions et légendes ont pris un caractère religieux qui les a pour jamais accrédités dans la grande famille des musulmans.

Quand Dieu a voulu créer la jument, proclament les *doulâmas*, il a dit au vent : « Je ferai naître de toi un être qui portera mes adorateurs, qui sera chéri par tous mes esclaves, et qui *fera le désespoir de tous ceux qui ne suivent pas mes lois;* » et il créa la jument en s'écriant :

« Je t'ai créée sans pareille ; les biens de ce monde seront placés entre tes yeux, *tu ruineras mes ennemis*, partout je te rendrai heureuse et préférée sur tous les autres animaux, car la tendresse sera partout dans le cœur de ton maître. Bonne pour la charge comme pour la retraite, tu voleras sans ailes, et je ne placerai sur ton dos que des *hommes qui me connaîtront*, m'adresseront des prières, des actions de grâces, *des hommes enfin qui m'adoreront.* »

La pensée intime du Prophète se dévoile ici tout entière ; il veut que son peuple seul, à l'exclusion des infidèles, se réserve les chevaux arabes, ces puissants instruments de guerre qui, dans les mains des chrétiens, pourraient être si funestes à la religion musulmane.

Cette pensée, que le bas peuple de la tente n'a pas vue peut-être sous le voile symbolique dont elle est revêtue, n'a point échappé aux chefs arabes. L'émir Abd-el-Kader, au plus fort de sa puissance, punissait impitoyablement de mort tout croyant convaincu d'avoir vendu un cheval aux chrétiens ; dans le Maroc, on frappe l'exportation des chevaux de droits tels, que la permission d'en sortir de l'empire devient illusoire ; à Tunis, on ne cède qu'à regret à des nécessités impérieuses de politique; il en est de même à Tripoli, en Égypte, à Constantinople, dans tous les États musulmans enfin [1].

Parlez-vous de chevaux avec un djieud, ce noble de la tente, qui tire encore vanité de ce que ses ancêtres ont combattu les nôtres en Palestine, il vous dira :

Rekoub el ferass,
Teloug el merass,
Ou tekuerkib el akhras,
Yeguelad edoude men erass.

Le *montement* des chevaux,
Et le *lâchement* des lévriers,
Et le cliquetis des boucles d'oreille,
Vous ôtent les vers d'une tête.

En causez-vous avec l'un de ces cavaliers (mekhazeni), dont la figure bronzée, la barbe *poivre et sel* et les exostoses [2] prononcées de ses tibias annoncent qu'il a vu bien des aventures, il s'écriera :

---

1. J'ai la certitude que, dans certains pays musulmans, sur la la liste des présents obligés, en regard d'un nom chrétien le donateur avait mis : *Kidar ala Khrater el Roumi*. — *Une rosse pour le chrétien.*

2. *Les exostoses prononcées de ses tibias.* L'œil de l'étrier arabe occasionne toujours des exostoses sur le devant des jambes. Par elles l'on peut, à première vue, distinguer le riche du pauvre, le cavalier du fantassin.

> *El K'heil lel bela*
> *El ybel lel K'hela*
> *Ou el begueur*
> *Lel fekeur.*

> Les chevaux pour la dispute,
> Les chameaux pour le désert.
> Et les bœufs pour la pauvreté.

Ou bien il vous rappellera que, lorsque le Prophète faisait des expéditions pour engager les Arabes à soigner leurs chevaux, il donnait toujours deux parts de prise à celui qui l'avait accompagné bien monté.

Le voluptueux thaleb, homme de Dieu pour le monde, qui vit dans la paresse contemplative, sans autres soins que ceux de sa toilette, sans autre travail que celui d'écrire des talismans et faire des amulettes pour tous et pour toutes, vous dira les yeux baissés :

> *Djennet el ard âla dohor el Kreïl,*
> *Ala Montalat el-Ketoube.*

> Le paradis de la terre se trouve sur le dos des chevaux,
> Dans le fouillement des livres,
> Ou bien entre les deux seins d'une femme,

ajoutera-t-il, s'il n'y a point là d'oreilles trop sévères :

> *Ou beine Guerabeus Enneça !*

Que si vous interrogez l'un de ces vieux patriarches arabes (*chikh*), renommés par leur sagesse, leur expérience et leur hospitalité, il vous répondra :

« Sidi-Aomar, le compagnon du Prophète, a dit :

« Aimez les chevaux, soignez-les, ils méritent votre tendresse ; traitez-les comme vos enfants, et nourrissez-les comme des amis de la famille, vêtez-les avec soin ! Pour l'amour de Dieu, ne vous négligez pas, car vous vous en repentiriez *dans cette maison et dans l'autre.* »

Avez-vous enfin le bonheur de rencontrer sur votre route l'un de ces trouvères errants (*medahh*, *fessehh*) qui passent leur vie à voyager de tribu en tribu, pour amuser les nombreux loisirs de nos guerriers pasteurs, aidé d'un joueur de flûte (*kuesob*), et s'accompagnant d'un tambourin (*bendaïr*), d'une voix sourde mais non sans harmonie, il vous chantera :

> Mon cheval est le seigneur des chevaux !
> Il est bleu comme le pigeon sous l'ombre,
>   Et ses crins noirs sont ondoyants ;
> Il peut la soif, il peut la faim, il devance le coup d'œil,
>   Et véritable buveur d'air,
>   Il noircit le cœur de nos ennemis,
>   Au jour où les fusils se touchent.
>   Mebrouk[1] est l'orgueil du pays.
> Mon oncle a des juments de race, dont les aïeux lointains

---

1. *Mebrouk* veut dire l'heureux.

Se comptent dans nos tribus depuis les temps anciens ;
Modestes et timides comme les filles du Guebla [1],
On dirait des gazelles
Qui paissent dans les vallées, sous les yeux de leurs mères.
Les voir, c'est oublier les auteurs de ses jours !

Couvertes de Djellale [2] qui font pâlir nos fleurs,
Elles marchent en sultanes parées pour leurs plaisirs.
Un nègre du Kora les soigne [3],
Leur donne l'orge pure, les abreuve de laitage
Et les conduit au bain.
Dieu les préserve du mauvais œil [4] !

Pour ses juments chéries,
Mon oncle m'a demandé Mebrouk en mariage.
Et je lui ai dit, non :
Mebrouk, c'est mon appui, je veux le conserver
Fier, plein de santé, adroit et léger dans sa course.
Le temps tourne sur lui-même et revient,
Sans dispute aujourd'hui, demain peut-être verrons-nous
S'avancer à grands pas l'heure de l'*entêtement*.
Pour une outre pleine de sang, me répondit mon oncle,
Tu m'as jauni la figure [5] devant tous mes enfants.

1. *Guebla*, sud, Sahara, désert.
2. *Djellale*, couvertures en laine plus ou moins ornées de dessins, suivant la fortune des chefs de tente, très-larges, très-chaudes, et enveloppant le poitrail et la croupe du cheval.
3. *Un nègre du Kora les soigne*. Les esclaves du Kora sont très-recherchés par les musulmans ; ils apprennent très-difficilement l'arabe, sont très-attachés à leurs devoirs et très-fidèles à leurs maîtres.
4. Voir au chapitre de la civilité puérile et honnête chez les Arabes, ce qu'ils entendent par le *mauvais œil*.
5. *Tu m'as jauni la figure.* — Le rouge, les couleurs écla-

La terre est vaste; adieu.
Mebrouk, pourquoi bennir ainsi, pendant le jour, pendant la nuit?
Tu dénonces mes embuscades et préviens mes ennemis,
Tu penses trop aux filles de nos chevaux,
Je te marierai, ô mon fils!
Mais où trouver mes amis,
Dont les juments sont si nobles et les chamelles des trésors?
Leurs nouvelles sont enterrées,
Où sont leurs vastes tentes qui plaisaient tant à l'œil?
On y trouvait le tapis et la natte;
On y donnait l'hospitalité de Dieu,
Et le pauvre y rassasiait son ventre.
Elles sont parties!
Les éclaireurs ont vu les mamelons,
Les braves ont marché les premiers,
Les bergers ont fait suivre les troupeaux,
Et les chasseurs, sur les traces de leurs lévriers si fins,
Ont couru la gazelle.

Avez-vous entendu parler de la tribu de mes frères?
Non; eh bien! venez avec moi compter ses nombreux chevaux;
Il est des couleurs qui vous plairont.
Voyez ces chevaux blancs comme la neige qui tombe en sa saison,
Ces chevaux noirs comme l'esclave ravi dans le Soudan;
Ces chevaux verts[1] comme le roseau qui croît au bord des fleuves;

tantes, sont, chez les Arabes, le partage du bonheur; les couleurs sombres, le jaune principalement, sont des indices de malheur.

1. *Ces chevaux verts.* — Les Arabes considèrent comme vert le cheval que nous appelons *louvet*, surtout quand il se rapproche de l'olive un peu mûre.

Ces chevaux rouges comme le sang, premier jet d'une blessure,
Et ces chevaux[1] bleus comme le pigeon quand il vole sous les cieux.
Où sont ces fusils si droits, plus prompts que le clignement de l'œil;
Cette poudre de Tunis, et ces balles fabriquées dans des moules[2],
 Qui traversaient les os, déchiraient le foie,
 Et faisaient mourir la bouche ouverte?

Quand je cesse de chanter, mon cœur m'y porte encore ;
Car il brûle pour mes frères d'un feu qui dévore mon intérieur.
 Nulle part je n'ai vu de pareils guerriers.
O mon Dieu ! rendez aveugles ceux qui pourraient leur porter envie !
N'ont-ils pas de vastes tentes bien pourvues de tapis,
De nattes, de coussins, de selles et d'armes riches?
Le voyageur et l'orphelin n'y sont-ils pas toujours reçus
Par ces mots de nos pères : « Soyez les bienvenus? »
 Leurs femmes, fraîches comme le coquelicot,
 Ne sont-elles pas portées sur des chameaux,
  Ces vaisseaux de la terre[3],
 Qui marchent du pas noble de l'autruche?

---

1. *Et ces chevaux bleus.* — Les Arabes appellent *bleu* le cheval gris étourneau foncé.

2. *Et ces balles fabriquées dans des moules.* — C'est, en général, un luxe pour les Arabes, et surtout pour ceux du désert, que d'avoir des balles fabriquées dans des moules. La plupart du temps ils font des baguettes de plomb et les coupent ensuite par morceaux.

3. *Ces vaisseaux de la terre.* — Le chameau est un animal tellement utile aux Arabes du désert, qu'ils l'appellent avec raison

Ne sont-elles pas couvertes de voiles
Qui, traînant loin derrière elles, désespèrent même nos marabouts?
Ne sont-elles pas parées d'ornements, de bijoux enrichis de corail,
Et le tatouage bleu de leurs membres ne fait-il pas plaisir à voir?
Tout en elles ravit l'esprit de ceux qui croient en Dieu;
Vous diriez les fleurs des fèves que l'Éternel a créées.

Vous vous êtes enfoncés dans le sud,
Et les jours me paraissent bien longs!
Voici près d'un an que, cloué dans ce *Teul* ennuyeux [1],
Je n'ai plus vu de vous que les traces de vos campements.
O mon pigeon chéri,
Qui portez un pantalon qui vous tombe jusqu'aux pieds,
Qui portez un bernouss qui sied si bien à vos épaules,
Dont les ailes sont bigarrées et qui savez le pays;
O vous qui roucoulez!
Partez, volez sous les nuages, ils vous serviront de couverture,
Allez trouver mes amis, donnez-leur cette lettre,
Dites-leur qu'elle vient d'un cœur sincère.
Revenez vite et apprenez-moi s'ils sont heureux ou malheureux
Ceux qui me font soupirer.

le vaisseau de la terre. En effet, il est sobre, ne demande pas de grains pour sa nourriture, supporte admirablement la soif pendant plusieurs jours, enlève et transporte des poids très-lourds, dans les déplacements nécessités par la vie nomade.

1. *Cloué dans ce Teul ennuyeux.* — Les Arabes du désert aiment tellement leur vie indépendante et nomade, qu'ils regardent comme le moment le plus ennuyeux de leur existence celui où ils sont forcés de venir dans le Teul pour y faire leurs provisions de grains.

Vous verrez Cherifa [1], c'est une fille fière,
Elle est fière, elle est noble, je l'ai vu par écrit.
Ses longs cheveux tombent avec grâce
Sur ses épaules larges et blanches :
Vous diriez les plumes noires de l'autruche
Qui habite les pays déserts et chante auprès de sa couvée.
Ses sourcils sont des arcs venus du pays des nègres ;
Et ses cils, vous jureriez la barbe d'un épi de blé
Mûri par l'œil de la lumière [2], vers la fin de l'été.

Ses yeux sont des yeux de gazelle,
Quand elle s'inquiète pour ses petits,
Ou bien c'est encore un éclair devançant le tonnerre.
Au milieu de la nuit.

Sa bouche est admirable,
Sa salive sucre et miel,
Et ses dents bien rangées ressemblent aux grêlons
Que l'hiver en furie sème dans nos contrées.
Son col c'est l'étendard que plantent nos guerriers,
Pour braver l'ennemi et rallier les fuyards,
Et son corps sans défaut vient insulter au marbre
Qu'on emploie pour bâtir les colonnes de nos mosquées.

Blanche comme la lune que vient entourer la nuit,
Elle brille comme l'étoile qu'aucun nuage ne flétrit.
Dites-lui qu'elle a blessé son ami
De deux coups de poignard, l'un aux yeux, l'autre au cœur.
L'amour n'est pas un fardeau léger.

Je demande au Tout-Puissant qu'il nous donne de l'eau ;

1. *Vous verrez Cherifa.* — Cherifa, féminin de cherif, qui veut dire descendant du prophète.
2. Dans leurs poésies, les Arabes appellent souvent le soleil, *adin ennour, œil de la lumière.*

Nous sommes au printemps,
Et la pluie a trop tardé pour les peuples à troupeaux.
J'ai faim, je suis à jeun comme une lune de Ramadan.

Ils sont à Askoura, Dieu soit loué !
Qu'on m'amène mon cheval !
Et vous, pliez les tentes !
Je vais trouver mon oncle ;
Il saura pardonner à l'enfant de son frère,
Nous nous réconcilierons,
Et, par la tête du Prophète,
Je donnerai une fête où paraîtront les jeunes gens.
Les étriers qui brillent et les selles richement brodées ;
On y frappera la poudre[1] au son de la flûte et du tambour :
Je marierai Mebrouk,
Et ses fils seront nommés les fils des juments bien soignées.

O tribus du Sahara !
Vous prétendez posséder des chameaux[2],
Mais les chameaux, vous le savez,
Ne recherchent que ceux qui peuvent les défendre ;
Et ceux qui peuvent les défendre sont mes frères,
Parce qu'ils savent dans les combats briser les os des rebelles.

On le voit, chez le peuple arabe, tout concourt à développer l'amour des chevaux ; la religion en fait un devoir, comme la vie agitée, les luttes

---

1 *On y frappera la poudre.* — Chez les Arabes il n'y a pas de fêtes sans coups de fusil.

2. *Vous prétendez posséder des chameaux.* — Quand une tribu du désert est tranquille, elle envoie ses chameaux paître quelquefois à dix ou douze lieues en avant d'elle, et l'on conçoit que si un coup de main a été tenté sur eux, il faille d'excellents chevaux et de vigoureux cavaliers pour les reprendre.

incessantes et les distances à franchir dans un pays où les moyens de communications rapides manquent absolument, en font une nécessité ; l'Arabe ne peut mener que la vie à deux, *son cheval et lui.*

Observations de l'émir Abd-el-Kader.

Le Koran appelle les chevaux « le bien par excellence. »

Le domestique du Prophète disait : « Avec les femmes ce que le Prophète aimait le mieux c'étaient les chevaux. »

Aïssa-ben-Mariam (Jésus, fils de Marie) que le salut soit sur lui, alla trouver un jour Eblis le noir démon, et lui dit : « Eblis, j'ai une question à t'adresser, me diras-tu la vérité ? — Esprit de Dieu, répond Eblis, interroge-moi comme bon te semble. — Je te demande, reprit Jésus, par le vivant qui ne ment pas, qu'est-ce qui peut réduire ton corps à l'état de liquide et couper ton dos en deux ? — C'est, répondit le diable, le hennissement d'un cheval dans une ville ou une forteresse. Jamais je n'ai pu entrer dans une maison renfermant un cheval pour la cause du Dieu très-haut. »

De tout temps le cheval a été chez les Arabes l'objet de la plus grande sollicitude. Tant que dura l'idolâtrie, ils aimèrent les chevaux parce qu'ils leur devaient gloire et richesse. Quand le Prophète lui-même en eut parlé avec les plus grands éloges, cet amour intéressé devint un devoir religieux.

Étant très-passionné pour les chevaux, un des compagnons du Prophète lui demanda s'il y en avait au paradis. « Si Dieu te fait entrer au paradis, répondit le Prophète, tu auras un cheval de rubis, muni de deux ailes, avec lesquelles il volera à ton gré. »

Un poëte a dit :

« Quels sont ceux qui me pleureront après ma mort? Mon épée, ma lance de Roudaïna et mon alezan à la taille élancée, traînant ses rênes à la fontaine, la mort lui ayant enlevé son cavalier qui le faisait boire. »

Les bons chevaux se trouvent de préférence dans le Sahara, où le nombre des mauvais chevaux est très-petit. En effet, les populations qui l'habitent et celles qui les avoisinent ne destinent leurs chevaux qu'à faire la guerre ou à lutter de vitesse, et aussi ne les appliquent-elles ni à la culture ni à aucun exercice autre que le combat. C'est pour ce motif qu'à peu d'exceptions près leurs chevaux sont excellents.

Aucun individu du Sahara ne possède dix chameaux que lorsqu'il a un cheval pour les défendre contre ceux qui feraient des tentatives.

Dans le Tell, la plupart des Arabes appliquent les chevaux à la culture, ils s'en servent également pour monter et pour leurs divers besoins. Ils n'ont point de préférence pour les mâles, parce que pour eux le cheval n'est qu'un animal qu'on utilise à tout ce dont il est capable, et pas seulement à la guerre.

Le sol et la nourriture n'améliorent pas le cheval mauvais ou seulement médiocre; mais si le cheval de race pure est élevé dans la montagne et dans des terrains pierreux, il est doué d'une force et d'une patience plus grandes que le cheval élevé dans les plaines.

C'est pour cela que le cheval d'origine pure qui est élevé dans le Sahara est préférable au même cheval élevé dans le Tell. Le premier, en effet, différant en cela du cheval du Tell, est soumis à la fatigue, à des courses considérables, à la soif, à la faim.

1. Voy. *les Chevaux du Sahara*, par le général E. Daumas (Schiller, imprimeur libraire, faubourg Montmartre, 11).

IV.

Guerre entre les tribus du désert.

Une caravane a été pillée, les femmes de la tribu ont été insultées, on lui conteste l'eau et les pâturages : voilà de ces griefs que la razzia, fût-ce la terrible *téhha*[1], ne suffirait pas à venger. Aussi les chefs se sont réunis et ont décrété la guerre.

Ils ont écrit à tous les chefs des tribus alliées et leur ont demandé leur aide. Les alliés sont fidèles et sûrs ; ne sont-ils pas aussi les ennemis de la tribu à punir, n'ont-ils pas les mêmes sympathies, les mêmes intérêts que ceux qui les appellent, ne font-ils pas partie du *sof*, du rang, de la confédération? Aucune des tribus ne refusera d'envoyer son contingent, proportionné à son importance.

Mais les alliés sont loin : ils ne pourront arriver

---

1. Téhha veut proprement dire le tombement; c'est le nom donné à la plus terrible des razzia. On égorge tout ce que l'on rencontre.

avant huit à dix jours ; en attendant, les conseils se renouvellent, et les chefs excitent les esprits par leurs proclamations :

« Vous êtes prévenus, ô esclaves de Dieu, que nous avons à tirer vengeance de telle tribu qui nous a fait telle insulte. Ferrez vos chevaux, faites des provisions pour quinze jours : n'oubliez pas le blé, l'orge, la viande sèche (*khreléa*) et le beurre; vous devez non-seulement suffire à vos besoins, mais encore pouvoir donner généreusement l'hospitalité aux cavaliers de telle, telle et telle tribu, qui viennent nous soutenir. Commandez à vos plus jolies femmes de se tenir prêtes à marcher avec nous, qu'elles s'ornent de leurs plus belles parures; qu'elles parent de leur mieux leurs chameaux et leurs *atatiche* (palanquins de parade); portez vous-mêmes vos plus riches vêtements, car c'est pour nous une affaire de *nif* (amour-propre). Tenez vos armes en bon état, munissez-vous de poudre, et soyez réunis tel jour à tel endroit. Le cavalier qui a une jument et qui ne viendra pas, le fantassin qui possède un fusil et qui restera, seront frappés, le premier d'une amende de vingt brebis, et le second d'une amende de dix brebis. »

Tout homme valide, même à pied, doit faire partie de l'expédition.

On va partir; mais d'abord les chefs confient les troupeaux, les tentes et les bagages de la tribu à la garde de vieillards expérimentés chargés également de pourvoir à la police et à la surveillance de cette réunion de femmes, d'enfants, de malades et de bergers.

Les ennemis aussi se sont préparés ; instruits par des voyageurs, des amis, des parents même qu'ils ont dans le parti opposé, ils se hâtent d'écrire de tous les côtés pour réunir leurs alliés (leur *sof*) ; ils placent les troupeaux, les tentes, les bagages dans un endroit qu'ils croient sûr, puis un rendez-vous est assigné aux cavaliers dans le plus bref délai ; dans la crainte d'une surprise, on choisit un terrain convenable pour la défensive, et l'on attend les événements.

Les événements sont proches, et la tribu qui a pris les armes pour se venger va bientôt se mettre en marche ; elle n'a pas perdu un seul instant. La veille du départ, tous les chefs auxiliaires se réunissent à ceux qui les ont mandés, et, en présence des marabouts, prêtent sur le livre saint de Sidi-Abd-Allah le serment suivant :

« O nos amis ! jurons par la vérité du livre saint de Sidi-Abd-Allah que nous sommes frères, que nous ne ferons qu'un seul et même fusil, et que si nous mourons, nous mourrons tous du même sabre ; si vous nous demandez le jour, nous viendrons le jour, et si vous nous appelez la nuit, nous accourrons pendant la nuit. »

Les assistants, après avoir juré, conviennent de partir le lendemain matin.

Le lendemain, à l'heure désignée, un homme de haute naissance, noble (*djieud*) entre les plus nobles, monte à cheval, se fait suivre de ses femmes portées sur des chameaux, et donne le signal. Tout s'ébranle alors, tout se met en mouvement ; l'œil est ébloui par ce pêle-mêle étrange et pittoresque, cette foule bigarrée de chevaux, de guerriers, de chameaux portant les riches palanquins où sont enfermées leurs femmes.

Ici, ce sont les fantassins qui font bande à part, là, les cavaliers qui surveillent la marche des femmes ; d'autres, plus ardents, plus insoucieux, sont partis en avant ou s'éparpillent sur les flancs, moins en éclaireurs qu'en chasseurs. Ils forcent avec leurs lévriers la gazelle, les lièvres, l'antilope ou l'autruche.

Les chefs sont plus graves ; sur eux pèse la responsabilité. C'est à eux que reviendra la plus grosse part du butin si l'expédition réussit ; mais si c'est un revers, à eux les imprécations, la ruine et la honte.

Ils se concertent et méditent.

Puis viennent les chameaux qui portent les provisions.

Tout cela se conformant aux exigences du terrain, tout cela désordonné, bruyant et joyeux, songeant à l'aventure, non à la fatigue, à la gloire, non aux périls. Les guerriers célèbrent leurs exploits de tous genres; les joueurs de flûte les accompagnent, les animent ou les interrompent, les femmes poussent des cris de joie; ces bruits sont dominés par les enivrants éclats de la poudre.

Mais les fusils se taisent; un jeune et beau cavalier entonne alors l'un de ces chants d'amour que la passion se plaît à parsemer de couleurs éclatantes, d'images étranges, et qui, dans le désert, ont toujours un charme nouveau pour ces populations chevaleresques.

> Mon cœur brûle avec son feu
> Pour une femme issue du paradis;
> O vous qui ne connaissez pas Meryem [1],
> Cette merveille de Dieu l'unique,
> Je vais vous montrer son portrait.
>
> *Meryem*, c'est le bey Osman lui-même,
> Quand il paraît avec ses étendards,
> Les tambours qui mugissent
> Et ses goums qui le suivent.
>
> *Meryem*, c'est une jument de race
>   Qui vit avec délices
>   Dans un palais doré;
>   Elle aime l'ombre des feuilles,
>   Elle boit une eau limpide
>   Et veut des noirs pour la soigner.

1. *Meryem.* — Marie.

Meryem, c'est la lune des étoiles
   Qui trahit les voleurs [1]
   Ou bien c'est encore le palmier
   Du pays des Beni-Mezabe [2],
   Dont les fruits sont si haut
   Qu'on ne peut y toucher.

Meryem, c'est plutôt la gazelle
Quand elle court dans le désert.
Le chasseur met en joue son petit ;
Elle voit brûler l'amorce,
Sait recevoir le coup,
Et mourir pour lui sauver la vie.

Elle m'avait donné rendez-vous
Pour la nuit du lundi ;
Mon cœur battait, elle est venue,
Tout enveloppée de soie,
Se jeter dans mes bras.
Meryem n'a pas de sœur [3]
Dans les quatre coins du monde !

Elle vaut Tunis avec Alger,
Tlemsan et Mascara,
Leurs boutiques, leurs marchands

---

1. *Qui trahit les voleurs*. — Les voleurs arabes se mettent rarement en campagne quand la lune est dans son plein. On a remarqué qu'il y avait beaucoup plus de vols et d'assassinats, en pays arabe, à la fin du mois lunaire.
2. Les Beni-Mezabe forment, au milieu des populations du désert, une petite nation à part qui se distingue par la sévérité de ses mœurs, son langage particulier, sa probité proverbiale et quelques modifications dans les pratiques religieuses.
3. *N'a pas de sœur*. — Expression consacrée dans la langue arabe pour dire : *n'a pas sa pareille.*

Et leurs étoffes embaumées.

Elle vaut les bâtiments
Qui traversent la bleue [1] avec leurs voiles
Pour aller chercher les richesses
Que Dieu nous a créées [2].
Elle vaut cinq cents juments,
Fortune d'une tribu,
Quand elles courent à la poudre
Sous leurs fiers cavaliers.
Elle vaut cinq cents chamelles
Suivies de leurs petits,
Plus cent nègres du Soudan
Volés par les Touareug [3]
Pour servir les musulmans.

Elle vaut tous les Arabes nomades,
Heureux, indépendants,
Et ceux à demeures fixes,
Malheureuses victimes
Du caprice des sultans [4].

Sa tête est ornée de soie pure

---

1. *La bleue* (zerga), veut dire ici : *la mer.*
2. *Que Dieu nous a créées.* — Ici se révèle dans toute sa force l'orgueil des Arabes. Avec le produit de nos chevaux, de nos chameaux et de nos moutons, disent-ils, nous n'avons pas besoin de travailler, et nous pouvons, cependant, nous procurer tout ce que fabriquent, avec tant de peine, ces misérables chrétiens.
3. *Volés par les Touareug.* — Grande tribu, d'origine berbère, qui garde les portes du Sahara et du Soudan, prélevant sur les caravanes un droit de sortie, un droit de voyage et un droit d'entrée. Les Touareug font, en outre, la traite des nègres.
4. Ce couplet peint admirablement et les charmes que les Arabes du Sahara trouvent à leur vie nomade et le mépris qu'ils professent pour les Arabes du Tell.

D'où s'échappent en boucles ondoyantes
Ses noirs cheveux parfumés avec du musc
Ou de l'ambre de Tunis.
Ses dents, vous diriez des perles
Enchâssées dans du corail bien rouge,
Et ses yeux, infiltrés de sang,
Blessent comme les flèches
Des sauvages habitants du Bernou [1]

Sa salive, je l'ai goûtée,
C'est le sucre des raisins secs,
Ou le miel des abeilles
Quand fleurit le printemps.
Son cou, c'est le mât d'un vaisseau
Qui fend les mers profondes,
Avec ses voiles blanches
Pour voguer selon les vents.
Sa gorge ressemble à la pêche
Qu'on voit mûrir sur l'arbre ;
Ses épaules à l'ivoire poli,
Et ses côtes arrondies
Sont les sabres orgueilleux
Que tirent les Djouad [2]

1. Royaume nègre dans le sud duquel certaines peuplades combattent encore avec des flèches empoisonnées.
2. On donne chez les Arabes le nom de Djouad à la noblesse militaire. Ils tirent leur origine des Méhal conquérants venus de l'Est à la suite des compagnons du prophète. L'homme du peuple a beaucoup à souffrir des injustices et des spoliations des Djouad. Ceux-ci cherchent à faire oublier ces mauvais traitements et à maintenir leur influence en accordant généreusement l'hospitalité et leur protection à ceux qui la réclament, c'est dire qu'ils réunissent, au suprême degré, les deux traits saillants du caractère national : l'avidité du gain et un grand amour du faste.

Aux jours fatigués de poudre.
Que de braves cavaliers
Sont morts pour elle en combattant !
O combien je voudrais posséder
Le meilleur cheval de la terre,
Pour marcher seul et pensif
Auprès de sa chamelle blanche !
Ce cheval ferait bien enrager
Les jeunes gens du Sahara !

Je chasse, je prie, je jeûne
Et suis les lois du prophète ;
Mais dussé-je aller à la Mecque,
Je n'oublierai jamais Meryem.
Oui, Meryem, avec tes cils noirs,
Tu seras toujours belle,
Agréable comme un cadeau [1].

Au bout de quelques heures, la chaleur se fait sentir ; on fait une halte (*meguil*), on dresse les tentes, on prépare le déjeuner, on débride les chevaux, on les fait paître : c'est le repos.

Le soleil baisse, la chaleur s'adoucit : il est deux ou trois heures de l'après-midi. En marche ! en avant ! vous autres les hardis cavaliers ; faites voir dans une brillante fantasia ce que sont vos chevaux et ce que vous êtes vous-mêmes. Les femmes

---

1. *Agréable comme un cadeau.* — Cet Arabe, disant que sa maîtresse sera toujours agréable comme un cadeau, fait parfaitement comprendre combien son peuple est encore soumis à l'entraînement et à la corruption des présents

vous regardent ; montrez-leur ce que vous savez faire d'un cheval et d'un fusil.

Allez ! plus d'un sera payé de ses prouesses. Voyez-vous ce nègre ? il apporte à quelqu'un d'entre vous le prix de son habileté à manier un cheval ou à se servir d'un fusil ; c'est le messager auquel une des belles spectatrices a confié son amour : elle l'a chargé de porter au héros de la fantasia ses bracelets de pied (*khrolkhral*) ou son collier de clous de girofle (*mekhranga*).

Mais il ne suffit pas d'être un brave et adroit cavalier, il faut être prudent. — Tu as un ami, demain tu lui donneras ton cheval et tes vêtements ; recommande-lui bien, ta sœur[1] le veut, de se montrer au milieu du goum avec ta monture et vêtu comme toi, que tous les cavaliers s'y trompent. Toi, tu passeras inaperçu, modeste fantassin ; tu marcheras près de la chamelle qui porte ta nouvelle maîtresse. Sois attentif, épie le moment favorable, et glisse-toi dans l'*atouche*. Va, elle est aussi impatiente que toi : elle te tend la main ; profite de ce secours, et que tes mouvements soient plus rapides que le soupçon.

En amour comme en guerre, la fortune est pour les audacieux, mais les périls aussi sont pour eux. Si ces rendez-vous sont fréquents et

---

1. *Ta sœur le veut.* — Sœur, dans cette circonstance, veut dire : maîtresse, amante.

réussissent presque toujours, on y risque sa vie; des amants ainsi surpris seraient sûrs de périr tous les deux.

Mais qui les trahirait? Tous ceux qui les entourent sont pour eux. L'amant instruit ses amis de sa bonne fortune; tous ont voulu aider à son bonheur, et dix ou douze douros ont été envoyés à l'amante. Ce n'est pas tout encore : son émissaire a reçu deux ou trois douros; de l'argent enfin a été distribué aux esclaves et aux domestiques de sa tente. Aussi tous ces serviteurs font-ils bonne garde et sauront-ils prévenir l'amoureux de l'instant où il devra sortir de l'atouche lorsque l'installation du camp, aux approches de la nuit, amènera partout le désordre et la confusion.

Avant le coucher du soleil, les chefs ont fait reconnaître un endroit propice au campement de la nuit. On doit y trouver de l'eau, de l'herbe et les arbustes qui servent à faire le feu (*guetof*, *el oueera* et *el chiehh*). On arrive sur l'emplacement désigné; chacun dresse ou fait dresser sa tente; on débride les chevaux, on les entrave ainsi que les chameaux; les nègres vont à l'herbe et au bois, les femmes préparent les aliments; on soupe. Mille scènes donnent à cet ensemble du camp un aspect plein de charme et d'originalité; puis une obscurité complète l'enveloppe, à moins de clair de lune; les feux sont éteints; aucune clarté ne luit dans ces ténèbres. On ne sait dans le Sahara ce que c'est que l'huile ou la cire [1].

Immédiatement après le souper, chaque tente désigne un homme qui veille autour des bagages et des animaux, il est chargé de prévenir les vols que ne pourra guère empêcher son active vigilance.

Les voleurs ne sont pas les seuls à attendre la nuit. A cette heure aussi, et protégé par cette obscurité, l'amant prévenu par sa maîtresse, s'approche furtivement de la tente où elle repose, en relève les bords, guidé par un esclave dévoué, et prend la place du mari qui, fatigué de la course du jour, dort dans la chambre des hommes (*khralfa mtâa redjal*), car dans les tentes du désert il y a toujours deux compartiments distincts, l'un pour les hommes, l'autre pour les femmes. En outre, un homme ne peut sans honte passer toute la nuit avec sa femme. Rien ne gêne dès lors les entrevues amoureuses. Ce n'est pas la présence d'une ou plusieurs des trois autres femmes que la loi permet aux musulmans, qui y mettrait obstacle; à en croire le proverbe arabe, la juive seule surpasse le Chitann (*Satan*) en malice, mais aussitôt

---

[1]. Depuis les relations fréquentes qu'ils ont avec nous, les chefs du désert emploient, avec plaisir, la bougie qu'ils nous achètent sur le littoral.

après (Satan) vient la musulmane ; il est sans exemple dans le désert que les femmes se soient dénoncées entre elles.

Parfois pourtant on trouve l'aventure trop périlleuse ; la femme alors sort de la tente lorsque tout le monde est endormi, et se rend dans un lieu qu'elle a désigné à l'avance à son amant, par un des intermédiaires obligés, les nègres et les bergers.

C'est aussi à l'heure où les amants heureux se rencontrent, que s'accomplissent les projets de vengeance. Un amant repoussé pénètre dans la tente de celle qui l'a dédaigné, il s'approche d'elle et la tue d'un coup de pistolet. Au bruit de la détonation, on se lève, on court, on pousse des cris, mais le meurtrier a le temps de disparaître, et presque toujours le crime commis sans témoins reste impuni.

Toutes ces aventures sont fréquentes au Sahara, et de gré ou de force une femme arabe a toujours des amants. La jalousie et les précautions des maris surexcitent et poussent à l'excès en le gênant le libertinage des femmes. Quelle que soit leur classe, elles passent leur vie à inventer des ruses pour tromper leurs maris quand elles sont jeunes, à faciliter les amours des autres quand elles sont vieilles[1]. Toutes les intrigues se nouent par l'en-

[1] Il existe cependant d'honorables exceptions.

tremise des pourvoyeuses (*âdjouza*). Ce sont elles dont la langue dorée, et les machinations diaboliques, disposent les jeunes femmes à faillir, et qui ménagent les rendez-vous. Elles prennent tous les visages pour s'insinuer, et réussissent surtout en s'attaquant au côté faible, l'amour des présents.

La nuit est passée, le ciel se dore, c'est l'instant du départ; la marche du second jour va commencer. A ce moment les chefs envoient des chouafs, avec mission de reconnaître l'emplacement de l'ennemi, et de juger aux signes extérieurs, de son état moral, de la quantité des renforts qu'il a reçus. Ces éclaireurs s'avancent avec précaution et ne marchent plus que la nuit lorsqu'ils approchent du camp ennemi. Puis un homme à pied se détache, qui profite de tous les accidents de terrain pour échapper aux regards, et souvent, couvert de haillons, pénètre hardiment, au milieu des douars. Il s'assure du nombre de fantassins, de chevaux, de tentes; observe si l'on rit, si l'on s'amuse, ou si la tristesse règne dans le camp, puis vient rendre compte du résultat de ses observations.

Les *Chouafs* réunis attendent le jour dans un endroit caché, impatients de voir quelle sera l'attitude de l'ennemi au soleil levant; s'il fait la fantasia, s'il tire des coups de fusil, si l'on entend des cris de joie, les chants, les sons de la flûte, bien certainement il a reçu des renforts, et il ne s'inquiète pas de l'attaque prochaine.

La tribu poursuit sa marche jusqu'à ce qu'elle ne soit plus qu'à neuf ou dix lieues de l'ennemi. On ne s'est avancé qu'à petites journées ; les bagages, les femmes, les fantassins, sont autant de causes de lenteur ; ce qui retarde surtout, ce sont les ordres des chefs qui veulent laisser à ceux qu'ils vont attaquer le temps de la réflexion.

C'est prudemment agir, et de puissants motifs les déterminent. Qui sait ? Peut-être vont-ils recevoir des propositions de paix avec force cadeaux, pour eux, les personnages prépondérants dans les conseils ? Les exemples manquent-ils ? N'est-ce point la coutume ? A eux les cotonnades, les vêtements de drap (*kate*), les fusils montés en argent, les bracelets de pied (*khrolkhral*), et enfin les douros !... Alors, il faut le dire, quand l'affaire prend cette tournure, elle est bien près de s'arranger à l'amiable.

Les deux partis ennemis ne sont plus séparés que par un espace de dix lieues, et aucune proposition directe ni indirecte, n'a été échangée. La tribu se reconnaît-elle incapable de résister, ou accepte-t-elle la lutte ?

Si elle renonce à combattre, elle réunit les marabouts les plus influents, et les munit de cadeaux et d'argent dont chacun a fourni sa part. Les saints hommes se rendent dans le camp ennemi, au milieu de la nuit, sous la protection d'un chef prévenu à l'avance, et bien vite séduit par de nombreux cadeaux; celui-ci les conduit chez un autre chef, qui se laisse également aller à recevoir les présents qu'on lui offre; tous les deux accompagnent les messagers de paix chez un troisième personnage, et ainsi de suite, jusqu'à ce que soient gagnés tous ceux dont la voix est puissante. Alors seulement les marabouts, sûrs de la bienveillance de ceux qui les écoutent, émettent les propositions qu'ils sont chargés de faire, et s'expriment ainsi :

« Nous ne sommes venus que pour l'amour de Dieu. Vous savez que nous sommes marabouts et que nous ne voulons que le bien. Il faut, en notre considération, vous arranger avec les musulmans qui nous envoient; cela vaudra mieux que d'attirer sur nous tous les malheurs de la guerre, la ruine, la mort, etc. Si vous voulez le bien, Dieu vous bénira, vous, vos femmes, vos enfants, vos juments, vos chamelles; si vous voulez le mal, qu'il retombe sur vous! Nous le répétons, faites la paix et que Dieu maudisse le démon! »

Après quelques difficultés soulevées pour la forme, les chefs finissent par répondre aux marabouts:

« Eh bien, nous ferons la paix à cause de Dieu et à cause de vous, mais aux conditions suivantes :

« 1° Vous nous rendrez les objets, denrées ou animaux qui nous ont été enlevés, lorsque les vôtres ont pillé notre caravane à tel endroit;

« 2° Vous payerez la *dya*[1] (prix du sang) des nôtres tués par vous tel jour;

« 3° Vous nous rendrez aussi tout ce qui nous a été enlevé en troupeaux, tel jour, par les vôtres, dans telle khrotefa;

« 4° Vous nous restituerez tous les chameaux et chevaux que vos voleurs nous ont dérobés et qui sont encore chez vous. »

Les marabouts acceptent ces conditions, s'en rendent garants; alors on apporte le livre **saint de Sidi-Abd-Allah**, et tous les chefs jurent de faire la paix. Le serment prêté, ceux qui sont venus pour que le sang ne fût pas versé, retournent dans leur tribu l'instruire de ce qui a été décidé, et la forcer d'exécuter les conditions dont ils se sont portés garants.

Le lendemain la tribu qui a accordé la paix, continue sa marche, et vient asseoir son camp à une lieue au plus de l'ennemi. A peine est-elle installée que les marabouts et tous les chefs du parti opposé viennent apporter la rançon convenue. Les grands des deux camps rivaux se réunissent

---

1. La *dya*, dans le Sahara, se paye cinquante *hachy* ou chameaux de trois ans, ou bien encore trois cents moutons; un *hachy* ne vaut donc que six moutons.

et jurent de nouveau sur le livre de Sidi-Abd-Allah :

« Par la vérité de Sidi-Abd-Allah, nous jurons qu'il n'y aura plus entre nous ni razzia, ni vols, ni meurtres, ni ousiga (représailles), que nous sommes frères, et que nos fusils ne tireront plus qu'ensemble. »

Les marabouts des deux partis lisent alors le *fatahh*[1], et terminent en disant : « Que Dieu vous bénisse, nos enfants, d'avoir ainsi enterré le couteau du mal (*khrodmi cheurr*), et qu'il vous fasse prospérer dans vos familles et vos biens ! »

Ces marabouts sont ensuite visités de part et d'autre par les chefs qui leur donnent des offrandes nommées *zyara* (visite).

La paix conclue, la tribu qui s'était mise en mouvement revient sur ses pas, et fait au départ une fantasia des plus bruyantes ; les chevaux caracolent, les coups de fusil retentissent, les femmes poussent des cris ; c'est de la joie, du bonheur, du délire. Une douzaine des chefs de cette tribu restent au milieu de leurs ennemis de la veille, et en reçoivent une hospitalité fastueuse, même de riches présents. Puis, à leur départ, ils emmènent, à leur tour, quelques-uns des chefs, leurs hôtes, et rendent à ces nouveaux alliés leur généreux accueil.

Ces trèves durent assez longtemps, c'est-à-dire une ou deux années.

[1]. Le *fatahh*. Invocation religieuse.

Certes la paix n'eût pas été conclue, si les marabouts qui sont venus la solliciter ne s'étaient pas présentés au milieu de la nuit; s'ils venaient en plein jour, les Arabes, témoins de leurs intrigues, s'écrieraient par jalousie[1] :

« Par le péché de nos femmes, nous nous battrons; un tel a reçu du drap, un tel de l'argent, un autre des bijoux, celui-ci des cotonnades, celui-là des armes, et nous, dont les frères sont morts, nous, dont les troupeaux ont été enlevés, nous n'avons rien reçu! Oui! nous le jurons par Sidi-Abd-Allah, la poudre parlera. »

Souvent, en effet, la poudre parle, et sans que les envieux aient eu à se plaindre des cadeaux faits aux chefs, sans qu'ils les aient empêchés de se débattre et d'accepter des conditions dont ils ne tireraient aucun profit. C'est quand la tribu a résolu de résister, qu'elle se dispose alors à la lutte.

Elle laisse arriver les ennemis à une journée de marche, aucune avance, aucune proposition; ils continuent leur route le lendemain, et viennent camper à deux lieues au plus de ceux qui s'attendent au combat.

---

1. *S'écrieraient par jalousie.* — Ce passage donne encore un côté de la vie arabe. Il prouve en même temps combien, aux chefs, il faut d'habileté, de prudence et de politique pour diriger un peuple dont le dernier berger veut connaître les affaires de son pays.

Les éclaireurs des deux partis se rencontrent, ils s'excitent mutuellement et préludent aux hostilités par des injures. Ce sont les *mecherahhin* (provocateurs); ils échangent quelques coups de fusil, et s'écrient,

Les uns : « O Fatma ! filles de Fatma ! la nuit est arrivée ; pourquoi continuer aujourd'hui ? demain s'appellera votre jour. »

Les autres : « Chiens, fils de chiens, à demain, si vous êtes des hommes vous nous rencontrerez. »

Les éclaireurs se retirent, les chefs de chaque parti organisent au plus vite une garde de cent hommes à cheval et de cent hommes à pied pour la sûreté du camp ; le lendemain on s'observe avec attention : si l'un des deux partis charge ses tentes, l'autre en fait autant ; mais si, laissant ses tentes dressées, il s'avance au combat avec sa cavalerie, son infanterie et ses femmes montées sur des chameaux, on suit son exemple.

Les cavaliers des deux tribus se font face ; les femmes sont en arrière, prêtes à exciter les combattants par leurs cris et leurs applaudissements ; elles sont protégées par les fantassins, qui en même temps forment la réserve.

Le combat est engagé par de petites bandes de dix à quinze cavaliers, qui se portent sur les flancs et cherchent à tourner l'ennemi.

Les chefs, à la tête d'une masse assez compacte,

se tiennent au centre. Bientôt la scène s'anime et s'échauffe; les jeunes cavaliers, les plus braves et les mieux montés, s'élancent en avant, emportés par l'ardeur et la soif du sang. Ils se découvrent toute la tête, entonnent des chants de guerre, et s'excitent au combat par ces cris :

« Où sont-ils ceux qui ont des maîtresses ? C'est sous leurs yeux que les guerriers combattent aujourd'hui !

« Où sont-ils ceux qui, près des chefs, parlaient toujours de leur vaillance ? C'est aujourd'hui que la langue doit être longue, et non dans les causeries.

« Où sont-ils ceux qui courent après la réputation ?

« En avant les enfants de la poudre ! Voyez devant vous ces fils de juifs ! Notre sabre doit s'abreuver de leur sang; leurs biens, nous les donnerons à nos femmes.

« A la nage !... les jeunes gens ! à la nage ! Les balles ne tuent pas.

« Il n'y a que la destinée qui tue. »

Ces cris enflamment les cavaliers, ils font cabrer leurs chevaux et sauter leurs fusils; tous les visages demandent du sang; on se mêle, et l'on finit par s'attaquer à coups de sabre.

Cependant l'un des deux partis recule et commence à se replier sur les chameaux qui portent les femmes; alors on entend de part et d'autre les femmes pousser les unes des cris de joie pour animer encore les vainqueurs, les autres des cris de colère et de sanglantes imprécations pour raffermir le courage ébranlé de leurs maris ou de leurs frères.

« Les voilà donc ces fameux guerriers qui chevauchent avec des étriers blancs et des vêtements splendides dans les fêtes et les noces ! les voilà qui fuient et abandonnent jusqu'à leurs femmes ! O juifs, fils de juifs ! mettez pied à terre, nous monterons vos chevaux, et, à partir d'aujourd'hui, vous ne compterez plus parmi les hommes. O les lâches ! que Dieu les maudisse ! »

A ces injures, l'ardeur se réveille chez les vaincus, ils tentent un effort vigoureux; appuyés par le feu des fantassins qui sont en réserve, ils regagnent du terrain et rejettent l'ennemi jusqu'au milieu de ses femmes, qui à leur tour maudissent ceux qu'elles applaudissaient tout à l'heure.

Le combat se rétablit sur l'emplacement qui sépare les femmes des deux tribus : la lutte dans ses différentes péripéties a été très-acharnée, et bientôt le parti qui a eu le plus de chevaux et d'hommes blessés, qui a perdu le plus de monde, et surtout qui a vu tomber ses chefs les plus vaillants, prend la fuite, malgré les exhortations et les prières de quelques hommes énergiques qui, voulant le rallier, volent de la droite à la gauche, et cherchent à ressaisir la victoire.

Ces braves s'écrient : « Y a-t-il des hommes ici, ou n'y en a-t-il pas?

« Tenez vos âmes! Si vous fuyez, on vous enlèvera vos femmes, il ne vous restera que la honte.

« Mourez ! on ne dira pas : ils ont fui !... Mourez ! vous vivrez encore ! »

Alors il se passe une scène vraiment belle et touchante ; le chef le plus élevé, au désespoir d'être vaincu, se précipite dans la mêlée pour y trouver la mort, mais il est retenu par les jeunes gens qui l'entourent et le supplient de se retirer.

« Tu es notre père, disent-ils ; que deviendrions-nous si nous venions à te perdre? C'est à nous à mourir pour toi; nous ne voulons pas rester comme un troupeau sans berger. »

Quelques guerriers veulent encore tenir, mais la déroute générale les entraîne ; ils sont bientôt auprès de leurs femmes. Alors chacun voyant que tout est perdu, s'occupe de sauver ce qu'il a de plus cher ; on gagne le plus de terrain possible en arrière ; de temps à autre on se retourne pour faire face à l'ennemi, s'il poursuit.

Un désespoir téméraire a parfois changé la face des choses. Aïssa-Ben-el-Chériff, un enfant de quatorze ans, était monté à cheval avec sa tribu pour repousser une attaque dirigée par Sy-el-Djedid. Les gens de l'Arbàa lâchaient pied et prenaient la fuite, lorsque l'enfant se jetant en avant d'eux essaya de les arrêter.

« Quoi donc! vous êtes des hommes et vous avez peur? Vous avez été élevés dans la poudre et vous ne savez pas la frapper! N'avez-vous donc tant soigné vos juments que pour vous en servir dans la fuite? » Les autres criaient toujours : « Djedid! Djedid! voilà Djedid! — Djedid, reprend l'enfant, c'est un homme seul qui vous fait fuir! Voyez donc ce guerrier terrible qui met en déroute des centaines d'hommes et qu'un enfant arrête dans sa victoire! » et Aïssa pique des deux. Il arrive au guerrier redouté; Djedid ne se tenait pas sur ses gardes; qu'avait-il à craindre d'un enfant? mais celui-ci se jette à son cou, l'enlace, et quittant son cheval, se suspend à lui d'une main, tandis que de l'autre il cherche à le frapper de son couteau.

Djedid, stupéfié de tant d'audace, gêné dans ses mouvements, cherche en vain à se débarrasser; mais il n'a pas assez de tout son sang-froid pour parer les coups que lui porte l'enfant. Enfin il n'a pas d'autre moyen de salut que de se laisser tomber de cheval afin d'écraser Aïssa dans sa chute; mais celui-ci a su l'éviter, et s'élançant sur le cheval du chef redouté, il rejoint sa tribu où il montre un trophée qui fait rougir les plus vieux cavaliers de ce moment d'effroi auquel a su résister un enfant.

Le vainqueur, s'il ne faisait par sa faute un pont d'or au vaincu, pourrait le ruiner complétement; mais la soif du pillage l'emporte, il se débande et ne songe qu'au butin; l'un dépouille un fantassin, l'autre un cavalier renversé, celui-ci emmène un cheval, celui-là un nègre. Grâce à ce désordre, les plus braves de la tribu parviennent à sauver leurs femmes, quelquefois leurs tentes.

Après le pillage, les cavaliers de la tribu victorieuse songent à se retirer, les chefs les y engagent.

« Nous avons beaucoup tué, nous avons enlevé des chevaux, capturé des femmes, pris des fusils, nous avons rafraîchi nos cœurs en faisant des orphelins de ces fils de chiens ; le meilleur parti à prendre est d'aller coucher ce soir à tel endroit ; car nos ennemis, soutenus de quelques renforts, pourraient bien nous attaquer cette nuit. »

On fait filer en avant tous les bagages, une forte réserve forme l'arrière-garde et les protége. Le premier jour et les suivants, on marche jusqu'à la tombée de la nuit.

Dans ce genre de guerre, on a le plus grand respect pour les femmes captives. Les hommes de basse naissance les dépouillent de leurs bijoux, mais les chefs tiennent à honneur de les renvoyer à leurs maris avec leurs chameaux, leurs joyaux, leurs parures; ils s'empressent même de faire habiller, pour les restituer, celles qui ont été dépouillées.

Au désert, on ne fait pas de prisonniers, on ne coupe point les têtes, et on a horreur de mutiler les blessés; après le combat, on laisse ceux-ci s'en tirer comme ils peuvent, on ne s'occupe pas d'eux. Il y a quelques rares exemples de cruauté; ce sont les vengeances d'hommes qui ont reconnu dans le goum ennemi les meurtriers de personnes qui leur étaient chères, d'un frère, d'un ami.

A la rentrée sur son territoire, la tribu est accueillie par une fête inouïe; l'allégresse générale se trahit par les démonstrations les plus vives; les femmes font aligner leurs chameaux sur un seul rang et poussent des cris de joie à des intervalles réguliers; les jeunes gens exécutent devant elles une fantasia effrénée; on se salue, on s'embrasse, on s'interroge, on prépare les aliments et pour les siens et pour les alliés; les chefs réunissent la somme à distribuer à ceux-ci. Un simple cavalier ne reçoit jamais moins de dix douros ou un objet de cette valeur. Cette rétribution s'appelle *zebeun*; elle est obligatoire et donnée en sus du butin que chacun a pu faire; on y ajoute même pour le cavalier qui a perdu un cheval, trois chameaux ou cent douros.

Inutile de dire que l'on donne plus de dix douros aux chefs des tribus alliées, chefs dont l'influence a été décisive; ils reçoivent leur part comme les autres; mais, en outre, ils reçoivent secrètement de l'argent ou des cadeaux d'une certaine valeur (tapis, tentes, armes, chevaux).

On donne aux alliés une hospitalité généreuse, et le lendemain, lorsqu'ils se mettent en marche pour rentrer sur leurs territoires, les chefs montent à cheval et les accompagnent. Après avoir cheminé de concert deux ou trois heures, on se renouvelle mutuellement le serment de ne pousser jamais qu'un seul cri, de ne faire qu'un seul et même fusil, de venir le matin, si l'on est demandé le matin, et de venir la nuit, si l'on est demandé la nuit[1].

Il est naturel de chercher à savoir pourquoi la tribu qui va être attaquée, et ne veut pas faire les

---

1. Dans le désert, si les haines sont héréditaires et vivaces, les sympathies, en revanche, sont aussi nombreuses que profondes. Voici des vers qui prouvent jusqu'à quel point de délicatesse et de dévouement l'amitié peut être poussée chez les Arabes :

« Si l'ami ne marche en aveugle comme l'enfant, s'il ne s'expose pas volontairement à la mort, en oubliant que le suicide est un crime, il n'aura point de place dans les tentes de nos tribus.

« J'obéirai à l'appel de mon ami, quand la lumière du matin serait le reflet des épées, quand les ténèbres de la nuit seraient les ombres de la poussière soulevée par le pied des chevaux, j'irai pour mourir ou pour être heureux. Le moindre des sacrifices auxquels j'ai consenti, c'est de mourir. Puis-je vivre loin de l'asile que j'aime? Puis-je supporter l'absence des voisins auxquels je suis accoutumé? »

sacrifices nécessaires pour obtenir la paix, ne s'est pas, elle, tribu nomade, mise à fuir au lieu d'attendre le combat.

Fuir, ce serait vouloir être poursuivi et attaqué dans le désordre d'une retraite, ce serait s'éloigner de son pays, s'exposer à manquer d'eau pour les troupeaux, peut-être même à tomber chez un autre ennemi, qui saisirait bien certainement une occasion de pillage et de vengeance.

Le plus sage est de choisir son terrain, de réunir ses alliés et d'attendre l'ennemi si l'on se croit le plus fort, ou de faire des concessions si l'on se sent le plus faible.

O mon Dieu ! sauve-nous et sauve nos chevaux. Tous les jours nous couchons dans un pays nouveau. Peut-être qu'elle se rappelle nos veillées avec les flûtes et les tambours.

Observations de l'émir Abd-el-Kader.

Comment les peuples étrangers pourraient-ils lutter avec nous, qui nous sommes élevés au plus haut point de l'honneur, et même au-dessus de toutes les tribus réunies dans les grandes assemblées? Ne conduisons-nous pas à l'ennemi des chevaux de race pure qui, terribles comme des lions furieux, savent courir, éperdus, dans les chemins périlleux des montagnes.

J'ai préparé, pour le cas où la fortune me serait infidèle, un noble coursier aux formes parfaites, qu'aucun autre n'égale en vitesse.

J'ai aussi un sabre étincelant qui tranche d'un seul coup le corps de mes ennemis.

Et cependant la fortune m'a traité comme si je n'avais jamais goûté le plaisir de monter un buveur d'air ;

Comme si je n'avais jamais reposé mon cœur sur le sein virginal d'une femme bien-aimée, aux jambes ornées de bracelets d'or ;

Comme si je n'avais jamais ressenti les douleurs de la séparation ;

Comme si je n'avais jamais assisté au spectacle émouvant de nos chevaux de race surprenant l'ennemi à la pointe du jour ;

Comme si, enfin, après une défaite, je n'avais jamais ramené des fuyards au combat en leur criant :

« Fatma, filles de Fatma !

« La mort est une contribution frappée sur nos têtes ; tournez l'encolure de vos chevaux et reprenez la charge. »

Le temps roule sur lui-même et revient.

« Ah ! que je voudrais jeter le monde sur sa figure ! »

———

V.

Une tribu de marabouts.

Il existe dans le Sahara quelques tribus de marabouts, en regard des tribus de Djouad qui forment la majorité. L'origine et l'illustration de celles-ci sont guerrières. C'est à leur origine religieuse que ces tribus de marabouts doivent le respect et la vénération dont elles sont entourées.

Au nombre, je pourrais dire en tête, des plus importantes, figure la tribu des *Ouled-Sidi-Chikh*.

Elle se divise en Sidi Chikh Cheraga (de l'est), et Sidi-Chikh-Garaba (de l'ouest).

Les Ouled-Sidi-Chikh-Cheraga campent ordinairement sur le territoire compris entre l'Oued-Zergoun au sud, Stiten au nord, Bou Aâlam à l'est, et les Arbaouat à l'ouest.

Les Ouled-Sidi-Chikh-Garaba campent sur le pays compris entre El Biod-Ghrarbi à l'est, Figuig à l'ouest, et leurs montagnes au nord.

Leurs tentes, de couleur noire, sont toutes surmontées de bouquets de plumes d'autruche plus ou moins gros, selon la qualité du personnage ou la fortune de la famille; comme presque tous sont marabouts, c'est là, disent-ils, un signe qui les distingue des tribus vulgaires.

Ils sont riches en chameaux, chevaux, moutons, chèvres et ânes; mais ils n'ont point de bœufs et très-peu de mulets.

Les soins à donner aux troupeaux ne les occupent point exclusivement; ils sont, par goût et par instinct, comme tous les Arabes, trafiquants autant que pasteurs; on les compte en grand nombre sur les marchés des Beni-Mzab, de Metlili, de Figuig et de Timimoun dans le pays de Gourara.

Ils y portent :

>Du beurre.
>Du fromage.
>Du blé.
>De l'orge.
>Des laines.
>Des moutons.
>Des tapis nommés frach.
>Des nattes.
>Des cordes en palmier.
>Des chapeaux de palmier ornés de plumes d'autruche.

Ils rapportent des Beni-Mzab :

>Des fusils.
>Des pistolets.
>De la poudre.

Des balles.
Des pierres à fusil.
Des bernous.
Des haïk d'hommes et de femmes.
Des chemises en laine.
Des chaussures-brodequins.
Des babouches de femmes.
Du calicot.
Des épiceries.
De la coutellerie.
Du fer.
De l'acier.
Des fers à cheval.
Des feutres pour selles.
Des laines filées et teintes.
Des teintures.

Ils rapportent de Timimoun :

Des esclaves nègres et négresses.
Des dattes.
Des vêtements de laine.
Du henna.
De la poudre.
Du tabac.
Des peaux tannées appelées filali.
Des saïes (pièces d'étoffes noires venues du pays des nègres; elles n'ont que six pouces de largeur. Les femmes en font des ornements de tête).

Ils rapportent de Figuig les mêmes objets et beaucoup d'autres qui sont tirés de Fàs (Fez).

Les chefs des deux grandes fractions de la tribu

sont chérifs, et prétendent descendre du premier khalifah du Prophète, Sidi-Bou-Beker-Seddik, pour qui Mahomet aurait fait ce vœu :

Allah' idja'l rekoubek sas,	Que Dieu fasse que ta famille monte toujours à cheval,
Ou rekebtek tenebas,	Que ton genou soit toujours baisé,
Ou derritek tetácha,	Que ta postérité mange,
Ou derriti tebka belach !	Quand la mienne aura faim !

Malgré cette communauté d'origine, chefs et fractions ont été souvent divisés ; mais depuis quelques années ils vivent en bonne intelligence.

La sainteté des Sidi-Chïkh et l'influence de leur qualité vénérée, non-seulement n'est point contestée, mais, de temps immémorial, elle leur a attaché un grand nombre de tribus qui se sont déclarées leurs kheddam (serviteurs), et qui se font orgueil de ce titre. Dans le principe, disent les Arabes, quand Dieu eut consacré un homme par un prodige, cet homme fut reconnu marabout. Les tribus voisines d'abord, puis, et à mesure que sa réputation s'étendait, des tribus plus éloignées vinrent le visiter et demander des miracles à ses prières, de la pluie ou du beau temps, des récoltes abondantes, des vœux pour les nouveau-nés, pour les femmes stériles, pour les troupeaux malades. C'est l'histoire de tous nos saints, avec la différence que, dans la religion mahométane, le titre de marabout est héréditaire, et, avec lui, la puissance de cette aristocratie théocratique qui, de père en fils, rayonne sur un plus grand nombre d'individus.

Les kheddam (serviteurs) d'un marabout sont obligés d'aller, une fois l'an, visiter le tombeau où repose le premier saint, chef de sa famille, et chaque pèlerin, suivant sa fortune, y laisse des cadeaux appelés ziara.

A son tour, le marabout, ou quelqu'un de ses parents, va visiter les kheddam, et ce voyage est encore l'occasion d'une ample récolte de présents qui, cette fois, prend le nom de el ouada.

Le marabout impose à ses fidèles telle ou telle prière, ordinairement très-courte, de quelques mots seulement, mais qui doit être dite, à heure indiquée, souvent des milliers de fois, que l'on compte sur un chapelet; cette action s'appelle deker. Cependant une condition exigée, c'est de changer souvent de prière et de laisser chaque fois, au patron, qui seul peut vous en indiquer une nouvelle, une petite redevance.

A l'aide de ces obligations pieuses, les marabouts se sont si bien emparés de l'esprit des populations que beaucoup d'entre eux, comme certains abbés de notre moyen âge, se sont faits, dans un cercle plus ou moins étendu, plus puissants que leur sultan lui-même, qui les tient toujours en grande vénération, forcé qu'il est de se ménager leur intervention ; il ne l'obtient souvent qu'au prix d'une riche ouada. Ils sont d'ailleurs affranchis de toute espèce de corvées et d'impôts.

Tous les Arabes ont un grand respect pour les Ouled-Sidi-Chïkh ; mais leurs kheddam particulièrement dévoués de père en fils sont :

>Les Châmba.
>Les gens de Ouargla.
>El Mekhadma.
>Hhal-el-Touat.
>El Arouat'-Ksal.
>La moitié des A'rba.
>Ouled-Khelif.
>Ouled-Chaïb.
>Zenakha.
>Djebel-A'mour.
>La moitié des Harar.
>Hhal-Engad.
>El Hassessena.
>Beni-Aãmer.
>Hamïan.
>Doui-Menia.
>Djafra.
>Ouled-Aïad.

On comprend facilement qu'avec autant de moyens d'action, cette tribu, qui par elle-même est peu de chose, soit cependant une véritable puissance. Kheddam et tribu ne reconnaissent, en réalité, de seigneur et maître que leur marabout, et lui obéissent passivement; le sultan ne vient qu'après; « car, disent-ils, si un sultan peut nous faire du mal, Dieu peut nous en faire bien davantage. »

Une révolte s'élève-t-elle dans la tribu ? il suffit au marabout' d'une menace : « Que Dieu vous maudisse ! qu'il rende vos femmes, ou vos palmiers, ou vos chamelles stériles ! » pour que tous viennent lui baiser les pieds. Il en est de même pour les kheddam : « Ainsi, nous disait un Arabe, les Ouled-Sidi-Chïkh n'auraient que vingt chevaux, ils ordonneraient à la puissante tribu des Hamïan, qui en a deux mille : elle obéirait dans la crainte de Dieu. »

Il faut l'avouer, au reste, les Ouled-Sidi-Chïkh semblent n'user de ce pouvoir que pour faire le bien; généreux et hospitaliers, si leurs zaouïas s'emplissent par les riches, qui y apportent :

Des moutons.
Des dattes.
Du blé.
Des fruits.
Du beurre.
Du benjoin.
Des bougies.
Des vêtements de laine.
De l'argent.
Et même des chameaux.

Elles se vident par les pauvres, que les besoins

d'un voyage ou qu'une intention pieuse y appellent en foule tous les ans, et par les malades, les estropiés et les aveugles qui viennent y demander un miracle.

Apprennent-ils qu'il y a parmi leurs fidèles contestation de tribu à tribu, de fraction à fraction, de douar à douar, et même d'individu à individu? ils se portent intermédiaires, et s'ils ne peuvent, de chez eux, arranger la querelle, si elle s'envenime, un des chefs monte à cheval et se rend sur les lieux; là, assis sous la tente la plus vaste ou en plein air, entouré d'une foule attentive, il se fait amener les parties adverses qui ne manquent jamais à l'appel, et, par tous les moyens, cherche à les concilier.

« J'ai assisté à une de ces scènes, nous racontait un Arabe, et voici ce qui se passa : Après s'être fait expliquer l'affaire, après avoir entendu les témoins pour et contre, le marabout dit à tous : « Que Dieu maudisse le démon, car le prophète a dit : La dispute est comme le feu; que Dieu maudisse celui qui l'a allumé, et qu'il accorde sa miséricorde à celui qui l'éteint! Le bien vaut mieux que le mal; du bien sortent le repos, l'agriculture, la joie, le bonheur, les enfants; du mal, la douleur, les pleurs, les cris, la famine, la destruction, les perturbations, l'insomnie. Dieu m'a envoyé pour apaiser les querelles; je n'y ai aucun intérêt personnel, je ne vous demande pas d'argent ; ce que je fais, c'est pour l'amour de Dieu ; vous dites, n'est-ce pas, que vous êtes mes serviteurs, et que vos ancêtres étaient les serviteurs de mes ancêtres ; eh bien ! accordez-vous pour l'amour de Dieu, de vos ancêtres et des miens. »

« Il exposa alors ce qui était juste, et il reprit :

« Je vous ai montré le bien et le mal : choisissez. Si vous voulez le bien, il est là ; si vous voulez le mal, vous vous en repentirez. »

« Les parties intéressées s'étant entendues pour faire la paix, il prit un chapelet qui lui vient de son père, le passa au cou de chacun des assistants, et appela sur eux, sur leurs biens et sur leurs familles, les bénédictions de Dieu, par des prières appelées fatha. Tous les assistants levèrent alors les bras à hauteur de la poitrine, et ouvrirent leurs mains comme il est prescrit par le rite musulman, c'est-à-dire la paume tournée vers le ciel, et le marabout continua :

« O mes enfants, je me suis réjoui de vous, en vous voyant m'appeler au milieu de vous : que Dieu vous en sache gré, que Dieu vous protége ; que Dieu vous accorde ce que vous pouvez désirer dans vos familles, et qu'il vous rende comme l'abeille ; en l'air, elle dit : O le protecteur ! et sur la terre : O le généreux !... »

« Toute l'assemblée avait les larmes aux yeux, et tous ayant demandé au saint marabout sa bénédiction, il leur dit :

« Celui qui a quelque chose dans le cœur,
Que Dieu l'accomplisse !
Qu'il l'accomplisse promptement !
Par la bénédiction de la Mecque et de tout ce qui l'entoure ;
Par celle de lalla (dame) Fatima et de son père ;
Par celle de ce lieu et de celui à qui il appartient. »

« Les pleurs et les cris redoublant, il imposa silence de la main, et il termina par cette bénédiction :

« Que Dieu vous fasse teter à tous le teton de sa miséricorde ! »

Grâce à l'intervention paternelle de leurs chefs, il est rare qu'une contestation entre Kheddam des Sidi-Chïkh dégénère en querelle, et plus rare surtout qu'ils en viennent aux mains. Un moment cependant la tribu même a été fortement divisée, l'un de ses chefs, Sidi-Hamza, étant au plus mal avec Abd-el-Kader, depuis la mort du Chïkh des Engad, El Gomari, qui était son ami, et que l'émir avait fait tuer, tandis que Ben-Taïeb, au contraire, avait non-seulement reconnu l'émir, mais lui payait des contributions. Ces symptômes de mauvaise intelligence se sont peu à peu effacés, à mesure que la puissance d'Abd-el-Kader s'est elle-même annihilée.

Les Ouled-Sidi-Chïkh ne s'allient qu'entre eux ; ces nobles de la tente croiraient déroger en donnant leurs filles à des étrangers, à moins qu'ils ne soient, eux aussi, marabouts de grande famille, et telle est la vénération générale dont ils sont entourés, même en dehors de leur territoire, que l'empereur du Maroc, Moula-Abd-er-Rahman, a épousé récemment la sœur de Sidi-Hamza, nommée El Iakout (le rubis). Il ne faudrait pas en inférer, toutefois, que ce mariage unisse les deux beaux-frères par des liens très-étroits ; les sultans du Gharb (de l'ouest) sont dans l'habitude de se laisser aller facilement, et sans pour cela s'engager en rien, à contracter de ces mariages avec les filles des familles distinguées, que l'opinion publique cite pour leur beauté. Ils les gardent plus ou moins longtemps : un mois, six mois, un an ; le divorce les en débarrasse quand le caprice est passé, mais sans que la femme y perde en considération ; c'est, au contraire, un honneur très-envié des plus nobles que celui de la réépouser au sortir du harem impérial.

Les Ouled-Sidi-Chïkh sont renommés pour leur beauté ; ils ont d'ailleurs tous les goûts de nos anciens gentilshommes. Ils aiment les beaux vêtements, les armes riches, les brillants équipages de guerre et de chasse ; ils ont des meutes de lévriers, qu'ils font porter sur des chameaux jusqu'au lieu désigné, où ils courent l'autruche et la gazelle. Dans le désert même, ils passent pour d'excellents cavaliers, et leurs chevaux sont superbes. Ceci ne s'entend évidemment que des plus riches ; mais toute la tribu se distingue néanmoins par ses allures aristocratiques.

Leur nourriture habituelle est le lait, les dattes, le kouscouçou, la chair de mouton et celle de chameau.

On assure qu'au printemps ils abreuvent leurs chevaux avec le lait de leurs chamelles, et que ce régime les engraisse d'une manière étonnante, mais de l'encolure et de la croupe seulement, sans leur donner de ventre. Nous avons entendu dire la même chose de plusieurs autres tribus du désert.

VI.

Organisation d'une caravane

Ayant beaucoup entendu parler du commerce de l'intérieur de l'Afrique, déprécié par les uns, exalté par les autres, j'ai voulu m'enquérir auprès d'un Arabe qui, plusieurs fois, avait suivi les caravanes de ce qu'il pouvait y avoir de fondé dans les allégations des uns et des autres.

C'est à cette occasion que j'ai recueilli, sur l'organisation d'une caravane, les détails qu'on va lire.

Je laisse parler l'Arabe :

Un Targui [1] du Djebel-Hoggar, nommé Cheggueun, vint se fixer à Metlily [2], en 1839, et s'y maria la même année.

Aventureux par instinct, par habitude et par né-

1. Targui, singulier de Touareug, peuplade du grand désert.
2. Metlily, l'une des villes de la tribu des Chambas, qui se divisent en trois grandes fractions : Chambet-Berazegua (de Metlily) Chambet-el-Mahdy (de Guelèa), à l'ouest des premiers, Chambet-Bou-Rouba (d'Ouargla), tout à fait au sud du Sahara, sous le méridien d'Alger.

cessité, comme tous ses frères les Touareug, il avait déjà conduit plusieurs caravanes du Touat[1] au Soudan, et il s'était fait enfin khrebir de profession.

Dans le Sahara, nous nommons khrebir[2], menir[3] ou delil[4], indifféremment, le conducteur d'une caravane ; car ces flottes du désert ne se hasardent point sans chef, ainsi que vous le croyez, vous autres chrétiens, sur notre mer de sables, qui, comme l'autre, a sa houle, ses tempêtes et ses écueils. Chacune d'elles obéit passivement au maître qu'elle s'est donné ; il y commande absolument, c'est un *reïs* à son bord. Il a sous lui des chaouchs pour exécuter ses ordres ; des chouafs (voyageurs) pour éclairer le pays[5] ; un khrodja (écrivain) pour présider aux transactions, les régulariser, en écrire les conventions, recevoir, en cas de mort de l'un des voyageurs, les dernières volontés du défunt, et recueillir sa succession ; un crieur public pour faire les annonces ; un moudden

---

1. Touat, grande oasis de l'ouest qui confine au Maroc.
2. Khrebir vient du verbe *khrebeur*, qui, à sa seconde forme, fait *khrebbeur*, et veut dire : il a donné avis, il a renseigné.
3. Menir vient du verbe *nar*, il a éclairé. De là, mnarah, lanterne, et menir, qui éclaire.
4. Delil vient du verbe *deull*, il a indiqué, il a montré. De là delil, celui qui éclaire une marche, et, aussi, signe par lequel on est dirigé.
5. On nomme encore tekchif, du verbe *kcheuf*, il a découvert, l'éclaireur du khrebir.

pour appeler à la prière ; un iman enfin pour la dire sur les fidèles.

Le khrebir est toujours un homme d'une intelligence, d'une probité, d'une bravoure et d'une adresse éprouvées. Il sait s'orienter par les étoiles ; il connaît, par l'expérience de voyages précédents, les chemins, les puits et les pâturages, les dangers de certains passages et le moyen de les éviter, tous les chefs dont il faut traverser le territoire, l'hygiène à suivre selon les pays, les remèdes contre les maladies, les fractures, la morsure des serpents et les piqûres du scorpion. Dans ces vastes solitudes, où rien ne semble indiquer la route, où les sables souvent agités ne gardent pas toujours les traces du voyageur, le khrebir a pour se diriger mille points de repère. La nuit, si pas une étoile ne luit au ciel, à la simple inspection d'une poignée d'herbe ou de terre qu'il étudie des doigts, qu'il flaire et qu'il goûte, il devine où l'on est, sans jamais s'égarer[1].

Quand une caravane a fait choix d'un khrebir,

---

1. « Je ne vis pas sans étonnement que notre conducteur, nommé Abou-Mohamed-Sendegou-Ben-Messoufi, bien qu'il eût un œil de moins et l'autre malade, reconnaissait parfaitement la route. » *Voyage au Soudan* d'Ibn-Batouta (traduction de M. Mac Guckin de Slane). — Léon l'Africain rapporte que le conducteur de sa caravane devint aveugle en route par suite d'une ophthalmie et reconnut, en touchant l'herbe et le sable, qu'on approchait d'un lieu habité.

elle se donne entièrement à lui ; mais il en est responsable devant la loi, et, sous peine d'amende, il doit la préserver de tous les accidents qui ne viennent pas de Dieu : il paye la dïa (prix du sang) de tous les voyageurs qui, par sa faute, meurent, s'égarent et se perdent, ou sont tués ; il est punissable si la caravane a manqué d'eau, s'il n'a pas su la protéger ou la défendre contre les maraudeurs. Cependant, comme une fois en marche reculer n'est plus possible, et qu'il faut, heureux ou malheureux, que le voyage s'accomplisse, une caravane se garderait bien d'accuser ou de menacer un chef qui l'aurait compromise, avant d'arriver en un lieu sûr où l'on peut *faire la justice.*

Pour échapper à la loi, un khrebir de mauvaise foi pourrait, ainsi que cela s'est vu, rarement il est vrai, la vendre aux Touareug, la faire tomber dans une embuscade, partager le butin, et rester avec les voleurs.

Cheggueun avait toutes les qualités qui font un bon khrebir. Il était jeune, grand et fort ; c'était un maître du bras ; son œil commandait le respect et sa parole prenait le cœur. Mais si dans la tente sa langue était douce, une fois en route, il ne parlait qu'au besoin et ne riait jamais.

Voué par passion et par état aux voyages, pour inspirer plus de confiance, comme à Metlily, il s'était marié à Insalah, point extrême du Touat où se rallient les caravanes de l'ouest, et dans le Djebel-Hoggar, qu'il faut traverser pour aller au Soudan. Il avait ainsi des amis et des intérêts échelonnés sur les deux principales stations de la route, et cette étrange combinaison, qu'autorisent les mœurs et les lois musulmanes, le mettait en contact nécessaire avec les marchands du Sahara algérien, du Touat et du Maroc, et lui assurait à la fois la protection indispensable des Touareug.

Devenu notre hôte, bien accueilli de tous, car il avait connu quelques-uns de nos marabouts dans ses courses précédentes, il nous parlait souvent de ses aventures, et toujours avec tant d'éloquence qu'il faisait une vive impression sur les jeunes gens.

« Le Soudan, nous disait-il, est le plus riche pays du monde ; un esclave n'y vaut qu'un bernous ; l'or s'y donne au poids de l'argent ; les peaux de buffle et de bouc, les dépouilles d'autruche, les sayes[1] et l'ivoire s'y vendent au plus bas prix ; les marchandises des caravanes y centuplent de valeur.

« Vous êtes des fous, ô mes enfants, de vous arrêter à Timimoun[2]. Beau voyage ! long comme

1. Étoffe de cotonnade fabriquée par les nègres ; elle est généralement teinte en bleu ou en noir et n'a qu'une palme de largeur.
2. Ville et marché du Touat, à cent vingt lieues ouest de Metlily.

de mon nez à mon oreille. Voulez-vous être riches ? Allons au pays des nègres ! Souvenez-vous que le Prophète a dit :

« *El Djereb doua el guetran,*
Ou el feker doua el Soudan.
La gale (des chameaux), son remède est le goudron ;
Comme la pauvreté, son remède est le Soudan. »

En l'écoutant, l'amour des aventures nous était venu ; l'espoir de la fortune nous tentait. Sa position d'ailleurs nous garantissait qu'il ne pouvait point nous engager dans une folle entreprise.

Connu et marié dans notre tribu avec une femme jeune, riche et belle, qui venait de lui donner un enfant, nous le regardions *comme de nous*.

Nous nous décidâmes donc, au nombre de quinze, tous parents ou amis, marabouts de la famille des Ouled-Sidi-Zigheum, à courir, sous sa conduite, les chances d'un voyage au pays des nègres, et nous partîmes dès le lendemain pour les villes des Beni-Mezab, Gardaïa, Beni-Isgueun et Mellika, où nous nous approvisionnâmes des marchandises les plus recherchées dans le Soudan, et qui, par leur volume, devaient le moins embarrasser notre marche.

C'étaient des aiguilles, du corail, de la verroterie, du papier, du soufre, du benjoin, de la cannelle, du *droure*, espèce de parfum, du poivre noir, du *sembell*, du *el entyte*, du *mesteka*, des *chachias*, du drap, des mouchoirs, de la cire, des cotonnades, des habaïas (vêtements de laine), des chapeaux de paille, etc., etc., du fer et des aciers que nous devions échanger dans le Touat contre du tabac et du sel.

Chacun de nous en chargea trois chameaux, et nous revînmes à Metlily pour terminer nos préparatifs. Notre départ fut ensuite fixé au jeudi suivant, jour que l'on sait être heureux pour entreprendre les voyages.

Le Prophète a dit :

« Ne partez jamais qu'un jeudi, et toujours en compagnie. Seul, un démon vous suit ; à deux, deux démons vous tentent ; à trois, vous êtes préservés des mauvaises pensées ; — et dès que vous êtes trois, ayez un chef. »

La saison était d'ailleurs favorable : le mois d'août allait finir, les plus fortes chaleurs étaient passées, et nous devions trouver dans le Touat des dattes nouvelles pour ajouter à nos provisions.

Les chefs et les marabouts des Chambas, avertis de notre décision, se réunirent en assemblée, firent appeler Cheggueun, et lui dirent :

« O Cheggueun ! tu as mis dans la tête de nos enfants d'aller au pays des nègres, où tu leur promets de grands bénéfices. Que Dieu te rougisse la figure¹ et allonge ton existence ! Tu connais les routes, tu es un homme sage; nos enfants sont dans ta main. Conduis-les, guide-les, apprends-leur ce qu'ils ignorent, et ramène-les-nous avec l'aman²; Dieu te récompensera ! »

Cheggueun leur répondit :

« S'il plaît à Dieu, ô Chambas, j'emmènerai vos enfants avec l'aman et je les ramènerai de même; ils feront de grands bénéfices; je les sauverai des Touareug; les routes, je les connais; l'eau, ils n'auront pas soif. Enfin, je réponds de tout, excepté des événements de Dieu. »

Alors les marabouts reconnurent Cheggueun pour notre khrebir et lurent sur lui le *fatahh*³ :

« Louanges à Dieu, souverain de l'univers,

« Le clément, le miséricordieux,

« Souverain au jour de la rétribution !

« C'est toi que nous adorons, c'est toi dont nous implorons le secours.

« Dirige-nous dans le sentier droit, dans le sentier de ceux que tu as comblés de tes bienfaits;

---

1. Expression proverbiale en opposition à cette autre : *Que Dieu te jaunisse la figure!*
2. Ce terme a différentes significations. Suivant le cas, il peut se traduire par sauf-conduit, confiance, oubli du passé.
3. Ce mot, qui veut dire ouverture, est le nom du premier chapitre du Koran, de celui qui *ouvre* le livre et que nous citons. Les musulmans lui attribuent des vertus merveilleuses.

« De ceux qui n'ont pas encouru ta colère et qui ne s'égarent pas. Amin !

« O Cheggueun, dirent-ils ensuite, que Dieu te donne sa bénédiction ! qu'il assure ta marche dans ce monde ! qu'il te fasse gagner ! qu'il vous fasse tous, ô mes enfants, arriver avec le bien au but de votre voyage et vous ramène avec le bien !

« O Cheggueun, nous te nommons khrebir de nos enfants, qui sont devenus les tiens. »

La foule nombreuse de nos parents, de nos amis, de nos voisins, nous entourait; beaucoup pleuraient, et nous-mêmes, nous avions les larmes dans les yeux; car nous ne nous dissimulions aucun des hasards de l'entreprise, et, quoique bien résolus, nous sentions venir le regret de quitter pour si longtemps, pour toujours peut-être, ceux qui nous aimaient et ceux que nous aimions. Mais notre parti était pris, et nous aurions voulu pouvoir nous mettre de suite en marche, n'eût-ce été que pour *éviter les adieux qui amollissent le cœur.*

Le soir de cette journée, après un repas en commun, nous nous cotisâmes suivant l'usage pour offrir à notre khrebir un habillement complet et trente douros d'argent; selon l'usage encore, il fut convenu que nous le défrayerions pendant tout le voyage.

Nous devions partir le surlendemain, et nous

employâmes ce dernier jour à faire nos provisions de route. Ce fut pour chacun de nous, un sââ de kouskuessou, un sââ et demi de dattes, une outre de beurre, de la viande séchée (khreléa), deux outres pleines d'eau, un seau en cuir avec sa corde pour abreuver les chameaux, deux paires de chaussures (belghra), des aiguilles à coudre le cuir, et des lanières (séïr) pour les raccommoder, un briquet et du *thom*, espèce d'amadou que nous faisons avec le *chiehh* et le *doumeran*. Notre provision d'eau devait nous conduire jusqu'à la prochaine halte; celle de dattes, de viande et de kouskuessou, jusqu'à Gueléa, où nous pourrions la renouveler.

Mais, pour un si long voyage, ce n'est pas assez de pourvoir à la faim et à la soif; il faut être en garde *contre les attaques à main armée*. Les meilleurs amis d'un voyageur sont un bon fusil, son pistolet et son sabre.

Nous prîmes donc les nôtres avec des pierres à feu, de la poudre et des balles pour l'avenir; et pour le présent, vingt-quatre coups tout prêts dans les vingt-quatre roseaux de notre ceinture (mahazema).

Chacun de nous ensuite choisit quatre forts chameaux, bien bâtés, bien outillés : trois pour les marchandises, l'autre pour les bagages.

Le soleil du jeudi s'étant enfin levé, ce fut l'heure du départ et des adieux.

J'allai faire les miens à mon vieux père : il m'attendait. Son émotion était grande, et la mienne plus grande encore ! Mais pour ne pas la lui laisser voir, je me précipitai vers lui et lui baisai la tête.

« O mon père, lui dis-je, que vos jours soient heureux ! Je pars, et je ne sais si nous nous reverrons en ce monde. Ne m'oubliez pas dans vos prières et donnez-moi votre bénédiction. »

Il me répondit d'une voix tremblante :

« Que Dieu te préserve de tout malheur ! qu'il te ramène sans accident, et qu'il nous réunisse à une époque fortunée ! Heureux sera ton voyage, s'il plaît à Dieu ! »

J'allai ensuite saluer ma mère ; et voyant venir à moi ma femme en pleurs, qui de loin me présentait mon enfant, je me cachai le visage dans les mains et je m'échappai ; l'usage nous défend de faire nos adieux à nos femmes quand nous partons pour une expédition périlleuse.

Le plus fort est faible à l'heure de la séparation !

Le rendez-vous était à la porte El Gharbi (de l'Ouest).

Nos soixante-quatre chameaux et mes quinze compagnons de voyage y étaient déjà réunis, entourés de toute la population de Metlily et de celle des tentes, campées sous les murs de la ville. Dès que je fus arrivé, Cheggueun, qui n'attendait plus que moi, se mit en marche.

A ce moment solennel, il se fit dans la foule, jusque-là silencieuse, un grand mouvement. Nos parents, nos amis, nos marabouts s'écrièrent : « Allah akebeur! Allah akebeur! Dieu est le plus grand! Dieu est le plus grand! » Et de tous les côtés, les femmes arrivant, leurs cruches sur la hanche, aspergèrent d'eau fraîche la croupe de nos chameaux en nous criant :

« S'il plaît à Dieu, vous réussirez!

« S'il plaît à Dieu, vous réussirez! »

Nous marchâmes ainsi, pressés, entourés, suivis, l'espace de cinq ou six cents pas; à mesure que nous avancions la foule était moins nombreuse, et quand enfin nous fûmes seuls, et que nous nous retournâmes pour jeter un dernier coup d'œil sur notre ville bien-aimée, nous vîmes nos mères, nos femmes, nos enfants courbés sur la route, recueillant la terre que nous avions foulée. Il est connu que ce témoignage d'affection est agréable à Dieu.

Ces reliques, portées en amulettes par les amis d'un voyageur, le sauvegardent du malheur et le rappellent au pays.

Péniblement absorbés dans nos réflexions, nous cheminions lentement à travers la forêt de palmiers qui s'étend sous Metlily, quand, au détour d'un sentier, nous fîmes rencontre de la belle Meçaouda, femme de l'un de nos chïkh ; elle revenait de son jardin, suivie d'une négresse qui portait sur sa tête une corbeille pleine de fruits.

Aucune femme dans Metlily n'est plus belle que Meçaouda, ni plus élégante, et son nom veut dire *heureuse.* C'était d'un bon augure. La joie nous revint, et nous nous écriâmes : « Dieu bénira notre voyage ! »

L'un de nous, Mohammed, s'approcha d'elle et lui dit : « Meçaouda, c'est Dieu qui t'envoie ! Dénoue ta ceinture et fais-la flotter au vent, tu nous porteras bonheur ; au retour, nous t'en donnerons une autre plus riche et plus belle, avec les plus jolies pantoufles du Haoussa[1].

— S'il plaît à Dieu, répondit la jeune femme, vous voyagerez et reviendrez avec la paix. »

Et dénouant sa ceinture de soie, elle en prit les deux extrémités, et les agita en nous souriant.

Un peu plus loin, nous nous croisâmes avec le chïkh Salah, qui revenait de Gueléa. Il montait une jument noire, superbe, richement *habillée*, avec une selle en cuir rouge de Tafilalet[2] et une

---

1. Les pantoufles (medass) du Soudan sont particulièrement recherchées par les femmes du Sahara, et même par les riches Mauresques d'Alger.

2. Ville du Maroc où l'on prépare les beaux cuirs que les Arabes nomment *filali* et que nous nommons maroquins.

bride de Figuigue[1] piquées d'or et d'argent. Salah était lui-même bien vêtu : son burnous de Gardaïa était blanc comme la neige, son pistolet et son long fusil de Tunis étaient damasquinés, et son yatagan pendait à son côté dans un fourreau d'argent bien travaillé. Deux grands lévriers jouaient et couraient devant lui, et deux domestiques bien mis et bien montés lui faisaient escorte et compagnie.

En passant à côté de nous, le chïkh Salah fit caracoler sa jument, et nous souhaita d'heureuses chances.

« Ne prends jamais la route si ta première rencontre, en sortant de chez toi, est une femme laide ou vieille, ou une esclave;

« Si tu vois un corbeau voler seul et comme égaré dans le ciel;

« Si deux hommes se querellent auprès de toi, et que l'un dise à l'autre : « Dieu maudisse ton père ! » quelque étranger que tu serais d'ailleurs à cette malédiction, elle retomberait sur ta tête.

« Mais si tes yeux sont réjouis par une jeune femme, par un beau cavalier ou par un beau cheval;

« Si deux corbeaux, l'heureux et l'heureuse (meçaoud et meçaouda) volent ensemble devant toi;

1. Ville et district du nord du Touat, renommée par l'adresse de ses ouvriers en broderie sur le *filali*.

« Si des souhaits, des mots ou des noms de bon présage touchent ton oreille, prends la route avec confiance.

« Dieu qui veille sur ses serviteurs, les avertit toujours par un fal (présage) lorsqu'ils se mettent en voyage. »

Quand notre seigneur Mohamed, suivi du seul Abou-Bekeur, eut quitté la Mecque pour aller à Médine, parce que les djahilya (idolâtres) voulaient l'assassiner, Emkueltoum, dans la maison duquel il descendit, le voyant arriver, appela ses serviteurs : « Mebrouk ! Salem ! »

Le Prophète, en entendant ces noms, dont l'un veut dire l'*heureux* et l'autre le *sauvé*, se retourna vers Abou-Bekeur et lui dit :

« Cette maison nous sera sans aucun doute un refuge assuré. »

Ce fut en effet de ce jour que la puissance de notre seigneur Mohamed commença à s'étendre sur les nations[1].

Nous partions donc sous les meilleurs auspices.

Vers el asseur (3 heures), on s'arrêta sur l'Oued-Nechou qui était à sec, mais où nous connaissions des puits.

Dans le voisinage de l'un d'eux, notre khrebir tendit sa tente de peau de bœuf et nous fit placer

---

[1]. Année de l'hégire, 16 juillet 622. — Médine s'appelait alors Iatreb.

autour de lui de manière à former un grand cercle, dont nos bagages devaient tracer le périmètre, et dont nos chameaux occuperaient le centre. Cheggueun seul avait une tente; pendant toute la traversée, nous couchâmes, nous, en plein air, sur nos bagages, enveloppés dans nos burnous et dans nos haïks.

Ces dispositions de campement adoptées une fois pour toutes, quatre d'entre nous furent commandés pour aller faire paître les chameaux, quatre autres pour aller chercher de l'eau, trois pour aller couper du bois, et cinq enfin pour mettre tout en ordre et faire la cuisine.

A la tombée de la nuit nos chameaux rentrèrent et nous les entravâmes dans l'intérieur de notre *douar* improvisé. Nous soupâmes ensuite, non pas en commun, mais par groupes de quatre.

Après le repas, Cheggueun nous appela dans sa tente et nous dit :

« Asseyez-vous, mes enfants ; nous allons nous concerter; que Dieu nous donne bon conseil ! Ceux d'entre vous qui fument, qu'ils allument leurs pipes, s'ils le veulent, puisque nous ne sommes pas encore en pays assez dangereux pour que la fumée du tabac nous dénonce aux ennemis, et écoutez-moi.

« Je veux vous consulter d'abord sur le choix d'un chaouch et d'un khrodja : d'un chaouch qui puisse m'aider, d'un khrodja qui soit à la fois notre taleb et notre kadi. Quand nous aurons rallié la caravane du Touat; quand, devenus plus nombreux, une organisation plus complète nous sera nécessaire, nous nommerons les autres chefs indispensables à toute assemblée de croyants, qu'elle habite une ville ou des tentes, qu'elle soit sédentaire ou mobile comme nous. »

D'un commun accord, nous désignâmes à Cheggueun, pour lui servir de chaouch, un nommé Ahmoud, dont l'intelligence et l'infatigable activité garantissaient les bons services ; Sid-el-Hadj-Abderrahman, qui avait été deux fois à la Mecque, et qui était savant dans la loi, fut nommé notre khrodja.

Il fut en outre réglé que l'un de nous sur quatre ferait la garde cette nuit et les suivantes.

« Mes enfants, ajouta Cheggueun ensuite, s'il plaît à Dieu, nous ferons un bon voyage; mais il sera long et difficile. Quand le danger est autour de nous, que la prudence soit avec nous!... Retenez donc bien ce que je vais vous dire.

« Ne marchez jamais les pieds nus : le terrain pierreux les meurtrit et le sable les brûle; il se forme alors entre peau et chair des ampoules très-douloureuses.

« El haffa ikolleul el beseur,

« Ikolleul el djeheud

« Ou ikolleul el nefss.

« Marcher les pieds nus affaiblit la vue,
« Diminue la force
« Et diminue la respiration.

« En aucune occasion, ne quittez donc point vos chaussures ; cette précaution d'ailleurs est à prendre contre les vipères (lefaâ) qui dorment dans le sable, et dont les morsures sont toujours mortelles [1].

« Ne vous découvrez jamais la tête pendant l'automne et le printemps surtout ; redoutez les coups de soleil. (Bokuelat el chemce.)

« L'été, si le ciel est clair, tournez le dos à la pleine lune en vous couchant, et couvrez-vous bien la figure pour éviter les coups de lune (Bokuelat el kuemer); les maux de tête et les rhumes les suivent.

« Ne dormez jamais sur le sable nu, vous vous lèvriez avec la fièvre.

« Ne buvez jamais à la *bouche* de vos outres :
« Echerob men foum el lefaâ ;
« Ou la techerob men foum el guerba.
« Bois à la bouche de la vipère ;
« Ne bois jamais à la bouche de la peau de bouc.

« Ne buvez jamais d'eau que la marche a battue et que le soleil a chauffée dans les outres, avant de lui avoir fait prendre l'air un instant.

1. C'est la vipère cornue.

« Après avoir mangé de la viande, ne buvez jamais d'eau sans attendre un moment; *vous boiriez* peut-être la mort.

« Ne buvez jamais le matin avant d'avoir mangé, vous auriez soif toute la journée.

« Ne buvez jamais avant de vous être un peu reposé.

« Ne buvez jamais que deux fois par jour. »

« Les anciens ont dit :

« Ne jetez jamais l'eau

« Avant d'avoir trouvé de l'eau.

« Matekeïss ma,

« Hatta tesib ma.

« S'il arrive que le vent d'ouest (ouahedje) dessèche nos peaux de bouc et les tarisse, gardez-vous de manger des dattes; sucez le suc d'un oignon et avalez trois ou quatre gorgées de beurre fondu; ces précautions ne désaltèrent pas complétement, mais elles trompent la soif et donnent le temps d'attendre.

« On peut rendre encore pour un moment la fraîcheur à sa bouche en y tenant une balle de plomb. D'ailleurs, il est connu qu'un homme ne meurt pas de soif avant trois jours entiers; et dussions-nous tuer quelques-uns de nos chameaux pour nous désaltérer avec l'eau que Dieu met en réserve dans leur estomac, nous n'en manquerons point pendant un si long temps.

« Ne mangez jamais de kouskuessou froid ; il est d'une digestion difficile et pénible.

« Il arrivera sans doute que nous serons obligés d'abattre un chameau ruiné par la fatigue, ou blessé, incapable enfin de continuer la route, et dont la chair fraîche sera pour nous d'un appât très-vif après nos abstinences forcées. Mais, de quelque tentation que vous soyez pris en face d'un bon repas, sachez faire taire votre appétit ; un excès subit après un long jeûne, un excès de viande surtout, donne infailliblement la dyssenterie, sinon mort.

« Enfin, mes enfants, ne courez point la chasse hors de vue de la caravane, ne restez point en arrière, ne vous exposez point imprudemment :

« Celui qui met sa tête dans le son sera becqueté par les poules.

« Jusqu'au pays des Touareug, nous n'avons pas grand'chose à craindre ; mais là nous aurons d'autres précautions à prendre, et je vous les indiquerai.

« Allez, et que Dieu allonge votre existence ! »

Sur ces paroles nous saluâmes notre khrebir en lui baisant la main, et nous allâmes nous coucher sur nos sacs.

Mais à peine avions-nous fermé les yeux que nous fûmes éveillés par une voix forte qui cria :

« Hé ! les gardes ! dormez-vous ? »

C'était Cheggueun qui, de la porte de sa tente, avait fait cet appel.

« Nous veillons ! » répondirent les gardes ; et le calme reprit.

Une heure après, la même voix nous éveillait encore ; et, d'heure en heure, il en fut ainsi jusqu'au matin.

Après la prière, nous décidâmes en conseil que nous achèterions deux moutons aux bergers des Chambet-Berazegas, qui faisaient paître leurs troupeaux dans les environs de l'Oued-Nechou, et que nous les saignerions en l'honneur de Sidi-Abd-el-Kader, pour lui demander sa protection. Ils nous coûtèrent deux douros d'Espagne, et nous les conduisîmes au pied du marabout *Ould-Ameur-ben-Mouça*, près duquel est un puits abondant ; et pendant qu'un de nous les immolait, Cheggueun élevant la voix :

« O Sidi-Abd-el-Kader[1], dit-il, tu es le protecteur du voyageur, le compagnon de celui qui va en ghrazia, l'ami du malheureux, sois avec nous et pour nous dans ce voyage, et quand nous serons de retour, nous donnerons en ton honneur, aux pauvres, une riche *ouada* (cadeau, présent). »

---

1. Sidi-Abd-el-Kader, dont le tombeau est à Baghdad, est le protecteur de tous ceux qui sont dans la peine. Les voleurs même l'invoquent. Il n'est pas un saint musulman à qui l'on ait bâti plus de marabouts (koubba).

Les victimes furent ensuite dépouillées et partagées fraternellement entre nous et les bergers qui nous les avaient vendues. Ces braves gens nous donnèrent en échange du lait frais de brebis.

Ce jour-là nous fîmes séjour auprès du marabout.

Le lendemain, à dix heures, nous déjeunâmes sur l'Oued-el-Maïze (la rivière des Chèvres), où nos chameaux avaient à paître, et le soir nous campions sur l'Oued-el-Gaâ, auprès d'un puits appelé *Hassy-el-Gaâ*.

C'est un lieu célèbre et révéré où s'élève, sous un palmier, la koubba de Sidi-el-Hadj-bou-Hafeus, que visitent souvent les Chambas.

Sidi-el-Hadj-Bou-Hafeus est un saint des Ouled-Sidi-Chïkh, qui a fait à la Mecque trente-trois voyages, dont plusieurs comme Amir-el-Rekueb, ou chef de la caravane de pèlerins qui s'y rend par le Sahara. Le puits d'El-Gaâ était une de ses stations habituelles, et la piété des croyants a voulu consacrer ce souvenir en élevant une koubba à l'endroit où le pieux pèlerin avait tant de fois bâti sa tente.

Son véritable tombeau est à *El-Biod-Mtaâ-Ouled-Sidi-Chikh*.

A mesure que nous avancions, Cheggueun redoublait de prudence, et, bien que nous eussions pris toutes les précautions dont j'ai déjà parlé, il se leva plusieurs fois pendant la nuit pour tenir les gardes éveillés, et pour crier lui-même d'une voix forte aux maraudeurs qui pouvaient être tentés de nous attaquer :

« O esclaves de Dieu, vous entendez! Celui qui tourne autour de nous, tourne autour de sa mort!

« Il n'y gagnera rien et ne reverra pas les siens!

« S'il a faim, qu'il vienne, nous lui donnerons à manger.

« S'il a soif, qu'il vienne, nous lui donnerons à boire.

« S'il est nu, qu'il vienne, nous le vêtirons.

« Et s'il est fatigué, qu'il vienne se reposer.

« Nous sommes des voyageurs pour nos affaires, et nous ne voulons de mal à personne. »

Soit qu'il n'y eût pas de voleurs dans les environs, soit qu'ils eussent été effrayés par cette publication qui pouvait s'entendre fort loin, dans le silence de la nuit et le calme du désert, il ne nous arriva aucun accident.

Notre premier repos du jour suivant fut sur l'Oued-Seghrir, qui était à sec, mais dont les rives sont fournies d'herbes et de buissons; et le soir, à cinq heures, nous étions sur l'Oued-Ghriar, auprès de la koubba de Sidi-Mohamed-Zighreum, mon ancêtre : c'est de lui que descend la fraction des Chambas qui porte son nom.

Sidi-Mohamed, étant en voyage, fut appelé par

Dieu dans le lieu même où nous campions, nous, ses enfants; ses compagnons transportèrent son corps à Metlily, lui bâtirent une koubba, et revinrent sur l'Oued-Ghriar en élever une autre à sa mémoire.

Il a emporté dans l'autre vie l'horreur qu'il avait en celle-ci pour le mensonge : ceux qui jurent en vain par lui perdent la vue, leurs troupeaux dépérissent et meurent d'un mal inconnu.

Nous lui fîmes nos prières en commun [1].

1. Voy. *le Grand Désert, ou itinéraire d'une caravane du Sahara au pays des nègres,* par le colonel E. Daumas, ex-directeur central des affaires arabes, et Ausone de Chancel. (1848, imp. et lib. de Napoléon Chaix et Comp., Paris, 20, rue Bergère.)

VII.

Les mahara ou chameaux coureurs.

Le mahari est beaucoup plus svelte dans ses formes que le chameau vulgaire (djemel); il a les oreilles élégantes de la gazelle, la souple encolure de l'autruche, le ventre évidé du slougui (lévrier); sa tête est sèche et gracieusement attachée à son cou; ses yeux sont noirs, beaux et saillants; ses lèvres longues et fermes cachent bien ses dents; sa bosse est petite, mais la partie de sa poitrine qui doit porter à terre lorsqu'il s'accroupit est forte et protubérante; le tronçon de sa queue est court; ses membres, très-secs dans leur partie inférieure, sont bien fournis de muscles à partir du jarret et du genou jusqu'au tronc, et la face plantaire de ses pieds n'est pas large et n'est point empâtée; enfin, ses crins sont rares sur l'encolure, et ses poils, toujours fauves, sont fins comme ceux de la gerboise.

Le mahari supporte mieux que le djemel la faim et la soif. Si l'herbe est abondante, il passera l'hiver et le printemps sans boire; en automne, il ne boira que deux fois par mois; en été, il peut, même en voyage, ne boire que tous les cinq jours.

Dans une course de ghrazia, jamais on ne lui donne d'orge; un peu d'herbe fraîche au bivouac et les buissons qu'il aura broutés en route, c'est là tout ce qu'il faut à sa chair; mais, au retour à la tente, on le rafraîchira souvent avec du lait de chamelle dans lequel on aura broyé des dattes.

Si le djemel est pris de frayeur ou s'il est blessé, ses beuglements plaintifs ou saccadés fatiguent incessamment l'oreille de son maître. Le mahari, plus patient et plus courageux, ne trahit jamais sa douleur et ne dénonce point à l'ennemi le lieu de l'embuscade.

On ne sait point si Dieu créa les mahara, ou si les hommes ayant mis à part leurs chameaux les plus fins et les plus agiles, et leur ayant fait faire alliance entre eux, les produits successifs de ces animaux se sont ennoblis de père en fils, jusqu'à former une race distincte. Ce que mon œil a vu, c'est que la race des mahara existe aujourd'hui avec des caractères qui sont à elle [1].

1. M. le général Marey, dans son expédition à El Aghrouat (juin 1844), reçut trois mahara. « Le mahari, dit-il, n'est peut-être pas un animal à part. Il paraît être au chameau ordinaire ce qu'un cheval de course est au cheval de trait.... Son allure habi-

Le mahari est au djemel (chameau) ce que le djieud (noble) est au khreddim (serviteur).

On dit dans le Tell que les mahara font en un jour dix fois la marche d'une caravane (cent lieues); mais les meilleurs et les mieux dressés, du soleil à la nuit, ne vont pas au delà de trente-cinq à quarante lieues[1]; s'ils allaient à cent, pas un de ceux qui les montent ne pourrait résister à la fatigue de deux courses, bien que le cavalier du mahari se soutienne par deux ceintures très-serrées, l'une autour des reins et du ventre, l'autre sous les aisselles.

Dans le Sahara algérien, après les montagnes des Ouled-Sidi-Chikh, les chevaux sont rares, les chameaux porteurs innombrables et les mahara de plus en plus nombreux jusqu'au Djebel-Hoggar.

L'automne est la saison où les chameaux sont en amour, et si les Sahariens ne laissent point indifféremment approcher la chamelle par le premier étalon venu, ainsi que les Touareug, ils donnent

---

tuelle est le trot; il peut le tenir un jour entier : ce trot est comme le grand trot d'un bon cheval. » Ce témoignage *de visu* dément cette assertion d'un autre auteur qu'il ferait faire cent lieues par jour au mahari.

1. Hérodote dit des Arabes de la grande armée de Xerxès : « qu'ils montaient des chameaux d'une vitesse égale à celle des chevaux. » (Liv. VII, chap. LXXVI.) Nous retrouvons ainsi les mahara en usage il y a deux mille quatre cents ans. Ne pourrait-on pas en conclure que ces animaux appartiennent à une race non particulièrement décrite encore par l'histoire naturelle?

des soins plus spéciaux encore à la reproduction des mahara. Ces nobles animaux ont, comme les chevaux de race, des ancêtres connus, et leur généalogie n'est point entachée de bâtardise.

La maharia porte douze mois ; son état de gestation n'empêche point toutefois qu'on en use encore pour la course et pour la ghrazia, mais on la ménage progressivement à mesure que son terme approche.

Aussitôt qu'elle a mis bas, on emmaillotte avec une large ceinture le jeune mahari pour soutenir ses intestins et pour que son ventre ne prenne point un développement trop volumineux.

Huit jours après, cet appareil est enlevé.

Le jeune mahari a sa place dans la tente ; les enfants jouent avec lui, il est de la famille ; l'habitude et la reconnaissance l'attachent à ses maîtres, qu'il devine être ses amis.

Au printemps, on coupe tous ses poils, et de cette circonstance il prend le nom de bou-kuetaâ (le père du coupement).

Pendant toute une année, le bou-kuetaâ tette autant qu'il veut ; il suit sa mère à son caprice ; on ne le fatigue point encore par des essais d'éducation ; il est libre comme s'il était sauvage.

Le jour de son sevrage arrivé, on perce de part en part une de ses narines avec un morceau de bois pointu qu'on laisse dans la plaie, et lorsqu'il voudra teter, il piquera sa mère qui le repoussera par des ruades, et il abandonnera bientôt la mamelle pour l'herbe fraîche de la saison.

Au printemps de cette année on le tond de nouveau, et il quitte son nom de bou-kuetaâ pour prendre celui de heug [1].

A deux ans accomplis son éducation commence : pour première leçon, on lui met un licou dont la longe vient entraver un de ses pieds ; on le maintient immobile du geste et de la voix d'abord, de la voix seulement ensuite ; on détache alors son pied entravé ; mais, s'il fait un pas, on l'entrave encore ; il a compris enfin ce qu'on veut de lui, et ces leçons n'auront de fin que s'il reste un jour tout entier, sa longe traînante, à la place où l'aura mis son maître.

Ce premier résultat obtenu, le heug est soumis à d'autres épreuves.

On rive à sa narine droite un anneau de fer qu'il gardera jusqu'à la mort, et dans lequel est attachée la rêne en poil de chameau qui viendra se réunir sur son garrot, en passant de droite à gauche, avec la longe du licou qui passera de gauche à droite.

On lui ajuste la rahhala, sorte de selle dont l'assiette est concave, le dossier large et haut, le pom-

[1]. Vient du verbe *hakeuk*, il a reconnu, il s'est assuré ; ce qui veut dire que le chameau de deux ans commence à être raisonnable.

meau élevé, mais échancré de sa base à son sommet. Le cavalier est assis dans la rahhala comme dans une *tasse*, le dos appuyé, les jambes croisées sur le cou du mahari et assurées par leur pression même dans les échancrures du pommeau. Le moindre mouvement sur la rêne de la narine imprime à l'animal une douleur si vive qu'il obéit passivement ; il oblique à gauche, il oblique à droite, il recule, il avance, et s'il est tenté par un buisson et qu'il se baisse pour y toucher, une saccade un peu rude l'oblige à prendre une haute encolure. Qu'un chameau porteur broute sur la route, l'inconvénient n'est pas grand, il a le temps d'arriver ; mais un mahari doit aller vite, c'est là sa qualité première.

Pour apprendre au heug à s'accroupir, dès que son cavalier lui crie : *ch ch ch!...* on se fait aider par un camarade qui frappe avec un bâton l'animal au genou au moment où le cri part, et jusqu'à ce que le cri seul obtienne obéissance.

Pour le faire enfin aussi rapide que possible, celui qui le monte lui frappe alternativement les flancs avec un fouet en l'excitant par un cri aigu. *Le jeune mahari chérit beaucoup sa chair*, il part au galop ; la douleur le suit, il la fuit plus vite, il passe comme une autruche, ses jambes sont des ailes ; mais, pour ne pas le fatiguer, on l'arrête de loin en loin en tirant sur la rêne.

Si le heug, enfin, sait s'arrêter, quelque vitesse qu'il ait prise, quand son cavalier tombe ou saute de la rahhala; s'il sait tracer un cercle étroit autour de la lance que son cavalier plante en terre et reprendre le galop dès qu'elle est enlevée, son éducation est complète, il peut servir aux courses; ce n'est plus un *heug*, c'est un mahari.

Un bon mahari vaut de deux cents à trois cents boudjoux, quelques-uns même sont estimés jusqu'à plus de quatre cents. Un djemel n'en vaut jamais plus de soixante à quatre-vingts.

Si les chameaux ne sont pas aussi nobles que les mahara, ils ne sont pas moins utiles. Sans les chameaux, point de relations possibles entre les peuples du Sahara, le Soudan serait inconnu; nous n'aurions pas d'esclaves, et les croyants ne pourraient point aller visiter la chambre de Dieu : avec eux, le désert n'a pas d'espace, ce *sont les vaisseaux de la terre : Gouareub el Beurr*. Dieu l'a voulu, et il les a multipliés à l'infini.

Vivant ou mort, le chameau est la fortune de son maître.

Vivant, il porte les tentes et les provisions, il fait la guerre et le commerce; pour qu'il fût patient, Dieu l'a créé sans fiel[1]; il ne craint la faim ni la soif, la fatigue ni la chaleur; son poil fait

---

1. Les Arabes disent que le chameau n'a pas de fiel, et que de là vient sa patience.

nos tentes et nos burnous; le lait de sa femelle nourrit le riche et le pauvre, *rafraîchit la datte*[1], engraisse les chevaux : c'est la source qui ne tarit point.

Mort, toute sa chair est bonne; sa bosse (deroua) est la tête de la diffa[2]; sa peau fait des outres (mezade) où l'eau n'est jamais bue par le vent ni le soleil; des chaussures qui peuvent sans danger marcher sur la vipère, et qui sauvent du *haffa* les pieds du voyageur[3]; dénuée de ses poils, mouillée ensuite et simplement appliquée sur le bois d'une selle, sans chevilles et sans clous, elle y fait adhérence, comme l'écorce avec l'arbre, et donne à l'ensemble une solidité qui défiera la guerre, la chasse et la fantasia.

Ce qui fait la supériorité du mahari, c'est qu'à toutes les qualités qui sont de lui, il réunit toutes celles du djemel. Ce qui fait son infériorité, c'est que son éducation difficile *mange* pendant plus d'un an tout le temps du maître, et que ceux de sa race ne sont pas nombreux.

La beauté ne voyage pas par caravanes.

1. Nous avons dit ailleurs que cette expression proverbiale désignait la nécessité où sont les Sahariens d'atténuer les effets pernicieux de la datte par son mélange ordinaire avec du lait.

2. C'est le mets le plus recherché que l'hospitalité puisse offrir à des hôtes de distinction.

3. Ce sont de véritables brûlures que les sables font aux pieds de ceux qui marchent sans chaussures.

VIII.

Les Touareug.

Il est difficile de circonscrire exactement le territoire habité par les Touareug. La vie exceptionnelle que mènent ces pillards nomades échappe à toute appréciation géographique un peu certaine; nous les retrouvons partout dans cet immense périmètre, cerclé par une ligne qui, du Tidikelt dans le Touat, descend à Timbektou, longe le Niger de l'ouest à l'est, et remonte par le Fezzan jusqu'à Rdamès, le point extrême de la province de Tripoli. C'est là le véritable désert, l'océan de sables, dont les Touareug se sont faits les pirates.

Un grand archipel montagneux égaré dans le centre à peu près de cette immensité, et qu'on appelle le Djebel-Hoggar, est le nid, le refuge habituel des véritables Touareug, des Touareug-Harar, ou de race, comme on les appelle. Cependant, quelques fractions de leur grande tribu ont fait élection de domicile plus près de notre Sahara.

D'autres sont campés en avant et dans la proximité de Timbektou, qu'ils tiennent en état de blocus perpétuel.

Beaucoup sans doute nous sont inconnus.

Jalonnés dans le désert, les uns au nord, les autres au centre, d'autres au sud, ils gardent les portes du Sahara et celles du Soudan, prélevant sur les caravanes un droit de sortie, un droit de voyage, un droit d'entrée, et si quelqu'une passe en contrebande, elle est impitoyablement pillée.

Quelle est l'origine de ce peuple singulier morcelé ainsi en tant de bandes, si distantes les unes des autres, et qui toutes, dans le nord au moins, révèlent par leurs traits, par leurs mœurs, par leur langage, une race commune? Nous renonçons, quant à nous, à résoudre cette question, et nous nous bornerons à résumer les notes éparses que nous ont fournies cent Arabes, qui tous avaient vu les Touareug, avaient commercé avec eux, ou voyagé sous leur sauvegarde.

Les Touareug prétendent descendre des Turcs; nous croyons inutile de discuter cette opinion accréditée sans doute par leur amour-propre, car ils affectent de mépriser les Arabes qu'ils traitent en peuple vaincu. Quoi qu'il en soit, ils sont grands, forts, minces et de couleur blanche, même ceux qui campent sous Timbektou. Cependant les fractions que l'on retrouve autour des autres villes du Soudan sont de sang mêlé; leurs yeux sont généralement très-beaux, leurs dents très-belles; ils portent de grandes moustaches à la manière des Turcs, et, sur le sommet de la tête, une touffe de cheveux qu'ils ne coupent jamais, et qui, chez certains d'entre eux, devient si longue, qu'ils sont obligés de la tresser. Le tour de leur tête est rasé; tous ont des boucles d'oreilles. Leur costume consiste en une grande robe qui ressemble à la djellaba ou Habaïa des Kabyles, et qu'ils appellent djeba; elle est très-large, très-ample, et faite de bandes réunies de cette étoffe noire étroite appelée saïe, qui vient du Soudan, et dont nous avons déjà parlé. Sous la djeba, ils portent un pantalon qui a quelques rapports avec celui des Européens, mais qui se soutient sur les hanches à l'aide d'un cordon passé dans une coulisse; une ceinture en laine leur presse la taille. Pour coiffure, ils ont une chaichia très-élevée, fixée à leur tête par une pièce d'étoffe roulée en façon de turban, et dont un des bouts passé dans toute sa largeur sur leur figure n'en laisse voir que les yeux; « car, disent-ils, des gens nobles ne doivent pas se montrer. » Les chefs seuls portent des burnous.

Presque tous, riches ou pauvres, ont les pieds nus; si on leur en demande la raison : « C'est que, répondent-ils, nous n'allons jamais à pied. » Ceux d'entre eux pourtant qui, faute d'un chameau, sont obligés de marcher dans les sables, portent des espèces d'espadrilles liées à la jambe par des cordons.

Leurs armes sont : une lance très-longue, dont le large fer est taillé en losange, un sabre large et long, à deux tranchants, un couteau fourré dans une gaîne en cuir appliquée sous l'avant-bras où elle est fixée par un cordon, de manière à ce que le manche de l'instrument qui vient s'arrêter au creux de la main, soit toujours facile à saisir et ne gêne en rien les mouvements; un grand bouclier en morceaux de peau d'éléphant, consolidés par des clous, et dont ils se servent avec beaucoup d'adresse, complète cet arsenal portatif. Les chefs, et les plus riches seulement, ont des fusils dont quelques-uns sont à deux coups.

Très-sobres au besoin, ils resteront deux ou trois jours sans boire ni manger, plutôt que de manquer un coup de main; mais très-gloutons à l'occasion, ils se dédommagent largement après la razzia.

Leur nourriture habituelle est le lait, les dattes, la viande de mouton et de chameau, et, par exception, des galettes de farine ou du kouskouçou; car ils n'ont que peu ou point de blé, et celui seulement qu'ils pillent.

Ils sont riches en troupeaux de chameaux et de cette espèce de moutons qui n'ont point de laine, mais un poil très-court, et qui se distinguent par une queue énorme.

Les Touareug parlent le targuïa. Cette langue semble avoir certain rapport avec le zenatïa ; car, si nous en croyons les habitants du Touat, ils comprennent les Touareug et s'en font comprendre.

Leurs femmes vont la figure découverte ; elles sont très-belles et très-blanches : « Blanches comme une chrétienne. » Quelques-unes ont les yeux bleus, et c'est dans la tribu un genre de beauté fort admiré ; toutes sont très-sensuelles et très-faciles. Leur costume consiste en un pantalon en saïe noire, une robe large de même étoffe et de même couleur, et une espèce de coiffe dont nous n'avons pu saisir la description. Les plus riches se chargent de bijoux ; les autres n'ont pour tout ornement que des bracelets en corne aux avant-bras. Hommes et femmes portent au cou des colliers de talismans.

Leur religion est la musulmane ; mais ils prient peu, ne jeûnent point, ne font point les ablutions ordonnées. Ils ne saignent point les animaux comme le veut la loi ; ils leur coupent tout bonnement la tête d'un coup de sabre. Aux jours de grandes fêtes de l'islamisme, au lieu de faire des prières, ils se réjouissent par des combats simulés, par des essais de petite guerre, qu'ils mettent en pratique à la première occasion. Ils n'ont, en un mot, de musulmans que le titre, et il serait difficile qu'il en fût autrement au milieu de la vie sans cesse agitée qu'ils mènent. Ce mépris du Koran et la terreur qu'ils inspirent aux Arabes n'ont pas peu contribué sans doute à exagérer leur détestable réputation. Sous les tentes du Tell, on parle des Touareug comme autrefois, chez nous, on parlait des Turcs.

Il n'y a, au reste, qu'une voix sur leur compte : « Quels sont leurs ennemis, demandions-nous à un Touati ? — Ils n'ont pas d'amis, nous répondit-il. » Un autre nous disait : « Je n'ai rien vu de bon chez eux que leur beauté et leurs chameaux. Braves, rusés, patients, comme tous les animaux de proie, ne vous fiez jamais à eux ; ils sont de mauvaise parole. Si vous recevez l'hospitalité chez l'un d'eux, vous n'avez rien à craindre de lui, sous sa tente, ni quand vous serez parti ; mais il préviendra ses amis qui vous tueront, et ils partageront vos dépouilles. »

Si nous nous dégageons de tous ces préjugés, nous trouvons chez ces peuplades des vertus de famille qui révèlent de grandes qualités instinctives. Ainsi la polygamie y est très-rare et tout à fait exceptionnelle. La dignité de la race s'y perpétue sans mélange d'alliances étrangères, même avec les Arabes, que les Touareug méprisent, et dont ils se disent les seigneurs. Le deuil des morts aimés ou vénérés se porte religieusement et longtemps, et, pendant ce temps de douleur, les amis et les parents du mort laissent croître leur barbe, et ne peuvent pas se marier.

Concluons-en que, là, comme partout, le bien est à côté du mal, et que la nécessité seule, peut-être, a compromis une nature sûrement meilleure que ne le disent les Arabes.

L'immense montagne appelée Djebel-Hoggar, le refuge principal des Touareug du nord, forme une espèce de quadrilatère. Presque tous ses pics sont boisés de grands arbres; ses ravins tourmentés et rocailleux sont autant de torrents à la saison des pluies; il y fait alors un froid humide contre lequel ces frileux habitants du désert luttent de précautions en s'enveloppant de vêtements de laine, espèce de burnous doublés en peaux de chèvre. Ils vivent alors en famille sous leurs tentes circulaires, faites en peaux tannées qui leur viennent du pays des nègres. Leur seule distraction est la pipe dont abusent les hommes et dont usent largement les femmes.

Au printemps, ils reprennent le désert.

C'est également au printemps que les caravanes se mettent en mouvement. Elles savent d'avance que les Touareug les guetteront au passage; aussi le chef des plus prudentes s'entendra-t-il avec le chef le plus voisin des bandes errantes, qui lui donnera quelques cavaliers sous la sauvegarde desquels la caravane continuera sa route, changeant de prolecteurs d'espaces en espaces, et payant à tous jusqu'à destination, et selon l'importance de ses marchandises, un impôt forcé que l'amour-propre des Arabes déguise sous le nom de cadeau en échange d'une protection. Nous avons dit ailleurs ce qui arrive aux caravanes qui cherchent à s'en affranchir. Les plus grandes cependant passent hardiment, fortes de leur nombre; mais alors, de douanier, le Targui se fait brigand ou voleur, et la met encore à contribution.

Dès que les espions ont éventé l'immense convoi, ils le suivent à la piste, de loin, prudemment, en se cachant dans les plis des vagues de sable, pendant que d'autres sont allés donner l'éveil à leur bande commune. Elle arrive sur ses rapides mahara, ses chameaux de course, se disperse dans l'espace, et quand la nuit sera venue, quand la caravane se reposera, sur la foi de ses sentinelles, des fatigues de la journée, les voleurs s'en rapprocheront; chacun laissant son chameau à la garde d'un complice et à quelque distance. Les plus adroits s'avanceront en rampant, lentement, sans bruit; et le lendemain, dix, quinze, vingt chameaux, plus ou moins, mais toujours les plus chargés, manqueront au départ de la caravane. Ces tentatives hardies sont fréquentes, non-seulement dans le désert, mais dans nos camps à nous. Les Arabes, comme les Touareug, sont venus bien souvent voler les chevaux de nos officiers et des faisceaux entiers de fusils, jusque sous les yeux des sentinelles.

Les grandes expéditions, soit sur le pays des nègres, soit sur le Tidikelt ou sur les Chamba, ou sur une caravane qu'on sait être en marche, sont décidées dans un conseil tenu par les chefs.

Tous ceux qui doivent partager les dangers et les bénéfices de l'entreprise partent, quelquefois au nombre de quinze cents ou deux mille hommes, montés sur leurs meilleurs mahara. La selle d'expédition est placée entre la bosse de l'animal et son garrot; la palette de derrière en est large et très-élevée, beaucoup plus que le pommeau de devant, et souvent ornée de franges en soie de diverses couleurs. Le cavalier y est comme dans un fauteuil, les jambes croisées, armé de sa lance, de son sabre et de son bouclier; il guide son chameau avec une seule rêne attachée sur le nez de l'animal par une espèce de caveçon, et parcourt ainsi des distances effrayantes, vingt-cinq à trente lieues par jour, sans se fatiguer.

Chacun ayant sa provision d'eau et de dattes, la bande entière se met en marche à jour convenu, plutôt à nuit convenue; car, pour éviter les chaleurs du soleil et l'éclat des sables, elle ne voyage que de nuit en se guidant sur les étoiles. A quatre ou cinq lieues du coup à faire, tous mettent pied à terre, font coucher leurs chameaux qu'ils laissent à la garde des plus fatigués d'entre eux et des malades. Si c'est une caravane qu'ils veulent attaquer et qu'elle ne soit pas trop forte, ils se jettent sur elle en hurlant un effroyable cri de guerre; ils entrent dedans à coups de sabres et de lances, non point qu'ils frappent au hasard cependant; l'expérience leur a appris à frapper leurs ennemis aux jambes : chaque coup de leur large sabre met un homme à bas. Quand le carnage est fini le pillage commence : à chacun sa part désignée par les chefs. Les vaincus, morts ou blessés, ils les laissent là sans les mutiler, sans leur couper la tête, mais dans l'agonie du désespoir, au milieu du désert!

Si la caravane est trop forte, ils la suivent à quelques lieues, s'arrêtant quand elle s'arrête, et faisant épier ses mouvements par des espions que les Arabes appellent chouaf : quand la discipline s'y relâchera, quand, sur le point d'arriver à destination, elle se croira quitte de tout danger, de toute surprise et se gardera moins bien, ils tomberont sur elle.

Ce qui semble incroyable, c'est que ces brigands redoutés et si généralement détestés dans le Sahara, fréquentent ouvertement et souvent isolément les marchés du Tidikelt, de Agabli, de A'oulef, de Rdamès, où ils apportent du pays des nègres des esclaves, de la poudre d'or, des défenses d'éléphants, des peaux tannées pour faire des tentes, des espadrilles dont les semelles sont inusables, des saïes, du poivre rouge, des dépouilles d'autruches, une espèce de fruit que l'on appelle daoudaoua, produit par un arbre du même nom, que l'on pétrit en galette, et qui, séché au soleil, a, dit-on, goût de viande.

Les Touareug du sud font, sur la lisière du pays des nègres, le même métier à peu près que leurs germains du nord sur la lisière du Sahara. On les appelle Sergou à Timbektou et Kilouan dans le Bernou et à H'aouça.

La fraction principale de ces Touareug du sud sont les Soukmaren. De sang très-mêlé, ils sont tenus, pour cette raison, en grande infériorité par les Djouad du Djebel-Hoggar. Pour tout costume ils ont la chachia, une espèce de caban en peau de chèvre, et de misérables kaïks. Quelques chameaux, des ânes et des chèvres sont tout ce qu'ils possèdent; grands chasseurs, ils passent des mois entiers dans la montagne à courir la gazelle, le begueur el ouache et le lerouy, dont la chair, fraîche ou séchée, fait leur constante nourriture avec le lait de leurs maigres troupeaux, un peu de grains et des dattes qu'ils rapportent du Tidikeult, où ils vont vendre les dépouilles d'autruche et les autres produits de leur chasse. Cependant leurs seigneurs du Djebel-Hoggar leur prêtent quelquefois des mahara pour aller en ghrazia, mais à la condition de prélever la meilleure part du butin.

Cependant les chefs du pays, bien que soumis aux chefs du Djebel-Hoggar, sont beaucoup moins misérables que leurs serviteurs ; quelques-uns ont des troupeaux, et leur commerce d'échange avec les caravanes de passage, ou sur les marchés du Tidikeult, leur fait la vie moins rigoureuse que ne l'est celle du bas peuple.

Les Soukemaren sont en état d'hostilité permanente avec les Berbères des montagnes de l'ouest ; si le hasard les conduit au même puits dans leurs chasses vagabondes, il est rare que les armes ne soient pas tirées, et les combats antérieurs ont alors d'atroces représailles.

Un chef nommé Chikh-Badda et sept ou huit de ses amis, montés sur leurs meilleurs chameaux, et suivis de leurs slouguis[1], étaient à la chasse. Sortis pour une course du fedjer au moghreb[2] seulement, ils s'étaient laissés entraîner par d'heureuses rencontres, et, depuis six jours, ils battaient les ravins et les plaines de l'ouest, se désaltérant, aux puits communs et vivant de leur gibier. Un matin qu'ils avaient levé douze ou quinze gazelles, chacun s'en choisit une, lança

1. Lévriers.
2. Du point du jour au coucher du soleil.

sur elle son slougui, et la courut où Dieu voulait qu'elle allât. En un instant, tous disparurent dans l'espace, imprudemment éparpillés et séparés les uns des autres par les sinuosités du terrain.

Vingt cavaliers des Aït-Dezdegue chassaient eux-mêmes dans les dernières ramifications du Djebel-Mouydir, et le malheur emporta Chïkh-Badda sur leur passage. En un instant il fut entouré.

« Où sont tes troupeaux? lui demanda le chef des Berbères.

— Mes troupeaux sont autour de ma tente, à deux journées d'ici, dans la montagne.

— Et tes compagnons?

— Je suis seul avec ma tête.

— Tu mens, chien; mais le bâton fera parler ta langue; descends de ton chameau.

— Je ne suis point un menteur, je suis seul avec ma tête, » reprit le généreux Chïkh; car il ne voulait point livrer ses amis aux dangers. Et sans que son calme visage trahît son âme, il fit accroupir son chameau et en descendit. « Me connais-tu? demanda-t-il ensuite au Berbère.

— Tu es un chien des Soukemaren et notre ennemi; c'est tout ce que je veux savoir.

— Ce que tu ne sais pas, c'est que je ne suis point de ceux que l'on bâtonne. As-tu entendu parler du Chïkh-Badda? Tue-le, car il est dans ta main, mais ne le traite pas comme un esclave.

— C'est toi, maudit! qui, l'été dernier, nous as fait tuer cinq hommes à **Bir-el-Arib**[1]; que leur sang retombe sur ta tête!

— Un instant, seigneur, dit un des cavaliers en relevant précipitamment l'arme de son chef appuyée déjà sur la poitrine du vieux Touareug, ne vaudrait-il pas mieux retenir cet homme avec nous et imposer sa tête, plutôt que d'émouvoir par sa mort la vengeance de sa tribu? »

Cet avis, approuvé par les uns, débattu par les autres, fit hésiter un moment le chef de la bande. « Les Aït-Dezdegue sont assez forts pour ne point craindre les Soukemaren! » s'écria-t-il enfin. Et, d'un coup de fusil, il étendit Chïkh-Badda sur le sable.

Les amis du malheureux Chïkh le cherchèrent et l'appelèrent vainement ce jour-là et le lendemain; quand ils revinrent à sa tente, son slougui, depuis longtemps déjà, y avait apporté l'inquiétude.

Le dernier espoir était que le chien aurait perdu son maître, et que le maître se serait égaré.

Toute la jeunesse en armes, guidée par les six chasseurs, se mit en quête dans la plaine et dans les broussailles, et le corps du Chïkh-Badda fut enfin trouvé où il avait été tué. Les hyènes et les

---

1. Le puits des Aribs. La tribu des Aribs campe à l'extrémité sud du désert marocain. Le puits dont il est parlé doit être situé assez loin de leur territoire en revenant vers l'est.

chacals l'avaient à moitié rongé, mais on le reconnut à sa barbe blanche; car les Berbères ne coupent point la tête aux morts. Les traces des chameaux et la direction vers l'ouest indiquaient assez quels étaient les meurtriers.

Un mois après, à force de recherches, le fils de Chīkh-Badda connut tous les détails de cette scène et quel était celui qui avait tué son père.

« Tu as trouvé dans la plaine, lui écrivit-il, un Chīkh à barbe blanche, qui ne songeait qu'à la chasse et qui n'était pas armé en guerre; pourquoi l'as-tu tué? Celui qui chez nous n'est pas trouvé l'arme à la main ne doit point mourir; mais, puisque tu as oublié tous les usages de nos ancêtres, je serai plus noble que toi : je t'en préviens, si grand que soit ton ventre [1], toi vivant, je le remplirai de pierres. Je l'ai juré par le péché de ma femme. »

Le courrier qui porta cette lettre au chef des Aït-Desdegue put donner une indication précise du lieu de campement de la tribu, et le fils de Badda partit aussitôt avec trente cavaliers, vêtus comme les femmes des Berbères et montés sur leurs meilleurs chameaux. Arrivés à une certaine distance du douar, ils firent coucher leurs mahara dans un ravin, se dispersèrent sur un petit espace, et,

---

[1]. On dit proverbialement des voleurs qu'ils ont le ventre large, pour désigner leur insatiabilité.

courbés à terre, comme des femmes qui ramassent de l'herbe et du bois, ils s'avancèrent lentement vers la tente isolée de l'assassin ; leur déguisement était si fidèle, qu'il leur cria lui-même plusieurs fois : « Hé! les femmes, ne coupez donc pas d'herbe si près de mes chameaux! »

Peu à peu les fausses travailleuses l'entourèrent, et, à un signal donné, se jetèrent sur lui. L'heure était bonne; presque tous les hommes du douar étaient à leurs travaux, et avant que les cris de guerre les eussent rappelés, leur chef était bâillonné, attaché comme un sac sur un mahari, derrière un Soukemaren, et emporté dans la direction du Djebel-Mouydir.

La nuit venue, on fit une halte de quelques heures ; et, quand la lune se leva, on reprit la route pour ne plus s'arrêter qu'à l'endroit où Chïkh-Bádda était enterré. Le prisonnier fut alors mis à terre, couché sur le dos, les jambes et les bras attachés à quatre piquets; on lui fit avaler ensuite une eau dans laquelle avait bouilli du *sikhrane*, et cette boisson l'endormit si profondément, qu'on put, sans l'éveiller, lui fendre le ventre avec un couteau, le remplir de cailloux, et recoudre la blessure avec une aiguille à raccommoder les outres.

La douleur enfin l'éveilla, il se tordait sur le sable comme un serpent à qui l'on a cassé les reins.

« Je t'ai rempli le ventre, ainsi que je te l'avais promis, lui dit le fils de Chîkh-Badda, va-t'en maintenant si tu veux. — Mes serviteurs, détachez-le. »

Le malheureux, m'a-t-on assuré, eut la force de s'en aller assez loin pour qu'on le perdît de vue; mais on le retrouva, le lendemain, mort auprès d'un buisson. Il avait été assez courageux pour couper la lanière de cuir dont on avait cousu son ventre, ainsi que l'attestaient son couteau sanglant, ses mains ensanglantées et ses entrailles répandues sur les deux lèvres de sa plaie béante.

Il suffit de ce trait pour donner une juste idée des passions farouches qui distinguent les Soukemaren et tous leurs frères les Touareug.

Les Touareug blancs, les Touareug de race, ont des mœurs qui leur sont particulières. Ils se rasent la figure et les moustaches, et portent les cheveux si longs qu'ils sont quelquefois forcés de les tresser. Le peuple, lui, porte une forte moustache, relevée à la façon des Turcs, et la barbe; mais tous indistinctement ont le voile. Des hommes comme nous, disent-ils, ne doivent pas se laisser voir.

Tel est le respect du khreddim pour le djieud, du serviteur pour le seigneur, que pour manger en présence de gens notables, un targui se cache derrière son bouclier. Dans les ghrazia, les chameaux sont pour les chefs, les moutons pour les simples cavaliers, et les autres prises, étoffes et marchandises, sont partagées dans la même proportion.

Leurs armes sont : une longue lance à large fer, des javelots de six à sept pieds de long, dont la pointe est dentelée de crocs recourbés (taghreda), qu'ils portent attachés en faisceau sur le devant du mahari; le bouclier rond (darega), maintenu au bras gauche par des lanières de cuir; il est fait de peau de buffle ou d'éléphant du Soudan, fixée avec des clous sur une planche; le poignard (deraya [1]), qu'ils portent dans une gaîne, appliquée sous l'avant-bras gauche, où elle est attachée par un cordon, de manière que le manche de l'instrument, qui vient se fixer au creux de la main, soit toujours facile à saisir et ne gène en rien le mouvement; ils ne le quittent ni le jour ni la nuit. Quelques chefs seuls, et les plus riches, ont des fusils à pierres, que leur vendent les caravanes du Maroc.

Il ne faut pas demander si le Targui aime son genre de vie.

Écoutons-le parler de ses armes et de son pays :

« Toutes les armes sont à craindre; mais la meilleure c'est le sabre, le large sabre de Ghredames ou du Maroc.

---

1. Littéralement le *brassier*.

« Les balles et le fusil trompent souvent ;

« La lance est la sœur du cavalier; mais elle peut trahir ;

« Le bouclier, c'est autour de lui que se groupent les malheurs ;

« Le sabre ! le sabre ! c'est l'arme du Targui, quand le cœur est aussi fort que le bras.

« Qui jamais voudrait quitter le Djebel-Hoggar ? La vie y est bonne et libre, et c'est un beau pays ! L'eau, Dieu en a mis dans toutes les vallées; les montagnes y sont couvertes d'arbres ; les vignes et les figuiers y donnent assez de fruits pour l'été et pour l'hiver; le gibier y fourmille, la chasse y est facile, les chèvres, les brebis et les chamelles y sont des sources de lait, et ces moutons (ademan[1]) qui n'ont point de laine et dont l'énorme queue traîne à terre, sont bien plus gras et bien meilleurs que les autres. — Beau pays, aimé de Dieu et loin des sultans !

« Des chevaux? Les Touareug en auraient s'ils voulaient, mais qu'en ont-ils besoin? ils ont les *vaisseaux de la terre*, gouareb el beurr, ces infatigables mahara qui viennent d'Aouraouan et de Bou-Djebead. C'est avec le mahari qu'ils font ces immenses ghrazia jusque chez les Chambas, à cent cinquante ou deux cents lieues du Djebel-Hoggar; qu'ils sur-

---

[1]. On en voit plusieurs individus au Jardin des Plantes.

veillent la marche des caravanes, qu'ils vont sur les marchés du Sahara, en regard de leurs montagnes, les uns à Ghredames et à Souf, les autres à Tougourt, à Ouergla et dans le Touat, échanger contre des dattes, du blé et des vêtements, des peaux tannées du Soudan, des dépouilles d'autruche, de la poudre d'or, des défenses d'éléphants, etc., etc.

« Ce que leur laissent les caravanes, soit qu'elles aillent à Beurr-el-Adjem, soit qu'elles en reviennent, de la farine, de la rouyna, du kouskouçou, de l'huile, du tabac et autres denrées, présents appelés aàdet-el-kefoul (l'habitude des caravanes), complètent leurs provisions.

« Car ils sont trop fiers pour cultiver la terre comme des esclaves, et trop divisés pour avoir chez eux des marchés.

« Les richesses des gens du Teule, ce sont les grains;

« Les richesses des Sahariens, ce sont les moutons;

« Les richesses des Touareug, ce sont les mahara.

« C'est une ghrazia qui a donné le commandement du Djebel-Hoggar au chef actuel Mohammed-ould-Biska. Un parti des Chambas d'Ouergla surprit, il y a quelques années, aux environs du Djebel-Baten, une vingtaine de Touareug qui s'étaient séparés de leurs frères en course pour venir abreuver leurs mahara dans l'Oued-Mia. Il y eut beaucoup de mal des deux côtés; car c'était Khreddache, chikh du Djebel-Hoggar, qui commandait les Touareug, et Ben-Mansour, chikh d'Ouargla, qui commandait les Chambas.

« Dans la mêlée, le mahari de Khreddache s'abattit blessé, au pied d'un mamelon de sables; ce fut là le foyer du combat. Dix Touareug y furent tués, et, malgré l'acharnement des dix autres, leur chikh fut enlevé.

« Quelques jours après, ils retrouvèrent son corps dans l'Oued-Mia, et l'on apprit que Ben-Mansour l'avait fait exposer sur les sept portes d'Ouargla, un jour sur l'une, un jour sur l'autre alternativement.

« A cette nouvelle, il y eut deuil dans le Djebel-Hoggar. Les mariages en projets furent suspendus, les lieux de réunions publiques désertés; chaque maître de la tente prit ses repas isolément, et les Djouad, ainsi qu'ils font quand ils pleurent un parent ou un ami, laissèrent croître leur barbe, se firent veufs de leurs femmes, et jurèrent ce serment en assemblée générale :

« Que ma tente soit détruite si Kreddache n'est pas vengé! »

« Kreddache laissait au monde une femme, nommée Fetoum, et un petit enfant. Fetoum était grande et belle; sa figure se distinguait par des yeux bleus, beauté de race chez les Touareug, et son caractère était noble. Souvent, montée sur un mahari, elle avait suivi le chïkh en ghrazia, animant du geste et de la voix les combattants, souffrant comme un homme la faim, la fatigue et la soif.

« Selon la loi, elle devait commander avec le conseil des Djouad, en attendant que son fils eût l'âge du pouvoir. Deux villes du Sahara de l'est, Tougourt et Tmacin, étaient à la même époque, suivant la même loi, gouvernées par deux femmes.

« La beauté de Fetoum et le rang que devait prendre celui qui l'épouserait la faisaient rechercher par tous les Djouad.

« Un jour qu'ils étaient assemblés dans sa tente, car des chouafa (espions) chargés de surveiller les Chambas venaient d'annoncer un mouvement de la tribu. « Mes frères, leur dit-elle, celui de vous qui me rapportera la tête de Ben-Mansour m'aura pour femme. »

« Le soir même, toute la jeunesse de la montagne, armée en guerre, vint la saluer en lui disant : « Demain, nous partons avec nos serviteurs pour aller chercher ton présent de noces.

— Et je pars avec vous, » répondit-elle.

« Ce jour et le jour suivant furent employés en préparatifs ; au fedjer du troisième, trois cents Touareug suivaient avec Fetoum la route d'Ouargla.

« On était au mois de mai, c'est-à-dire à l'époque où les caravanes se mettent en voyage, où les tribus sahariennes se dispersent pour aller faire paître leurs troupeaux, où les Touareug reprennent le désert. Les sables étaient tapissés d'herbes; tous les oued avaient de l'eau.

« La petite armée, commandée par Ould-Biska, cousin de Kreddache, s'avança rapidement vers le nord-est, campa le huitième jour sur l'Oued-Mia; à quinze ou vingt lieues d'Ouargla, on envoya ses chouafa à la découverte. Le lendemain au soir ils étaient de retour; ils avaient appris qu'une forte fraction de Chambas se dirigeait vers l'Oued-Nessa avec des troupeaux considérables.

« De leur côté, les Chambas étaient avertis qu'on avait vu rôder quelques Touareug, et que sans doute un parti nombreux était caché dans les environs. Un Targui à leur solde, *la forêt n'est jamais brûlée que par son propre bois*, était d'ailleurs parti du Djebel-Hoggar par le droit chemin en même temps que la caravane et leur avait dit : « Veillez, car le danger s'approche ! »

« Ben-Mansour avait alors dirigé l'émigration de sa tribu vers les pâturages du nord. « Les Touareug, pensait-il, n'oseront jamais se hasarder au centre de notre pays, et si loin du leur. »

« Mais son heure était venue, c'était écrit; et Dieu permit qu'au lieu de camper en force et de faire paître leurs troupeaux en commun, les diverses fractions des Chambas se fissent chacune un douar isolé.

« Par une marche forcée d'un jour et d'une nuit, les Touareug arrivèrent sur l'Oued-Mezab, à dix lieues seulement de l'Oued-Nessa, et s'y cachèrent, du soleil levant au soleil couchant, dans les broussailles et dans les ravins. — La nuit suivante, ils reprirent la plaine au trot allongé de leurs chameaux ; à minuit, ils entendirent devant eux les aboiements des chiens ; un moment après, enfin, à la clarté des étoiles, quinze ou vingt tentes leur apparurent au pied d'un mamelon.

« Voici le douar de Ben-Mansour, » dit au chef de la bande, le chouaf qui l'avait guidé.

« Ould-Biska jette alors le cri du signal, et tous les Touareug, en criant comme lui, s'élancent avec lui.

« Le sabre but du sang pendant une heure.

« De tous les Chambas, cinq ou six seulement, les plus heureux et les plus agiles, s'échappèrent ; encore Ould-Biska, d'un coup de lance, arrêta-t-il un des fuyards.

« Au jour levé, Fetoum fit fouiller les tentes bouleversées ; sous chacune il y avait des cadavres ; hommes, femmes, enfants, vieillards, elle en compte soixante-six ; par la grâce de Dieu, un pauvre enfant de huit ou dix ans n'avait pas été massacré. Un Targui l'avait trouvé sous une tente abattue, blotti entre deux outres en peaux de chèvre ; il n'était point blessé, mais il était couvert de sang.

« Connais-tu Ben-Mansour? lui demanda Biska.
— C'était mon père.
— Où est-il?
— S'il est mort, il est là, derrière ce buisson ; il m'emportait en fuyant ; un de vous l'a frappé, nous sommes tombés ensemble. Tout ce sang est de lui, ajouta-t-il en pleurant ; et sa main soulevait son burnous ensanglanté.
— Fetoum, c'est moi qui l'ai tué! s'écria Biska. Mes frères, ajouta-t-il ensuite en s'adressant aux Touareug qui se pressaient autour de Fetoum, cette nuit nous a fait de grands ennemis ; épargnons cet enfant ; une générosité en appelle une autre. »

« Au même instant, deux Soukemaren arrivèrent, portant le corps de Ben-Mansour, l'un par les pieds, l'autre par la tête ; la foule s'ouvrit devant eux pour leur donner passage, et se resserra bientôt plus pressée pour voir le cadavre qu'ils avaient déposé sur le sable, devant Fetoum.

« C'était un homme de race, tout à fait blanc ; la lance d'Ould-Biska l'avait frappé dans le dos, et était sortie par la poitrine.

« Fetoum, immobile, mais les lèvres contractées, le regardait avidement.

« Ould Biska, dit-elle, je suis à toi, comme je l'ai promis; mais prends ton poignard, finis d'ouvrir le corps du maudit, arraches-en le cœur, et jette-le à nos slouguis. — Et il en fut fait comme elle avait ordonné. Les chiens des Touareug ont mangé le cœur du chef des Chambas! »

« Depuis ce jour, les gens d'Ouargla ont remplacé la corde en poil de chameaux dont ils ceignaient leur tête, par une corde en alfa (herbe); ils ont juré de ne reprendre la première qu'après la vengeance, et ils ont écrit à leurs frères de Metlily et de Gueléa de se tenir prêts à les suivre; car, bien que dispersés à de grandes distances, les trois factions des Chambas n'ont pas cessé d'être en alliance. Si l'une d'elles est insultée et n'est pas assez forte pour se venger, toutes se réunissent en un lieu désigné, et là, devant Dieu et les marabouts, elles jurent, par le livre de Sidi-Abd-Allah, ce serment consacré :

« Nous mourrons ta mort, nous perdrons tes pertes, nous ne renoncerons à ta vengeance que si nos enfants et nos biens sont perdus et nos têtes frappées. »

ÉLOGE DU SAHARA

PAR L'ÉMIR ABD-EL-KADER.

Gloire à Dieu !

O toi qui prends la défense du *hader*[1],
Et qui condamnes l'amour du Bedoui[2] pour ses horizons sans limites,

Est-ce la légèreté que tu reproches à nos tentes ?
N'as-tu d'éloges que pour des maisons de pierre et de boue ?

Si tu savais les secrets du désert, tu penserais comme moi ;
Mais tu ignores, et l'ignorance est la mère du mal.

Si tu t'étais éveillé au milieu du Sahara,
Si tes pieds avaient foulé ce tapis de sable
Parsemé de fleurs semblables à des perles,

---

1. Le *hader*. — Habitant des villes.
2. Le *bédoui*. — Habitant des lieux sauvages du Sahara.

Tu aurais admiré nos plantes,
L'étrange variété de leurs teintes,
Leur grâce, leur parfum délicieux ;
Tu aurais respiré ce souffle embaumé qui double la vie, car il n'a pas passé sur l'impureté des villes.

Si, sortant d'une nuit splendide
Rafraîchie par une abondante rosée,
Du haut d'un *merkeb*[1],
Tu avais étendu tes regards autour de toi,
Tu aurais vu au loin et de toutes parts des troupes d'animaux sauvages
Broutant les broussailles parfumées.
A cette heure tout chagrin eût fui devant toi ;
Une joie abondante eût rempli ton âme.

Quel charme dans nos chasses, au lever du soleil !
Par nous, chaque jour apporte l'effroi à l'animal sauvage.
Et le jour du *rahil*[2], quand nos rouges *haouadedj*[3] sont sanglés sur les chameaux,
Tu dirais un champ d'anémones s'animant, sous la pluie, de leurs plus riches couleurs.

---

1. *Merkeb.* — Dans le Sahara, on donne ce nom aux monticules dont l'aspect rappelle la forme d'un navire.
2. *Rahil.* — Migration, déplacement des nomades.
3. *Haouadedj.* — Litières rouges des chameaux.

Sur nos *haouadedj* reposent des vierges,
Leurs *taka*[1] sont fermées par des yeux de houris.

Les guides des montures font entendre leurs chants aigus ;
Le timbre de leurs voix trouve la porte de l'âme.

Nous, rapides comme l'air, sur nos coursiers généreux,
(Les chelils[2] flottent sur leur croupe)
Nous poursuivons le *houache*[3],
Nous atteignons le *ghézal*[4], qui se croit loin de nous.
Il n'échappe point à nos chevaux entraînés,
Et aux flancs amaigris.

Combien de *délim*[5] et de leurs compagnes ont été nos victimes !

Bien que leur course ne le cède point au vol des autres oiseaux.

Nous revenons à nos familles, à l'heure où s'arrête le convoi,

1. *Taka*. — Fenêtres, œils-de-bœuf des litières.
2. *Chelils*. — Voiles flottant sur la croupe des chevaux.
3. Le *houache*, sorte de buson ou bœuf sauvage.
4. *Ghézal*. — Gazelle.
5. *Délim*. — Mâle de l'autruche.

Sur un campement nouveau, pur de toute souillure.

La terre exhale le musc [1],
Mais plus pure que lui,
Elle a été blanchie par les pluies
Du soir et du matin.

Nous dressons nos tentes par groupes arrondis ;
La terre en est couverte comme le firmament d'étoiles.

Les anciens ont dit, ils ne sont plus, mais nos pères nous l'ont répété,
Et nous disons comme eux, car le vrai est toujours vrai :

Deux choses sont belles en ce monde,
Les beaux vers et les belles tentes.

Le soir, nos chameaux se rapprochent de nous,
La nuit, la voix du mâle est comme un tonnerre lointain.

Vaisseaux légers de la terre,
Plus sûrs que les vaisseaux,
Car le navire est inconstant.

Nos *mahara* [2] le disputent en vitesse au *maha* [3],

1. Là où est passé le ghézal est restée l'odeur du musc.
2. *Mahara*, chameaux de course.
3. *Maha*, sorte de biche sauvage blanche.

Et nos chevaux, est-il une gloire pareille?

Toujours sellés pour le combat;
A qui réclame notre secours,
Ils sont la promesse de la victoire.

Nos ennemis n'ont point d'asile contre nos coups,
Car nos coursiers, célébrés par le Prophète,
fondent sur eux comme le vautour.

Nos coursiers, ils sont abreuvés du lait le plus pur;
C'est du lait de chamelle, plus précieux que celui de la vache.

Le premier de nos soins, c'est de partager nos prises sur l'ennemi;
L'équité préside au partage; chacun a le prix de sa valeur.

Nous avons vendu notre droit de cité; nous n'avons point à regretter notre marché.
Nous avons gagné l'honneur; le *hader* ne le connaît point.

Rois nous sommes; nul ne peut nous être comparé.
Est-ce vivre que de subir l'humiliation?

Nous ne souffrons point l'affront de l'injuste; nous le laissons, lui et sa terre.

Le véritable honneur est dans la vie nomade.

Si le contact du voisin nous gêne,
Nous nous éloignons de lui ; ni lui, ni nous, n'avons à nous plaindre.

Que pourrais tu reprocher au *bedoui* ?
Rien que son amour pour la gloire, et sa libéralité qui ne connaît pas de mesure.

Sous la tente, le feu de l'hospitalité luit pour le voyageur;
Il y trouve, quel qu'il soit, contre la faim et le froid, un remède assuré.

Les temps ont dit : la salubrité du Sahara.
Toute maladie, toute infirmité n'habite que sous le toit des villes.

Au Sahara, celui que le fer n'a point moissonné, voit des jours sans limite,
Nos vieillards sont les aînés de tous les hommes.

FIN.

TABLE.

Avant propos. .... Page 1

LE TELL.

I. Des races qui peuplent l'Algérie................. 1
II. La Métidja, chant des Arabes sur la fertilité et la dévastation de cette plaine, en octobre 1839..... 25
III. De la civilité puérile et honnête chez les Arabes... 38
IV. La chasse en Afrique............................ 59
V. L'hospitalité................................... 80
VI. Le koheul...................................... 89
VII. L'aumône....................................... 95
VIII. El oudou (Les ablutions)....................... 98
IX. Le jeûne, le ramadan (*el siam el ramadan*)...... 102
X. La Chambi à Paris............................... 106
    Chant des Arabes sur la prise d'Alger........... 129

LA KABYLIE.

I. La Kabylie..................................... 147
II. La société kabyle.............................. 165
III. Institutions kabyles........................... 191
IV. Les Zouaouas................................... 225

LE SAHARA.

I. Le Sahara algérien............................. 237
II. Généralités du désert.......................... 251
III. Chevaux du Sahara............................. 268
IV. Guerre entre les tribus du désert.............. 287
V. Une tribu de marabouts......................... 316
VI. Organisation d'une caravane................... 328
VII. Les mahara ou chameaux coureurs.............. 352
VIII. Les Touareug................................ 360
    Éloge du Sahara, par l'émir Abd-el-Kader....... 386

FIN DE LA TABLE.

Imprimerie de Ch. Lahure (ancienne maison Crapelet)
rue de Vaugirard, 9, près de l'Odéon.

www.ingramcontent.com/pod-product-compliance
Lightning Source LLC
Chambersburg PA
CBHW050435170426
43201CB00008B/684